财富管理工具与产品
——金融工具应用与实践技能提升

主　编　王桂玲　季树安
副主编　朱　瑜　姜　慧　张振辉
　　　　李鹏鹏　张晓娜　柴延方

北京理工大学出版社
BEIJING INSTITUTE OF TECHNOLOGY PRESS

内 容 简 介

本教材采用总分方式进行布局谋篇。首先，介绍了中国金融体系和中国金融牌照管理，以及国内外宏观经济政策；其次，对现金类工具、固收类工具、权益类工具、另类工具等进行产品分类和属性归纳，进而对各类产品的投资、收益、风险等环节进行案例讲解与实务操作，对家庭资产配置给予指导；最后，根据企业的生命周期，介绍了企业上市前期准备、上市、并购重组等全流程。

本教材将理论与实践高度融合，教材内容与时俱进，将课程案例与课后练习嵌入金融业务发展实践。教材内容聚焦财富管理方向，解决当下投资、金融等专业实践教材缺乏针对性的问题，使教师站在财富管理角度，将投资类工具进行分类，指导学生进行实践操作。

本教材为金融、财会相关专业财富管理方向学生而编写，凝聚了作者多年实践经验和理论探索成果，可供应用型本科和高职类院校金融工程、投资学等相关专业学生选用。

版权专有　侵权必究

图书在版编目(CIP)数据

财富管理工具与产品：金融工具应用与实践技能提升 / 王桂玲，季树安主编. --北京：北京理工大学出版社，2023.11

ISBN 978-7-5763-3229-2

Ⅰ.①财… Ⅱ.①王… ②季… Ⅲ.①金融衍生产品-高等职业教育-教材 Ⅳ.①F830.95

中国国家版本馆 CIP 数据核字(2023)第 244370 号

责任编辑：武丽娟		**文案编辑**：武丽娟	
责任校对：刘亚男		**责任印制**：李志强	

出版发行 / 北京理工大学出版社有限责任公司
社　　址 / 北京市丰台区四合庄路 6 号
邮　　编 / 100070
电　　话 / (010) 68914026（教材售后服务热线）
　　　　　　(010) 68944437（课件资源服务热线）
网　　址 / http://www.bitpress.com.cn
版 印 次 / 2023 年 11 月第 1 版第 1 次印刷
印　　刷 / 河北盛世彩捷印刷有限公司
开　　本 / 787 mm×1092 mm　1/16
印　　张 / 12.5
字　　数 / 293 千字
定　　价 / 79.00 元

图书出现印装质量问题，请拨打售后服务热线，负责调换

前言

21世纪以来，资本在经济发展中的地位更加突出，金融市场已经成为现代市场经济中的重要组成部分，资本交易与流转异常活跃，资本类产品交易量大幅攀升，带来了家庭收入结构的变迁。其中，金融类财产性收入涨幅尤为突出，推动着金融工具与金融产品的不断丰富与发展。

本书面向应用型人才培养需求，以理论基础扎实、应用能力突出为目标，融入宏观经济背景和家庭实际情况，科学制定资产配置方案，并展示实践操作。本书各章节前有明确的教学目标、教学难点、教学重点，正文有丰富、直观的教学案例，章节后有配套习题；既方便教师进行教学，也可加强学生训练，具有较强的激励性和可扩展性。

本书具有以下特点：

1. 内容安排逻辑合理，符合学生认知规律。全书总体介绍中国金融体系、中国金融市场发展以及中国金融监管体制，阐述各类金融工具的概念、特点、投资流程和风险防范措施，并植入生活中的案例，形成一个清晰、直观的逻辑架构，激发学生学习兴趣和动手操作能力。

2. 内容设计理实一体，满足手脑并用的教学思路。全书理论与实训相结合，每章节都设有大量二维码，部分章节配套有专业游戏二维码，如"现金流游戏"。每章节末设置大量实践作业，不以"教"为目的，以学生"会"为成果考核。目前尚无聚焦财富管理方向的教材将市场上所有工具与产品分门别类融汇一体，全书具有一定的创新性与开拓性。

本书共设有七章。其中，第一章为中国金融市场与金融体系；第二章为财富管理概论；第三章为现金类工具与产品投资实务；第四章为固收类工具与产品投资实务；第五章为权益类工具与产品投资实务；第六章为另类工具与产品投资实务；第七章为企业财富管理实务。

本书作为高等院校经管类专业实践教学核心教材，为山东管理学院与山东中启创优科技股份有限公司联合研发编写的，集合校企双方优势，是全体参编人员共同努力的成果，姜慧完成了第一章，朱瑜完成了第二章、第六章，李鹏鹏完成了第三章，张晓娜完成了第四章，张振辉完成了第五章，柴延方完成了第七章，本书章节设计、内容组织、初稿修订、终稿审核，均由王桂玲、季树安共同完成。

目录 CONTENTS

第一章　中国金融市场与金融体系 (1)
　　第一节　中国金融市场现状及其发展 (1)
　　第二节　中国金融体系 (6)
　　第三节　中国金融监管体制 (17)
　　第四节　中国金融市场调控机制 (23)

第二章　财富管理概论 (28)
　　第一节　财富管理认知 (28)
　　第二节　财富管理理论 (33)
　　第三节　财富管理工具与产品 (39)

第三章　现金类工具与产品投资实务 (42)
　　第一节　现金类工具与产品概述 (42)
　　第二节　现金、存款类工具与产品 (44)
　　第三节　国债逆回购 (47)
　　第四节　大额存单 (52)
　　第五节　货币市场基金与投资 (56)

第四章　固收类工具与产品投资实务 (62)
　　第一节　固收类产品概述 (62)
　　第二节　债券 (66)
　　第三节　国债投资 (73)
　　第四节　可转换债券投资 (76)
　　第五节　债券型基金投资实务 (82)

第五章　权益类工具与产品投资实务 (88)
　　第一节　股票与其投资实务 (88)
　　第二节　存托凭证与其投资实务 (108)
　　第三节　股票型基金与其投资实务 (109)
　　第四节　混合型基金与其投资实务 (111)
　　第五节　特殊类型基金与其投资实务 (112)

第六节 信托与其投资实务……………………………………………………（115）
第六章 另类工具与产品投资实务…………………………………………（127）
第一节 另类投资概述…………………………………………………………（127）
第二节 另类投资工具与产品…………………………………………………（132）
第三节 传统另类投资工具与实务……………………………………………（136）
第四节 新型另类投资工具实务………………………………………………（149）
第七章 企业财富管理实务…………………………………………………（164）
第一节 企业财富管理概述……………………………………………………（164）
第二节 企业投资实务…………………………………………………………（166）
第三节 企业融资实务…………………………………………………………（173）

参考文献…………………………………………………………………………（180）
参考答案…………………………………………………………………………（181）

第一章

中国金融市场与金融体系

教学目标
- 了解金融市场含义、特征、分类及发展历程
- 熟悉中国当前的金融市场体系
- 掌握中国金融市场的基本分类
- 洞悉中国金融体系结构演进趋势
- 运用中国调控政策

本章重点
- 中国金融市场的基本分类

本章难点
- 中国金融体系结构演进趋势

第一节 中国金融市场现状及其发展

一、金融市场概述

金融市场是指以金融资产为交易对象,以金融资产的供给方和需求方为交易主体,形成的交易机制及其关系的综合。金融市场是资金融通的市场,金融市场的参与者是资金的供给者和需求者,以金融产品的交易来实现货币资金的融通。简言之,金融市场是实现货币借贷和资金融通、办理各种票据和有价证券交易活动的市场,是一种规范金融资产交易行为、确定金融资产价格的机制,包括以下三层含义:

第一,金融市场是金融资产进行交易的有形和无形的"场所"。
第二,金融市场反映了金融资产供给方和需求方之间的供求关系。

第三，金融市场包括金融资产的交易机制，其中最主要的是价格（包括利率、汇率及各种证券的价格）机制，以及交易后的清算和结算机制。

在金融市场上，融资方式主要有两类：直接融资和间接融资。

直接融资是指以股票、债券等金融工具为媒介的一种融资模式，资金供给方与资金需求方通过股票、债券等金融工具，进行直接融通资金的场所为直接融资市场。直接融资能最大限度地吸收社会游资，直接投资于企业生产经营。常见的直接融资工具主要有商业票据、直接借贷凭证、股票、债券等。

间接融资是指在资金盈余单位与资金短缺单位之间不发生直接借贷关系，而是分别与金融机构发生独立的交易，即资金盈余单位通过存款，或者购买银行、信托、保险等金融机构发行的有价证券，将其暂时闲置的资金先行提供给金融中介机构，然后再由金融中介机构以贷款、贴现等形式，或通过购买需要资金的单位发行的有价证券，把资金提供给资金短缺单位使用，从而实现资金融通的过程。

间接融资相对于直接融资而言，能够较好地解决信息不对称问题，降低信息成本，提供更多交易机会，并提高投资的灵活性和流动性，有效降低风险和提高收益。

中国金融市场是一个以间接融资为主要融资方式的市场。

二、金融市场特征

金融市场是商品经济发展的必然产物，金融市场与其他市场的区别表现在以下几个方面：

1. 交易对象的特殊性

一般商品交易的对象是普通商品或劳务，其本身含有一定的价值和使用价值，且使用价值各不相同，一经交易就进入消费；金融市场的交易对象是货币资金这种特殊的商品，包括票据、债券、股票等，其使用价值是解决融资需求。

2. 交易方式的特殊性

一般商品的交易遵循等价交换的原则，通过议价、成交付款、交货而结束，双方不再发生其他关系；金融市场的交易是信用、投资关系的建立和转移过程，交易完成之后，信用双方、投融资双方的关系并未结束，还存在本息的偿付和收益分配等行为。可见，金融市场上的交易，其所代表的金融商品的买卖关系虽然已经结束，但其代表的信用或投资关系却没有结束。

3. 交易动机的特殊性

一般商品交易的卖方为实现价值，取得货币，买方则为取得使用价值，满足消费的需求；金融市场的交易，卖方是为取得筹资运用的权利，买方则为取得投融资利息、控股等权利。此外，金融市场还派生出保值、保险等种种动机。

4. 交易价格的特殊性

一般商品市场上的商品价格是商品价值的货币表现，价格千差万别，围绕商品价值在供求关系的影响下上下波动；金融市场上的交易价格完全由市场供求关系决定，而且这种价格不是货币资金当时本身的价格，而是由借贷资金预期产生的收益决定。

三、金融市场分类

根据不同的角度，可对金融市场进行不同的分类。

1. 从金融工具期限来看，金融市场分为货币市场和资本市场

货币市场又称"短期金融市场"，是指投融资期限在一年及一年以下的金融市场，包括同业拆借、票据市场、回购协议市场、货币基金、大额可转让存单、短期政府债券、银行承兑汇票等，主要满足交易者的资金流动需求。

资本市场又称"长期金融市场"，指期限在一年期以上的投融资和证券交易的场所，实质是一年期以上的中长期资金市场，主要包括股票市场、债券市场、基金市场，主要满足工商企业的中长期投资需求和政府弥补财政赤字的资金需要。

2. 从交割期限来看，金融市场分为现货市场和期货市场

现货市场是指即期交易的市场，是市场的买卖双方先签订现货交易协议，在协议生效后，及时进行交割买卖金融商品的市场。

期货市场是在现货交易的基础上发展而来的，是买卖双方就一个统一的标准合同（即期货合约）进行买卖，并在未来特定的日期按双方事先约定的价格交割特定数量和品质商品的交易市场。

3. 从金融市场交易的程序来看，金融市场分为发行市场和流通市场

发行市场又称一级市场或初级市场，是指新发行的证券或票据等金融工具从最初发行者手中转移到投资者手中的市场，如IPO、增发和配股都是在一级市场进行的。发行市场是整个金融市场的基础，没有证券的发行，就没有证券的流通；同时，发行市场的质量也会影响流通市场的发展。

流通市场又称二级市场或者次级市场，是指转让交易已经发行了的证券的市场，它有两种形态：一是有固定的场所，是集中进行竞价交易的证券交易场所；二是分散的场外交易市场。

4. 从交易的场所来看，金融市场分为场内交易市场和场外交易市场

场内交易市场又称证券交易所市场或集中交易市场，是指由证券交易所组织的集中交易市场，有固定的交易场所和交易活动时间，在多数国家它还是全国唯一的证券交易场所，因此是全国最重要、最集中的证券交易市场。

场外交易市场没有固定场所，由持有证券的交易商分别进行。任何人都可以在交易商的柜台买卖证券，价格由双方协商形成。当前，这些交易商利用计算机网络，掌握各自开出的价格，充分竞价，与有组织的交易所并无多大差别。场外交易市场包括柜台市场、第三市场、第四市场等，其中最重要的是柜台交易市场。

5. 从空间地域来看，金融市场分为国内市场和国际市场

国内金融市场是指处于一国范围内的金融商品交易场所及交易体系，包括众多国内地方以及区域金融市场。

国际金融市场是指国际贸易和金融业务发展的产物，是由国际性的资金借贷、结算以及证券黄金和外汇买卖活动所形成的市场。

此外，从交易标的物来看，金融市场分为债券市场、票据市场、外汇市场、股票市场、黄金市场、保险市场。这几类市场将在后续章节中详细阐述。

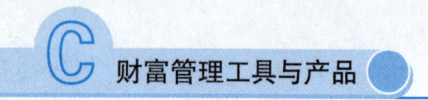

四、金融市场功能

金融市场通过组织金融资产（金融产品）的交易，可以发挥多方面功能。
（1）帮助实现资金在盈余部门和短缺部门之间的调剂。
在良好的市场环境和价格信号引导下，金融市场有利于实现资源的最佳配置。
（2）实现风险分散和风险转移。
通过金融资产的交易，可分散、转移局部的风险，但对总体来说，风险并未消除。
（3）确定价格。
金融资产均有票面金额，在金融资产中可直接作为货币的金融资产，一般来说，其内在价值[①]就是票面标注的金额。但是，很多金融资产（如股票）的票面标注金额并不能代表其内在价值，每一股股票的内在价值只有通过金融市场交易中买卖双方的"相互作用"才能"发现"。

五、金融市场运作流程

金融市场的交易是在市场参与者之间进行的。根据市场参与者的交易特征，可将其分为最终投资人、最终筹资人和中介机构三类。

最终投资人可以是个人、企业、政府和国外部门；最终筹资人的构成亦是如此。

中介机构是专门从事金融活动的金融机构，包括商业银行、保险公司、投资银行等。如果资金直接在最终投资人和最终筹资人之间转移，这样的融资活动就是直接融资，典型的直接融资是通过发行股票、债券等有价证券实现的融资。在直接融资活动中，可能也需要金融中介的参与，但金融中介机构并不以筹资者和投资者的身份参与金融活动。如果资金通过中介机构实现了在最终投资人和最终筹资人之间的转移，这样的融资活动就叫作间接融资，典型的间接融资是通过银行存贷款活动实现的融资。与这两种融资形式相对应的金融产品分别被称为直接融资工具和间接融资工具。

六、金融市场发展历程

分散的金融市场存在的历史较长。唐代长安的西市，历史典籍中就记载了这里不仅有多种形式的金融机构，而且还汇集了大量外国商人。在清代，钱庄、银号、票号等金融机构已活跃于全国各商业城市。

近代，以新式银行为中心的金融市场逐步形成。20世纪30年代，中国的金融中心位于上海；随着资金借贷的发展，债券市场、股票市场、黄金市场也相继形成。

1949—1978年，随着社会主义计划经济的迅速建立，高度集中于一家银行的银行信用代替了多种信用形式和多种金融机构，财政拨款代替了企业发行股票、债券的资金筹集方式。

1977—1981年，国家开始加强整顿银行机构，制定规章制度，加强金融工作。1977年基本恢复了银行秩序，提高了银行的工作质量，这为保证银行在国民经济中的作用创造了必要的条件。1978年12月，银行制度框架基本确立，保险业开始恢复。1979年3月，中国农业银行恢复营业。1979年3月，国务院决定将中国银行从中国人民银行中分离出

[①] 内在价值是公司财务理论中常见的一个词。在财务分析中，特指把实际数据输入理论模型所得出的值，相当于其市场价格的值。它与劳动价值论中的价值不是一回事。

去，作为国家指定的外汇专业银行，统一经营和集中管理全国的外汇业务。1979年3月，国家外汇管理局设立。1979年10月，中国国际信托投资公司成立，揭开了信托业发展的序幕。1984年1月1日，中国工商银行成立，中国人民银行不再办理针对企业和个人的信贷业务，成为专门从事金融管理、制定和实施货币政策的政府机构。同时，人民银行过去承担的工商信贷和储蓄业务由中国工商银行专业经营。1984年11月14日，经中国人民银行上海分行批准，上海飞乐音响股份有限公司公开向社会发行了不偿还的股票。这是中国改革开放后第一张真正意义上的股票，标志着改革开放后的中国翻开了资本市场的神奇一页。

1985年1月1日，我国开始实行"统一计划，划分资金，实贷实存，相互融通"的信贷资金管理体制。1986年7月，第一家股份制商业银行——交通银行成立。1990年11月，第一家证券交易所——上海证券交易所成立。自此，中国证券市场开始了一个崭新的篇章。

1994年，中国国家开发银行、中国进出口银行、中国农业发展银行三大政策性银行成立，标志着政策性银行体系基本框架的建立。1996年9月，全国5万多个农村信用社和2 400多个县联社逐步与中国农业银行顺利脱钩。1998年11月，中国保险监督管理委员会成立，这是保险监管体制的重大改革，标志着我国的保险监管机制和分业管理体制得到了进一步完善。1999年5月，上海期货交易所正式成立。1999年7月，《中华人民共和国证券法》正式实施，这对资本市场发展发挥了巨大作用。

2001年12月，中国正式加入世界贸易组织，金融业改革步伐加快。2002年12月，中国证监会和中国人民银行联合发布的《合格境外机构投资者境内证券投资管理暂行办法》正式实施，QFII制度在中国拉开了序幕。这是将中国资本市场纳入全球化资本市场体系所迈出的第一步，但也带来了巨大的资本市场风险。2003年3月10日，《关于国务院机构改革方案的决定》发布，批准成立中国银行业监督管理委员会（简称"中国银监会"）。至此，中国金融监管"一行三会"的格局形成。2003年12月，中央汇金公司成立，明晰了国有银行产权，完善了公司治理结构，督促银行落实各项改革措施，建立新的国有银行运行机制。2004年6月，《证券投资基金法》正式颁布实施。2005年7月21日起，我国开始实行以市场供求为基础、参考"一篮子"货币进行调节、有管理的浮动汇率制度。人民币汇率不再盯住单一美元，形成了更富弹性的人民币汇率机制。

2009年11月28日，银行间市场清算所股份有限公司在上海挂牌成立。2010年6月19日，中国人民银行新闻发言人称，根据国内外经济金融形势和我国国际收支状况，中国人民银行决定进一步推进人民币汇率形成机制改革，增强人民币汇率弹性。

目前，中国已经建立了一个比较成熟的金融市场。在现代市场经济中，市场的交易活动要通过货币的流通和资金的运作实现，这都离不开金融市场的密切配合。从这个意义上说，金融市场的发展对整个市场体系的发展起着举足轻重的作用，市场经济的发展则为金融市场的发展提供了条件和可能。

七、金融市场的国际化

金融市场的国际化，或者说金融市场的全球化，是一个极为复杂并不断发展的趋势。如国际私人资本在各国之间的流动，以及由此带来的对实际经济活动和金融活动的正面影响和负面影响；随着国际资本的流入，实体经济可以获得充裕的资金并实现高速增长，证券市场也会因此繁荣；随着国际资本的流出，可能导致经济萧条和金融危机。再如，一些地区组建的经济联盟和金融、货币联盟，一方面加强了区域内的经济合作，另一方面自然也加快了实体经济运行与金融运行速度，一个国家的经济问题有可能迅速导致区域内国家的经济波动和金融振荡。

在现代经济中，人们会很自然地将金融市场国际化与金融风险升高联系在一起。一般来说，经济发达国家由于市场的成熟程度较高，对于风险的防范与控制有相对丰富的经验和较强的吸收消化能力，付出的代价可能比较低。然而，发展中国家尚不成熟的金融体系，使其在金融市场国际化的进程中可能付出更大的代价。

金融市场的国际化、全球化是一个不可逆的过程。金融活动以实体经济活动为基础，实体经济活动全球化已成为当前经济的基本特征。实体经济活动需要金融业为其提供服务，这就必然有力地推动金融市场国际化的进程。

随着生产和资本国际化的发展，西方发达国家的国内金融市场很自然地外延，从纯粹办理国内居民间的金融业务发展到经营所在国居民之间的国际金融业务，这就是传统意义上的国际金融市场。第一次世界大战前后，伦敦率先发展成为国际金融市场。第二次世界大战后，纽约和伦敦相匹敌，成为世界上又一重要的国际金融市场。与此同时，在瑞士苏黎世、德国法兰克福以及日本东京等地的国际金融市场也相继发展起来。

促使金融市场进一步国际化的重要因素是离岸金融市场的形成和发展。离岸金融市场是指位于某国却独立于该国的货币与金融制度，不受该国金融法规管制的金融活动场所，20世纪50年代开始形成的欧洲美元市场是一个发端，此后，仅在亚洲，就有1968年新加坡建立的亚洲货币市场，中国香港于1978年成为亚洲的国际金融中心；日本则于1986年在东京建立了境外金融市场等。一些经济上并不受人瞩目的国家或地区，只要提供良好的经营环境，就有望成为国际性的金融中心。

在全球性的国际金融市场网络中，由于资金流量极大、流动性较强，从而为充分地发挥金融效率和活力提供了条件。不过，当发生国际外汇汇率波动和股市震荡时，国际金融市场也常常推波助澜，成为难以控制的破坏力量。

第二节 中国金融体系

一、金融体系概述

金融体系是一个资金集中、流动、分配和再分配的系统，主要包括资金的流出方（资金盈余单位）和流入方（资金短缺单位），以及连接这两者的金融中介机构和金融市场，中央银行和其他金融监管机构等。金融体系有五个构成要素。

(1) 由货币制度所规范的货币流通。

在一个经济体中，假如不存在被这个经济体承认的现实货币——作为计量单位和支付手段统一体的货币，就无从设想金融体系的存在。所以，由货币制度所规范的货币流通是金融体系赖以运行的基座、平台。部分研究者并不把这一构成要素列入金融体系之内，而是把它视为金融体系凭此存在且无须加以论证的前提。

(2) 金融市场。

人们可以从不同角度对金融市场进行分类，主要包括资本市场、货币市场、外汇市场、保险市场、衍生金融工具市场等，这些市场的最重要参与者是金融机构，它们即金融工具发行和交易的场所。

（3）金融机构。

人们常常把融资的两种形式——直接融资与间接融资分别与金融市场和金融中介挂钩：金融市场属直接融资领域，金融中介属间接融资领域。虽然现实生活要复杂得多，但无论如何，筹资者要在自有资本之外融资，不是找金融市场，就是找金融机构。换言之，这两者是构成金融体系实体的两个互补的部分。

（4）金融工具。

有的金融工具服务金融市场，有的则服务金融中介机构，目前越来越多的金融工具既服务金融市场，也服务金融中介机构。没有脱离金融市场和金融中介的金融工具，也没有不存在金融工具的金融市场和金融中介。

（5）国家对金融运行的管理和在金融领域进行的政策性调整。

金融活动与社会公众的利益有直接联系，如一家银行破产，会使千家万户的存款人遭受损失；一家股份公司倒闭，会使持股人遭受损失；货币币值波动，会影响经济体中每一个微观经济行为主体的利益。所以国家出台的金融政策就成为金融体系中一个密不可分的组成部分。

二、金融体系的发展历史

现代金融体系发端于欧洲。1719年和1720年是金融发展史上具有重要意义的年份，这两年发生了两个相互关联的事件：一个是法国的"密西西比泡沫"，另一个是英国的"南海泡沫"。在"泡沫"事件发生之后，两国都制定了相应的法规，政府对股票市场进行严格监管。但是，英国在19世纪初就废除了股票市场监管法规，而法国直到20世纪80年代才开始放松对资本市场的管制。正是不同的法规废除时间，使两国资本市场的发展存在极大的差异。

与英、法相比，德国的工业化起步较晚。在19世纪，德国的股份制企业数量很少，其资本市场主要为政府债券和王室、城邦的贷款服务。由于受法国银行模式的影响，且德国的银行家多是从企业家转变来的，所以，银行与企业相互持股、相互渗透的现象非常普遍。企业与某个特定的银行建立长期关系，相应的银行则为企业提供全方位的金融服务。在19世纪晚期，德国银行的全能体系得到了迅速的发展。

在美国的金融体系中，大银行始终不占支配地位。美国独立后不久，政府提议建立大型联邦银行，由此建立了第一美洲银行（1791—1811年）、第二美洲银行（1816—1836年）。但是，1832年，围绕是否重新审核第二美洲银行的执照，反对权力集中的意见达到了高潮，该法案最终未能通过。这一事件是美国银行发展史上的分水岭。自此，建立分散的银行体制、避免金融机构权力过大成为美国社会的主流意见。20世纪30年代的"大萧条"是影响美国银行制度的另一个事件。1933年通过的《格拉斯-斯蒂格尔法》，成为美国银行分业经营和分业监管的典范。这些都为美国金融市场拓宽了发展的阵地。

1948年12月1日，中国人民银行成立，标志着中国金融体系建设的开端。在1979年前，中国人民银行是全国唯一一家办理各项银行业务的金融机构，集中央银行和商业银行功能于一身。1979年10月，邓小平提出要把银行作为发展经济、革新技术的杠杆，从而开始了恢复金融、重构金融组织体系的工作。四十多年来，中国金融改革遵循以市场为取向、渐进化的改革思路，随着国民经济的发展，中国金融体系发生了巨大的变化，金融业从单一的国家银行体制到多元化金融体系的转变基本完成。目前，中国人民银行、银监会、证监会、保监会构成中国金融体系中的最高金融管理机构，并对各类商业银行、政策性银行、保险公司、证券公司、信用合作机构、信托投资公司以及金融租赁公司等各类金融机构在金融分业经营的条件下实行分业监管(图1-1)。

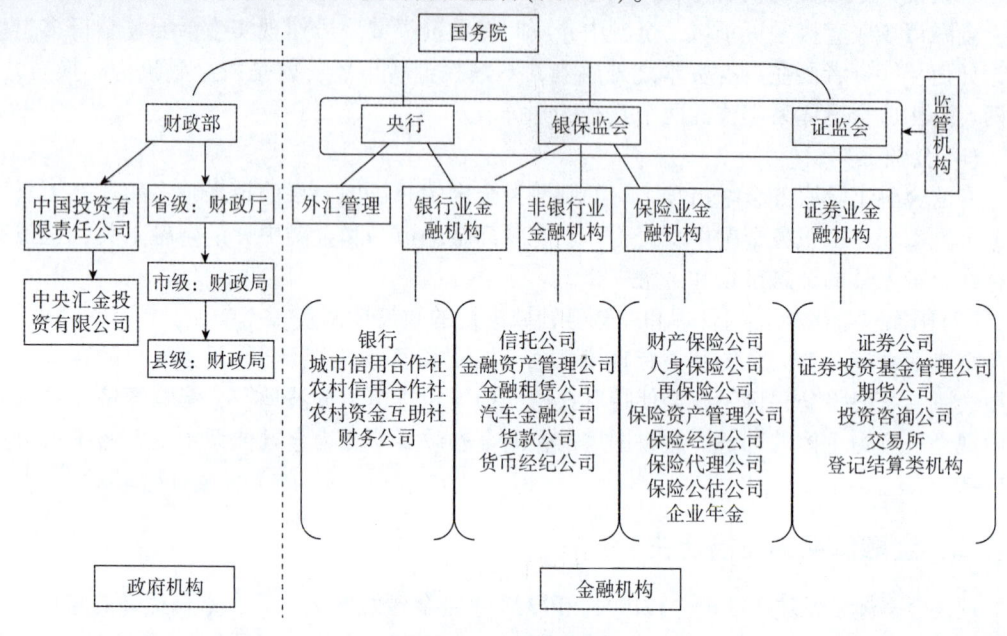

```
                          国务院
     ┌──────────┬──────────┬──────────┐
   财政部       央行    银保监会    证监会        监管机构
     │           │         │          │
  中国投资有   外汇管理  银行业金融  保险业金融  证券业金融
  限责任公司   省级:财政厅 机构      机构        机构
  中央汇金投   市级:财政局 非银行业
  资有限公司   县级:财政局 金融机构
  
  银行        信托公司     财产保险公司   证券公司
  城市信用合作社 金融资产管理公司 人身保险公司  证券投资基金管理公司
  农村信用合作社 金融租赁公司   再保险公司    期货公司
  农村资金互助社 汽车金融公司   保险资产管理公司 投资咨询公司
  财务公司     贷款公司     保险经纪公司   交易所
               货币经纪公司   保险代理公司   登记结算类机构
                           保险公估公司
                           企业年金
  
   政府机构                  金融机构
```

图1-1　中国金融体系

经过四十余年的发展，中国在经济建设和体制改革上取得的成就举世瞩目。总体而言，运行稳健、健康发展的金融体系已经初步建立，金融产品、金融市场和金融机构等均得到了迅速发展。金融体系为实体经济提供了日益强大的资金支持和金融服务支持。改革开放以来，按照中国金融体制改革推进的步骤，中国金融市场体系建设大致经历了三个阶段，由计划经济时期的财政主导型金融计划体系逐渐发展到银行主导型金融体系，随着市场经济的不断发展与完善，股票与债券等市场成为金融市场发展的重要力量。

1. 第一阶段：1979—1983年

中国金融市场发展的第一阶段是1979—1983年，从本质上看，这一时期基本延续了计划经济时期的金融体系，金融体系的运行主要通过行政手段调控，金融机构直接为国家所有，金融资源的配置由政府计划配置，如图1-2所示。

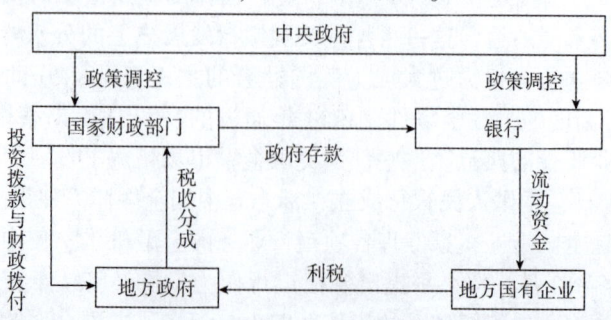

```
                中央政府
         政策调控  │  政策调控
     ┌───────────┴───────────┐
   国家财政部门  ───────→  银行
     │    ↑   政府存款      │
  投资拨款 税收分成         流动资金
  与财政拨付                 │
     ↓    │     利税         ↓
    地方政府 ←──────── 地方国有企业
```

图1-2　计划经济体制下财政主导型金融体系的融资过程

第一章　中国金融市场与金融体系

这一时期，中国已经开始启动金融体制改革，并从 1979 年开始逐步恢复和设立中国农业银行、中国银行等，为后来的进一步改革奠定了基础。

2. 第二阶段：1983—1990 年

20 世纪 80 年代是中国金融市场体系建设的起步阶段，金融机构逐渐多元化，体现出明显的银行主导型金融体系的特征。1983 年 9 月，国务院发布《关于中国人民银行专门行使中央银行职能的决定》。从此，中国人民银行不再办理针对企业和个人的信贷业务，成为专门从事金融管理、制定和实施货币政策的政府机构。

1984 年，国务院发布的《关于城市经济体制改革的决定》指出："要逐步建立包括资金、劳动、技术在内的生产要素市场，发挥市场调节的作用"。中国金融市场建设从货币市场开始，同业拆借市场、票据市场、国债回购市场先后得到发展。1978—1992 年，中国主要金融机构的设立与发展情况见表 1-1。

表 1-1　1978—1992 年中国主要金融机构的设立与发展

机构名称	产生与发展阶段
中国农业银行	1979 年 2 月恢复；1983 年开始独立行使职权并开展业务活动
中国银行	1979 年 3 月从中国人民银行中分离出来；1983 年开始独立行使职权并开展业务活动
中国投资银行	1981 年 12 月成立，1998 年并入中国开发银行，部分业务剥离，由光大银行接收
中国工商银行	1984 年 1 月成立
中国建设银行	原名为中国人民建设银行，1985 年开始纳入中国人民银行信贷系统
中国交通银行	1986 年 7 月开始重组为股份制商业银行，1987 年 4 月正式营业
招商银行	1987 年 4 月正式营业，1989 年成为我国第一家试办离岸金融业务的试点银行
中国国际信托投资公司	1979 年 10 月正式创办，2011 年 12 月整体改制为国有独资公司，并更名为中国中信集团有限公司
中国外贸金融租赁公司	1985 年成立，现由中国银行业监督管理委员会直接监管；2008 年 1 月公司进行了重组改制，中国五矿集团公司与中国东方资产管理公司各持 50% 的股权
中国平安集团股份有限公司	1988 年成立，是中国第一家以保险为核心的，融证券、信托、银行、资产管理、企业年金等多元金融业务于一体的综合金融服务集团
中国太平洋保险公司	1991 年 5 月成立，2001 年实施体制改革，中国太平洋保险(集团)股份有限公司成立，2007 年中国太平洋保险 A 股上市
中国人民保险公司	1979 年 10 月开始恢复业务，1982 年恢复办理寿险业务；1996 年 7 月改组为中国人民保险(集团)公司，下设中保财产保险有限公司、中保人寿保险有限公司、中保再保险公司三家子公司；1998 年 10 月撤销中保集团；1999 年 1 月中保财产保险有限公司更名为中国人民保险公司；2003 年 7 月中国人民保险公司重组后更名为中国人保控股公司
深圳特区证券公司	1987 年 7 月正式成立，是中国第一家证券公司；2001 年增资扩股至 6 亿元，从而成为一家综合类券商，后更名为巨田证券；2006 年 10 月，巨田证券经纪业务及所属证券营业部被招商证券托管

续表

机构名称	产生与发展阶段
上海海通证券公司	1988年成立，是中国最早成立的证券公司之一；1994年改制为有限责任公司；2001年年底公司整体改制为股份有限公司
上海万国证券公司	1988年7月成立，1996年7月与上海申银证券公司合并组建申银万国证券股份有限公司，成为国内第一家股份制证券公司，开创了中国证券业走向集约型、集团化发展的先河
上海申银证券公司	1990年9月正式挂牌；1996年7月与上海万国证券公司合并，组建申银万国证券股份有限公司
江苏省证券公司	1990年12月成立，1994年6月改制为江苏证券股份有限公司，1999年3月更名为华泰证券有限责任公司，同年被核准为综合类证券公司
深圳国投证券业务部	1989年成立业务部，1994年正式成立深圳国投证券有限公司，并率先采用电脑辅助经济交易系统，率先采用证券交易电话委托系统，率先走出深圳在异地开设分支机构，最早一批在国内尝试发行业务；1996年改组成国信证券有限公司
招商银行证券业务部	1991年9月成立业务部，1994年4月招银证券公司成立，1998年10月更名为招商证券有限责任公司，2001年完成了股份制改造，2002年7月更名为招商证券股份有限公司
广东发展银行证券部	1991年9月成立证券部，1993年年末成立公司，1996年改制为广发证券有限责任公司，2001年整体变更为股份有限公司
中国国际期货有限公司	1992年12月28日成立；1993年中国国际期货经纪有限公司上海分公司成立；1995年上海中期期货经纪有限公司成立；2005年中期公司总部期货业务独立出来，成立北京中期期货经纪有限公司，并于2011年更名为北京中期期货有限公司

在这一时期，中国金融改革的重点是发展多元化的银行和非银行金融机构，如图1-3所示。四大国有银行的格局开始形成，各类商业银行开始出现，信托投资公司、城市信用合作机构、保险公司、金融租赁公司等也开始运营。

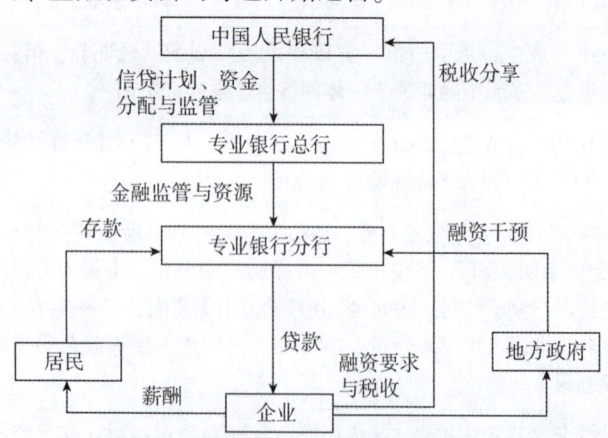

图1-3 金融体制改革时期银行主导型金融体系的融资过程

3. 第三阶段：1990 年以后至今

此阶段是转型期的中国市场逐步完善金融体系和深化金融市场化改革的阶段。1990 年后，中国金融改革最重要的进展是开启了金融体系的市场化。1991 年上海证券交易所、1992 年深圳证券交易所和中国证监会的成立，标志着资本市场的初步形成。1997 年全国银行间债券市场的建立，成为资本市场发展的重要转折。1994 年外汇体制改革后，我国形成了统一的外汇市场。

20 世纪 80 年代中后期，各地商业银行、人民银行相继成立了一批具有货币拆解能力的融资中心，形成了中国货币市场的雏形；但是，由于体制僵化，中国货币市场经历了相当曲折的发展历程。经过多年发展，中国货币市场规模不断扩大，功能不断完善，目前已经形成了由同业拆借市场、票据市场、短期政府债券、债券回购等共同构成的货币市场体系。2007 年，人民银行在同业拆借市场上推出了作为基准利率的上海银行间同业拆放利率，并公布了《同业拆借管理办法》，进一步扩大了市场参与主体，延长了拆借期限，放宽了拆借限额。在一系列政策的推动下，同业拆借市场交易活跃，2011 年中国银行同业拆借累计成交 33.4 万亿元，同比增加约 6 万亿元。近年来，中国票据融资的规模也不断增加。

中国资本市场，尤其是股票市场从建立后就开始迅速发展，在 1997 年以后，中国共产党第十五次全国代表大会第一次从宪法的层面上承认"股份制是公有制的一个特殊形式"，股票市场的地位正式确立，股票市场也迎来了快速发展的新阶段。但在 2001 年以后，随着中国资本市场的不断发展，制度设计等长期积累的问题也日益突出，在中国股票市场设置之初，股市的功能基本被定义为"国有企业脱困"的一个途径，对上市公司的流通股东与非流通股东进行了区分，这一设置割裂了股权的流动性，扭曲了资本市场的定价功能。2001—2005 年，中国资本市场经历了一个重大的转轨时期，新一届的证监会开始着手完善监管体制。

2006 年 5 月股权分置改革以后，资本市场的融资和资源配置功能得到恢复，中国一大批公司成功上市，股票市场得到了飞速发展。截至 2022 年年底，中国共有 2 800 家上市公司，在推动国民经济和社会发展中发挥着重要的作用。

自 1990 年建立第一个商品期货市场以来，中国期货市场一直处于稳步发展的阶段，截至 2011 年年底，中国商品期货品种数量达 30 个，涵盖了农产品、金属、能源和化工等国民经济主要产业领域。2021 年 6 月 15 日，根据上海证券消息，中国期货市场套期保值效率在 90% 以上的品种超五成，期现相关性在 0.9 以上的期货品种超六成。铜、棉花、大豆等成熟品种的期货价格已逐步成为产业链上下游企业的定价基准。2022 年 4 月 20 日，十三届全国人大常委会第三十四次会议表决通过《中华人民共和国期货和衍生品法》，自 2022 年 8 月 1 日起施行。

三、金融机构与类型

金融市场上的参与者包括政府、金融机构、个人、企业等，其中，金融机构是最重要的参与者。

金融机构是指从事金融服务业相关的机构，是金融体系的一部分。

金融体系的正常运行需要各类金融机构的共同作用，其中既有为间接融资服务的金融中介，也有为直接融资服务的机构。除了中国人民银行等金融监管机构外，中国主要的银行类金融机构包括政策性银行、国有商业银行、股份制商业银行、城市商业银行、农村商业银行、外资银行等；非银行业金融机构，是指除商业银行和专业银行以外的所有金融机构，它们无法办理存款类业务，主要包括财务公司、信托公司、金融资产管理公司、金融租赁公司等。

2009年11月，央行发布的《金融机构编码规范》明确了32类金融机构，如表1-2所示；2014年9月，央行向"金融机构"发放唯一的金融机构代码。由于《金融机构编码规范》是2009年发布，并未包括近年新产生的其他类别金融机构，如金融资产投资公司、理财子公司、券商资管子公司等，私募基金也未纳入。

表1-2 央行规定的32类金融机构

类别	名称	类别	名称	类别	名称		
A	1. 货币当局	D（银行业非存款类）	11. 信托公司	F（保险业）	21. 财产保险公司	H（金融控股类）	31. 金融控股公司
B	2. 监管当局		12. 金融资产管理公司		22. 人身保险公司	Z（其他）	32. 小额贷款公司
C（银行业存款类）	3. 银行		13. 金融租赁公司		23. 再保险公司		
	4. 城信社		14. 汽车金融公司		24. 保险资产管理公司		
	5. 农信社		15. 贷款公司		25. 保险经纪公司		
	6. 农村合作银行		16. 货币经纪公司		26. 保险代理公司		
	7. 农村商业银行	E（证券业）	17. 证券公司		27. 保险公估公司		
	8. 村镇银行		18. 证券投资基金管理公司		28. 企业年金		
	9. 农村资金互助社		19. 期货公司	G（交易及结算类）	29. 交易所		
	10. 财务公司		20. 投资咨询公司		30. 登记结算类机构		

1. 金融监管机构

中国金融监管采用"分业经营，分业监管"模式，监管当局包括"一行一局两会"，具体是指中国人民银行、国家外汇管理局、中国银行保险监督管理委员会和中国证券监督管理委员会。

中国人民银行主要负责金融体系的稳健运行，防止发生系统性风险，同时也是国家货币政策的制定者。中国银行保险监督管理委员会统一监管银行业和保险业，维护银行业和保险业合法、稳健运行，防范和化解金融风险，保护金融消费者合法权益，维护金融稳定。中国证券监督管理委员会主要负责证券市场、证券机构、基金等投资性机构的稳健合规运行。国家外汇管理局主要负责监管外汇市场和资金的跨境流动。

2. 银行业金融机构

银行业金融机构分为银行业存款类金融机构和银行业非存款类金融机构。截至2020年12月31日，银行业金融机构法人单位共计4 601家，包括1家开发性金融机构、2家政策性银行、6家国有大型商业银行、12家股份制商业银行、5家金融资产管理公司，以及若干住房储蓄银行、城市商业银行、民营银行、农村商业银行、村镇银行、贷款公司、农村信用社、农村资金互助社、外资法人银行、信托公司、金融租赁公司、企业集团财务公司、汽车金融公司、消费金融公司、货币经纪公司，还包括金融资产投资公司、银行理财子公司等。

(1) 银行业存款类金融机构。

银行业存款类金融机构具有吸收存款的功能，主要分为政策性银行、商业银行和集团财务公司。

①政策性银行。政策性银行是指由政府创立，以贯彻政府的经济政策为目标，在特定领域开展金融业务、不以营利为目的的专业性金融机构。

中国现有一家开发性金融机构：国家开发银行，两家政策性银行：中国进出口银行和中国农业发展银行，分别承担国家重点建设、大型设备或项目进出口贸易融资和农业政策性贷款的任务，都于1994年设立。

②商业银行。商业银行是经营货币资金买卖的金融法人，是以盈利为目的的企业，是现代金融体系的主体。相对于中央银行的管理职能，商业银行属于"银行经营机构"。商业银行又细分为国有大型商业银行、股份制银行、城商行、农商行、民营银行和外资银行等。

国有大型商业银行主要包括中国工商银行、中国农业银行、中国银行、中国建设银行、交通银行和中国邮政储蓄银行。

中国邮政集团是中国邮政储蓄的第一大股东和实际控制人。中国邮政集团公司为国务院授权投资机构，承担国有资产保值增值责任，财政部(国务院)为中国邮政集团公司的国有资产管理部门。

股份制银行包括招商银行、中信银行、光大银行、广发银行、华夏银行、渤海银行、民生银行、上海浦东发展银行、兴业银行、平安银行、恒丰银行和浙商银行12家。其中央企控股4家(招商银行、中信银行、光大银行、广发银行)，也在华夏银行和渤海银行中占有重要地位。地方政府及相关机构是股份制银行的另一重要控股力量，如浦发银行、兴业银行、华夏银行、恒丰银行、渤海银行和浙商银行均由地方国资委或地方财政厅实际控股。

城市商业银行是中国银行业的重要组成和特殊群体，其前身是20世纪80年代设立的城市信用社，当时的业务定位是为中小企业提供金融支持，为地方经济搭桥铺路。

城商行、股份制银行和国有大行主要监管框架一致，都适用《中资商业银行行政许可事项实施办法》，在流动性监管、集中度监管、资本监管、票据、理财、贷款、存款等业务监管方面基本没有差异。目前城商行中的上海银行、江苏银行、北京银行的资产规模都已经突破1.7万亿，早已超过部分股份制银行。

农村商业银行是中国独有的一类商业银行，主要服务农民、农业和农村经济发展。农村商业银行主要以农村信用社和农村信用社县(市)联社为基础组建，包括农村商业银行、农村信用社、农村资金互助社、村镇银行等，是由辖内农民、农村工商户、企业法人和其他经济组织共同入股组成的股份制地方性金融机构，实行股份有限公司形式。

民营银行，根据银保监会公布的《银行业金融机构法人名单》，民营银行共计17家，如浙江网商银行，其主要围绕阿里电商体系，经营"网商贷""旺农贷"等产品，服务对象主要是小微企业与农户。我们熟知的蚂蚁花呗、借呗等消费金融产品是网商银行大股东蚂蚁金服的产品，并不在网商银行体系内。

外资银行，目前主要包括两类：外商独资银行和外国银行分行，这两类银行性质完全不一样。外商独资银行属于外资在国内设立的法人银行，从法律上讲属于中国法人，享受国民待遇，基本上完全开放。但外国银行分行不具有中国法人地位，从监管上看，汇丰银行、渣打银行和东亚银行是由银保监会外资银行监管部直管，其他银行都是地方监管局(主要是上海银保监局和北京银保监局)主管。

③集团财务公司。集团财务公司全称为"企业集团财务公司"，属于集团内的小银行，其服务对象只能是集团内关联企业。作为行使金融机构和集团总部管理职能的集团金融服务平台，除提供稳健高效的金融服务，还依托财务公司运作体系落实集团财务管控要求。与商业银行为股东盈利的主要经营目不同，财务公司存在的目的，主要是服务集团及成员单位，提高资金使用效率，降低集团财务成本等。

(2) 银行业非存款类金融机构。

银行业非存款类金融机构主要包括六类：信托公司、金融租赁公司、汽车金融公司、消费金融公司、贷款公司、货币经纪公司，它们无法吸收存款，银保监会是其监管机构。

信托公司是指按照《中华人民共和国公司法》和《信托投资公司管理办法》设立的主要经营信托业务的金融机构。信托的核心是"受人之托，代人理财"，是一种严格受法律保障的财产管理制度。信托公司的主营业务是信托业务，以营业和收取报酬为目的，以受托人身份承诺信托和处理信托事务。

金融租赁公司是指经银保监会批准，以经营融资租赁业务为主的金融机构。

汽车金融公司是指为中国境内的汽车购买者及销售者提供金融服务的非银行金融机构。汽车金融公司多为大汽车集团的全资公司，具有产业性、金融性、企业性。

消费金融公司是指经银保监会批准，在中华人民共和国境内设立，不吸收公众存款，以小额、分散为原则，为中国境内居民提供以消费为目的的贷款。

贷款公司是由境内商业银行或农村合作银行全额出资的有限责任公司，专门为县域农民、农业和农村经济发展提供贷款服务。

货币经纪公司最早起源于英国外汇市场，是金融市场的交易中介。货币经纪公司的服务对象仅限于境内外金融机构。它可以从事境内外外汇市场交易、境内外货币市场交易、境内外债券市场交易、境内外衍生产品交易等。

3. 交易及结算类金融机构

目前，中国大陆只有8家交易所是经国务院批准设立、正规合法且受中国证券监督管理委员会监管，分别是上海证券交易所、深圳证券交易所、全国中小企业股份转让系统、大连商品交易所、郑州商品交易所、上海期货交易所、中国金融期货交易所、上海黄金交易所。

登记结算机构是由国家有关主管部门批准设立，为金融交易提供集中登记、托管与结算服务，不以营利为目的法人。

中登公司，也称"中证登"，全称为"中国证券登记结算有限公司"，公司总资本为人民币12亿元，上海证券交易所、深圳证券交易所是公司的两个股东，各持50%的股份，中国证监会是该公司的主管部门。中登公司根据多层次市场加快发展的需要，健全完善集中统一的登记结算体系，为登记结算系统各类参与者参与场内外、公募私募以及跨境证券现货和衍生品投融资提供规范、灵活、多样的登记结算基础设施服务。

中债登，也称"国证登"，全称为"中央国债登记结算有限责任公司"，总部位于北京，是财政部唯一授权主持建立、运营全国国债托管系统的机构，中债登是指定的中央债券存管机构，负责对在银行间债券市场发行和流通的国债、政策性金融债、一般金融债、次级债、中期票据、短期融资券、资产支持证券等券种进行登记与托管，中债登实际上是国债的总托管人。

中信登，全称为"中国信托登记有限责任公司"，是经国务院同意、由原中国银监会批准设立并由其实施监督管理，现由中国银保监会实施监督管理、提供信托业基础服务的非银行金融机构。中信登注册地为上海，注册资本30亿元人民币，由中央国债登记结算有限责任公司控股，中国信托业协会、中国信托业保障基金有限责任公司、国内18家信托公司等共同参股。

4. 证券业金融机构

证券业金融机构主要包括证券公司及其子公司、基金公司及其子公司、期货公司、投资咨询公司。证监会是其监管机构。

证券公司是专门从事有价证券买卖的法人企业，包括证券经营公司和证券登记公司。狭义的证券公司是指证券经营公司，是经主管机关批准，并到有关工商行政管理局领取营业执照后，专门经营证券业务的机构。它具有证券交易所的会员资格，可以承销发行、自营买卖或自营兼代理买卖证券。

证券投资基金管理公司，是指经中国证券监督管理委员会批准，在中国境内设立，从事证券投资基金管理业务的企业法人。基金公司发起人是从事证券经营、证券投资咨询、信托资产管理或其他金融资产管理的机构。

期货公司是指依法设立的、接受客户委托、按照客户的指令、以自己的名义为客户进行期货交易并收取交易手续费的中介组织，其交易结果由客户承担。期货公司是交易者与期货交易所之间的桥梁。期货交易者是期货市场的主体，其具有套期保值或投机盈利的需求。

投资咨询公司是证券投资者的职业性指导者，包括机构和个人，其主要是向顾客提供参考性的证券市场统计分析资料，对证券买卖提出建议，代拟某种形式的证券投资计划等。它的经营范围包括投资咨询、投资管理、资产管理等。

5. 保险业金融机构

保险业金融机构主要包括人身保险公司、财产保险公司、再保险公司、保险资产管理

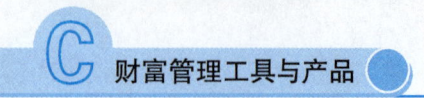

公司、保险代理公司、保险经纪公司和保险公估公司等，其受银保监会的监管。

保险公司是采用公司组织形式的保险人，经营保险业务。保险公司享有收取保险费、建立保险费基金的权利。当保险事故发生时，保险公司有义务赔偿被保险人的经济损失。

再保险公司是指专门从事再保险业务、不直接向投保人签发保单的保险公司，是保险公司的保险公司。保险公司为了分散风险，把一些大的承保单位再分保给另一保险公司。接受这一保单的公司就是再保险公司，一般出现在财险中。

保险资产管理公司是指经中国保监会会同有关部门批准，依法登记注册、受托管理保险资金的金融机构。从实质上来看，保险资产管理公司的主要股东或母公司为保险公司，它是保险系资产的管理机构。

保险代理公司、保险经纪公司和保险公估公司都属于保险中介机构，在保险经营机构之间或保险经营机构与投保人之间，专门从事保险业务咨询与招揽、风险管理与安排、价值衡量与评估、损失鉴定与理算等中介服务活动，并依法从中获取佣金或手续费的单位。

6. 金融控股公司

金融控股公司即控股金融机构的公司实体，拥有或控制一个或多个金融性公司，且这些金融性公司净资产占全部控股公司合并净资产的50%以上。设立金融控股公司不仅需要符合条件的股东，还需要不低于50亿元人民币或所控股金融机构注册资本总和50%（以高者为准）的注册资本，以及为控股金融机构持续补充资本的能力。

中国人民银行对金融控股公司实施监管，审查批准金融控股公司的设立、变更、终止以及业务范围；银行保险监督管理机构、国务院证券监督管理机构和国家外汇管理部门依法对金融控股公司所控股金融机构实施监管；发展改革部门、财政部门、国有资产管理部门等加强金融控股公司的信息数据共享，以便在对金融控股公司的监管中达成共识，协调行动，减少监管摩擦，提高监管效率，图1-4是金融控股公司监管机构示意图。

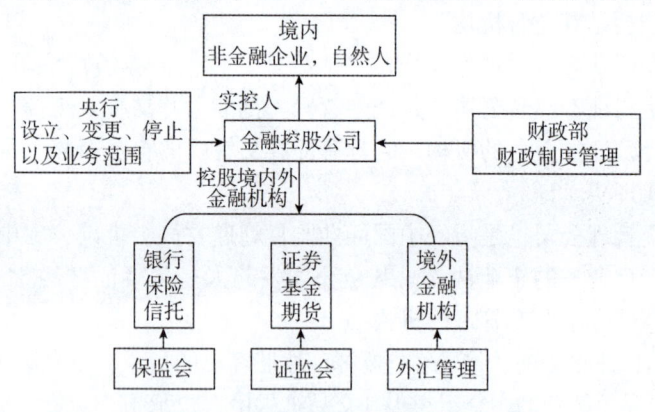

图1-4 金融控股公司监管机构示意图

商业保理公司、融资租赁公司、小额贷款公司等由地方政府依法批设或监管的从事金融活动的机构，应被纳入金融控股公司全面风险管理体系。

7. 其他金融公司

其他金融公司主要是指小额贷款公司、第三方理财公司、综合理财服务公司等。

第三节　中国金融监管体制

一、金融监管体制概述

金融监管体制是指金融监管的职责和权利分配的方式及组织制度，明确由谁来对金融机构、金融市场和金融业务进行监管，按照何种方式进行监管，由谁来对监管效果负责，如何负责等问题。由于历史发展、政治经济体制、法律与民族文化等各方面的差异，各国在金融监管体制上存在一定的差异。

根据监管主体的多少，各国的金融监管体制大致可以划分为单一监管体制和多头监管体制。

单一监管体制是由一个金融监管部门对金融业实施高度集中监管的体制。目前，实行单一监管体制的发达国家有英国、澳大利亚、比利时、卢森堡、新西兰、奥地利、意大利、瑞典、瑞士等。此外，大多发展中国家，如巴西、埃及、泰国、印度、菲律宾等，也都实行这一监管体制。单一监管体制的金融监督部门通常是各国的中央银行，也有另设独立金融监管部门的国家。以英国为例，《1979年银行法》赋予英格兰银行金融监管的职权。1997年10月，英国成立了金融监管局，实施对银行业、证券业和投资基金业等金融机构的监管。2013年，英国再次对金融监管体系进行改革，此次改革废除了金融监管局，设立了审慎监管局和金融行为监管局，形成了"双峰监管"的模式。

多头监管体制是一国根据从事金融业务的不同机构主体及其业务范围，确定不同的金融监管部门分别实施监管的体制。根据监管权限在中央和地方的不同划分，又可将其分为分权多头监管体制和集权多头监管体制两种。实行分权多头监管体制的国家一般为联邦制国家，美国和加拿大是实行这一监管体制的代表。实行集权多头监管体制的国家，对不同金融机构和金融业务的监管，由不同的金融监管部门来实施，但监管权限集中于中央政府，如日本和法国等国。

二、金融监管原则与理论依据

对银行的监管是金融监管的主要部分，也是历史最长、发展最完善的部分。许多金融监管的原则及理论，都是在监管银行的过程中逐步形成的。

由于经济、法律、历史、传统乃至体制的不同，各国在金融监管的具体方面存在不少差异，但基本原则却贯穿各国金融监管的各个环节与整个过程，主要如下：

第一，依法管理原则。

第二，合理、适度竞争原则。

第三，自我约束和外部强制相结合的原则。

第四，安全稳定与经济效率相结合的原则。

此外，金融监管应该顺应变化的市场环境，对过时的监管内容、方式、手段等及时进行调整。

有关金融监管的理论依据层出不穷，但其本质是论证监管的必要性、必然性，主要包括社会利益论，金融风险论，投资者利益保护论。

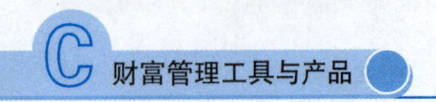

1. 社会利益论

金融监管的基本出发点是维护社会公众的利益，而社会公众利益的高度分散化，决定了只能由国家授权的机构来履行这一职责。

历史经验表明，在其他条件不变的情况下，一家银行可以通过其资产负债的扩大以及资产对资本比例的扩大来增加盈利能力，这必然伴随着风险的增大。此外，全部的风险成本并不是完全由银行承担，而是由整个金融体系乃至整个社会经济体系承担，这又会使银行有足够的动力通过增加风险来提高其盈利水平。如果不对银行实施监管和必要的限制，社会公众的利益就很可能受到损失。因此，由于市场缺陷的存在，有必要让代表公众利益的政府在一定程度上介入经济，通过管制来纠正或消除市场缺陷，以达到提高社会资源配置效率、降低社会福利损失的目的。

2. 金融风险论

金融风险的特性，决定了国家必须对此实施监管，以确保整个金融体系的安全与稳定。

第一，银行业的资本只占很小的比例，大量的资产业务靠负债支撑。在其经营过程中，利率、汇率、负债的结构、借款人偿债能力等因素的变化，使银行业时刻面临着种种风险，成为风险集聚的中心。此外，金融机构为获取更高收益而盲目扩张资产的冲动，更加剧了金融业的高风险和内在不稳定性。当社会公众对其失去信任而挤兑存款时，银行就会发生支付危机甚至破产。

第二，金融业具有发生支付危机的连锁效应。在市场经济条件下，社会各阶层以及国民经济的各个部门都通过债权债务关系紧密联系。因此，金融体系的任一环节出问题，都极易造成连锁反应，进而引发普遍的金融危机。此外，一国的金融危机还会影响其他国家，并可能引发区域性甚至世界性的金融动荡。

第三，金融体系的风险直接影响货币制度和宏观经济的稳定。

3. 投资者利益保护论

在完全竞争的市场中，价格可以反映所有的信息，但在现实中，存在大量信息不对称的情况。

在信息不对称或信息不完整披露的情况下，信息优势方可能利用这一优势来损害信息劣势方的利益。因此，国家有必要对信息优势方（主要是金融机构）的行为加以规范和约束，以便为投资者创造公平、公正的投资环境。

三、金融监管失灵

虽然政府管制可以在一定程度上纠正市场缺陷，但政府同样也会面临失灵问题，即政府管制并不一定能实现资源的有效配置。

（1）监管者的经济人特性。

从理论上说，金融监管部门作为一个整体，是社会公众利益的代表者，能在某种程度上超越具体的个人利益。但是，监管者也是经济人，也具有实现个人利益最大化的动机，一旦他们掌握了垄断性的强制权力，很容易被某些特殊利益集团"俘虏"，并成为其的"代言人"。

(2)监管行为的非理想化。

尽管监管者主观上想通过监管最大限度地弥补市场缺陷,但由于受到各种客观因素的制约,可能无法达到理想的目标,制约监管效果的客观因素如下:

第一,监管者对客观规律的认识具有局限性。

第二,监管者信息不完备,被监管者掌握自己所经营业务的完整信息,而监管者除了掌握一些法律所要求披露的信息之外,并不能准确、及时、全面地掌握被监管者的信息。

第三,监管当局对是否采取措施和采取何种措施,以及从采取措施到产生效果,都可能发生监管时滞。

(3)监管效率低下。

作为监管制度的制定者和实施者,金融监管部门处于独特的地位,他们几乎不受市场的竞争和约束,也就没有改进监管效率的压力和动机,这必然会导致监管的低效。

此外,金融监管部门具有政府部门的科室结构,其运作机制和一般的政府部门无大区别,极易导致监管的官僚主义行为。

四、金融监管与货币政策

在现实生活中,大多是中央银行兼货币政策制定和金融监管两项职责。对于金融监管和货币政策的关系,米尔顿·弗里德曼和尤金·法马的观点具有代表性。在1959年出版的《货币稳定论纲》中,弗里德曼认为,适度稳定的金融体系是市场经济有效运行的先决条件,政府应当承担稳定金融体系的职能。他分析,履行支付结算和防止相关欺诈行为的特殊困难性,使货币政策和对银行业的监管高度相关。与此同时,货币具有的广泛渗透性,使银行业对国民经济的各个产业都有重大影响,要使货币政策达到预期的目标,必须同对银行业的监管相配合。1986年,弗里德曼在《政府在货币体系中有作用吗?》一文中,再次强调了这样的观点。

尤金·法马对这一问题持有完全不同的看法。他在1987年提出:货币政策的实施不需要金融监管的配合。他认为,控制通货膨胀和监管银行业无任何关系。虽然存款是保存和转移财富的有效方式,但绝不是唯一的方式。因此,试图通过金融监管来控制物价,作用相当有限。他还认为,通过金融监管来实施货币政策的结果,只能迫使金融机构按要求缴纳准备金。此外,信息技术和金融创新的发展,也为加强金融监管提供了条件。

如果货币政策和金融监管完全无关或者相关度很低,就无须讨论中央银行的监管问题。那么,在认定货币政策职能和金融监管职能具有较高相关度的前提下,是否就能肯定中央银行必须实施金融监管职责?对这一问题也有不同观点。

一种观点认为,尽管实施货币政策的职能和金融监管的职能有时会发生冲突,但只有中央银行才能有效协调这两项职能,因而不仅要让中央银行负责金融监管,还应通过立法赋予其监管权力。首先,货币政策的有效实施要通过金融机构(主要是银行)的传导,因此,必须充分了解金融机构运行情况的信息。由中央银行承担金融机构的监管职责,是及时、准确获取这一信息的有效途径;中央银行是银行的银行,扮演着银行业的票据清算、准备金存放、再贴现和最后贷款人的角色,这也使其能及时获取金融监管所必需的信息。此外,中央银行的人才和技术优势,也让它在进行专业性、技术性很强的金融监管方面具有特殊的优势。

另一种观点则认为，货币政策职能和金融监管职能是两种不同的职能，应当由法律界限清晰的不同机构来执行。其出发点是，由中央银行负责金融监管是有害的。在中央银行负责金融监管的情况下，金融机构和社会公众都会产生中央银行保护金融业的预期。在这种预期下，金融机构可能会倾向于从事高风险、高收益的投资活动；社会公众也会放松对金融机构的监督，失去甄选金融机构的动力。此外，中央银行可能出现的监管失误和两难选择也将损害货币政策的声誉和严肃性。

五、中国金融监管体制

中国当前的金融监管体制属于集权多头。在2003年第十届全国人民代表大会第一次会议之前，由中国人民银行、中国证券监督管理委员会（以下简称"证监会"）、中国保险监督管理委员会（以下简称"保监会"）三方共同承担中国金融的监管职责。具体来讲，中国人民银行处于核心地位，是全国金融业的最高主管机关，它不仅负责银行业和信托业的监管，还要从宏观上对证券业和保险业的监管予以指导，以保证整个金融业的健康发展。证监会主要负责证券市场、证券业和投资基金的监管。保监会主要负责全国保险业和保险市场的监管。2003年4月28日，中国银行业监督管理委员会成立，承担了原由中国人民银行承担的监管职责。2018年3月17日，在整合银监会和保监会的基础上，国务院组建了中国银行保险监督管理委员会；与此同时，将原两会拟定银行业、保险业重要法律法规草案和审慎监管基本制度的职责划入中国人民银行。加上于2017年11月8日成立的作为国务院统筹协调金融稳定和改革发展重大问题议事协调机构的国务院金融稳定发展委员会，以及继续履行中央银行职能的中国人民银行和继续行使证券业及资本市场统一监管职能的证监会，原有的金融监管体系格局由"一行三会"转变为"一委一行两会"的综合金融监管体系。

党的二十大报告提出，深化金融体制改革，依法将各类金融活动全部纳入监管。2023年，中共中央国务院印发《党和国家机构改革方案》提出，要统一负责除证券业之外的金融业监管，强化机构监督、行为监管、功能监管、穿透式监管、持续监管，统筹负责金融消费者权益保护，加强风险管理和防范处置，依法查处违法违规行为。同时，国家金融监督管理总局在中国银行保险监督管理委员会基础上组建，将中国人民银行对金融控股公司等金融集团的日常监管职责、有关金融消费者保护职责、中国证券监督管理委员会的投资者保护职责划入国家金融监督管理总局，不再保留中国银行保险监督管理委员会，要求建立以中央金融管理部门地方派出机构为主的地方金融监管体制，统筹优化中央金融管理部门地方派出机构的设置和资源配备。地方政府设立的金融监管机构专司监管职责，不再加挂金融工作局、金融办公室等牌子。将中国证监会由国务院直属事业单位调整为国务院直属机构，强化资本市场监督职责，履行国家发展和改革委员会的企业债券发行审核职责，由证监会统一负责公司（企业）的债券发行审核工作。统筹推进中国人民银行分支机构改革，撤销中国人民银行大区分行及分行营业管理部、总行直属营业管理部和省会城市中心支行，在31个省（自治区、直辖市）设立省级分行，在深圳、大连、宁波、青岛、厦门设立计划单列市分行。中国人民银行北京分行保留中国人民银行营业管理部牌子，中国人民银行上海分行与中国人民银行上海总部合署办公。不再保留中国人民银行县（市）支行，相关职能上收至中国人民银行地(市)中心支行。对边境或外贸结售汇业务量大的地区，可根据工作需要，采取中国人民银行地(市)中心支行派出机构方式履行相关管理服务职能。

组建金融监督管理总局，有利于实现金融监管全覆盖，进一步提升监管效率，从而更好地实现金融支持实体经济的需求和功能，这是中国金融监管体制迈向更完善的重要一步。

在中国的金融监管体制中，金融业的自律是一个重要环节。自律是指同一行业的从业者，基于共同的利益，制定规则、自我约束，实现本行业内部的自我监督，以保护自身利益并促进本行业的发展。

六、中国金融牌照

金融作为国内监管严格的行业之一，首要问题是明确执业资格问题，即牌照问题。金融监管根据监管时段分为事前监管、事中监管、事后监管，市场准入制度是事前监管的核心，金融许可证则是市场准入制度的常态表现。

金融机构经营许可证，即金融牌照，是国家批准金融机构开展业务的正式文件。目前金融许可证由中国人民银行、国家监管总局、原证监会和原保监会等部门分别颁发，政府严格管制，不可随意发放。

1. 金融牌照的审批

2023年3月，中共中央、国务院印发《党和国家机构改革方案》，决定在中国银行保险监督管理委员会基础上组建国家金融监督管理总局，不再保留中国银行保险监督管理委员会，5月18日，国家金融监督管理总局正式揭牌，中国金融监管体系迈向"一行一会一总局"的新格局。

目前，中国的金融牌照及其对应的审批机构如表1-3所示。其中，最主要的七张牌照分别为银行牌照、信托牌照、保险牌照、券商牌照、公募基金牌照、期货牌照和融资担保牌照。

表1-3 中国金融牌照及其对应的审批机构

央行审批	国家监管总局	证监会审批	其他机关审批	中基协备案登记
• 第三方支付牌照 • 金融控股公司	• 银行牌照 • 信托牌照 • 金融租赁牌照 • 货币经纪牌照 • 贷款公司牌照 • 保险牌照 • 保险代理与经纪牌照 • 消费金融 • 商业保险牌照 • 典当牌照	• 券商牌照 • 公募基金牌照 • 基金销售牌照 • 基金支付牌照 • 基金子公司牌照 • 期货牌照	小额贷款公司 融资担保公司	• 私募基金牌照

2. 中国的金融牌照现状

银行、信托、保险和证券是关系国计民生的金融机构，这四大机构的牌照也是目前比较稀少的金融牌照。

目前，内资券商牌照发放速度缓慢，合资券商牌照只发放投行业务。

3. 全牌照的金融控股集团

金融控股公司是指在同一控制权下，完全或主要在银行业、证券业、保险业中至少两个不同的行业提供服务的金融集团。

（1）金融控股集团。

金融控股公司混业经营，由一家母公司控股，母公司至多从事一种金融业务，也可以只是纯粹的控股公司，各项金融业务由子公司独立经营。

（2）金融控股集团类别。

金融控股集团可以分为四大类：以央企为代表的全牌照金控平台，以地方政府为主建立的金控平台，民营企业自发建立的金控集团，互联网巨头涉足金融领域形成的小金控单位。

①以央企为代表的全牌照金控平台。这主要有银行系（工农中建）、四大资产管理公司（华融、长城、东方、信达）、央企产业资本（国家电网、中石油、招商局集团等），这些大型金融控股集团资产规模庞大，金融牌照基本齐全，并掌握核心产业和金融资源。

②以地方政府为主建立的金控平台。比如上海国际集团、天津泰达控股、山西金控、广州金控等，这些金控公司借助地方政府力量，通过证券化形成上市金融控股集团后，金控集团可以直接控制地方核心金融企业，掌握齐全的金融牌照。

③民营企业自发建立的金控集团。目前布局较为领先的民营金控集团有泛海控股、万向系、复星系等，民营企业通过建立金控平台实现壮大集团实力的目的，落实产融结合的战略。

④互联网巨头涉足金融领域形成的小金控集团。金融业务牌照逐步放开，互联网巨头凭借自身在账户、流量、数据、技术等多方面的优势，纷纷布局金融，落地对金融账户体系和数据信息的掌控，最终形成自身的"金融生态圈"。

（3）金融控股集团的优势。

①融资便利。丰富的金融和产业资源为平台的外部融资创造了更好的条件，其经营业务在一定阶段都有机会获得市场垂青，持续为公司业务扩张补充资本金，壮大集团资本实力。

②资源协同。集团子公司可实现业务渠道嫁接，促进各项业务联动发展；金控平台凭借多元化的金融资源可以形成内部资本市场，减少子公司之间资金的拆借成本，提高资金利用效率；子公司产品可以进行多元化组合，提高产品附加值，提高交叉销售能力。

③激励机制。相比未进行业务分拆的金融集团，金控平台在管理和激励机制上有更大的突破创新。

④品牌效应。金控模式可增强集团的品牌效应，为子业务板块外部融资增添竞争力，也助于提高企业在资本市场上的估值。

第四节　中国金融市场调控机制

一、金融市场调控基础

宏观调控是指国家综合运用各种手段对国民经济进行的一种调节与控制，是保证社会再生产协调发展的必要条件，是国家管理经济的重要职能。财政政策与货币政策是政府宏观调控的两大政策，都是需求管理政策。

国家干预经济的宏观调控政策，其目的是推动市场的总供给和总需求恢复均衡状态，以实现发展、就业、稳定和国际收支平衡等目标。

由于市场需求的载体是货币，所以调节市场需求也就是调节货币供给。换言之，需求管理政策的运作离不开对货币供给的调节，或是使之增加，或是使之缩减。货币政策如此，财政政策也是这样，这是它们应该配合，也可以配合的基础。至于它们的区别，就调节货币供给这个角度来说，前者通过银行系统，运用金融工具，由金融传导机制使之生效；后者通过财政系统，运用财税工具，由财政传导机制使之生效。

二、财政政策与货币政策协调配合的必要性

财政政策与货币政策虽然都能对社会总需求和总供给进行调节，但在消费需求和投资需求中的作用是不同的。

1. 传导过程差异

中央银行的货币政策措施一般通过商业银行传导至企业和居民，影响企业和居民的经济行为，进而达到宏观调控的目标。由此可见，货币政策的传导过程具有多层次性的特点。而财政政策一般直接作用于企业和居民，例如，通过调整税率或累进的个人所得税税率的自动稳定器功能，以及对个人转移支付，财政政策会直接影响个人的经济行为；财政政策对企业的作用过程也是直接的。财政政策的传导性具有直接性的特点。

2. 政策调整时滞差异

由于政策运行的环境不断变化，为了实现既定的宏观经济管理目标，国家必须对政策的制定与执行适时调整政策。因此，国家对经济形势的确认，到政策调整，再到调整后的政策作用于市场经济行为主体，进而实现政策目标，需要耗费一定的时间，经济学称这种时间耗费为政策调整时滞。财政政策和货币政策存在政策调整时滞差异。

先看货币政策。一般情况下，中央银行或其他政府部门对经济形势的确认时间是相近的，且中央银行可以随时调整货币政策，一般不需要花太多的时间。因此，货币政策的调整时滞比较短。

财政政策则不同。财政政策的制定与调整必须依法按财政年度进行，它不像货币政策可以随时调整，政策调整的时间比较长。此外，由于财政政策的调整必须经过法律程序，即经过人民代表大会的审查批准，进一步延长了财政政策的调整时滞。

3. 政策调整的侧重点差异

货币政策侧重于对总量的调节，而财政政策侧重于对结构的调节。各种货币政策工具，

基本上是通过对货币量或货币流通的规模进行调节，如利率调节、存款准备金调节乃至计划手段的调节等，最终导致货币规模的变动，进而实现对需求的调节。各种财政政策工具，则是通过对结构的调节来发挥其作用，支出结构的调整，直接引起社会需求结构的变化。

此外，二者还存在其他差异，如货币政策的透明度较差，而财政政策的透明度较高等。财政政策和货币政策之间的差异表明，两种政策的作用是不可替代的，只有相互配合、相互协调，才能有效对国民经济进行宏观调控。

三、货币政策与财政政策组合

在20世纪30年代以前，占统治地位的经济理论均不主张政府对经济进行过多干预，除非战时，各国政府一直遵循平衡收支的财政原则。但20世纪30年代的经济大萧条和"凯恩斯革命"推出了宏观经济干预政策。由于金融体系扩张乏力，经济学家遂把财政政策推崇到反萧条政策的首位。

进入20世纪40年代，长期的萧条局面暂时被战争所带来的繁荣取代。有效需求不足不再是主要矛盾，应付巨额的预算赤字和严重的通货膨胀更为迫切。在这一新形势下，凯恩斯学派提出了补偿性财政货币政策，即根据经济的"冷热"，交替实行紧缩和扩张的货币政策。

货币政策，即金融政策，是指中央银行为实现宏观调控的目标而采用的各种控制和调节货币供应量以影响社会总需求的政策。货币政策工具包括公开市场业务、法定存款准备金、再贴现等。货币政策分为扩张性货币政策（增加货币供应量）、紧缩性货币政策（缩减货币供应量）、中性货币政策（等于流通中需要的货币量）三种类型。财政政策是指政府为实现宏观调控的目标，通过财政收入和财政支出的变动影响社会总需求的政策。财政政策工具包括税收、财政支出、国债等。财政政策分为扩张性财政政策、紧缩性财政政策、中性财政政策（收支平衡、供求平衡）三种类型。扩张性财政政策，又称积极的财政政策，是指通过财政分配来增加和刺激社会总需求增长的政策。紧缩性财政政策，又称消极的财政政策，是指通过财政分配来减少和抑制总需求增长的政策。

后凯恩斯学派的代表萨缪尔森强调财政政策和货币政策"松紧搭配"的功效，其含义是权衡经济中最需要注意的紧迫问题，并根据财政政策和货币政策各自适用性的特点，或采用松财政政策与紧货币政策的搭配，或采用紧财政政策和松货币政策的搭配。当然，特定的经济形势也会要求"双松"或"双紧"。

1. 紧的财政政策和紧的货币政策

紧的财政政策一般是指抑制社会需求的政策，主要通过增加税收、削减政府支出规模等手段来限制支出、抑制社会总需求。紧的货币政策是指以紧缩需求、抑制通货膨胀为目的的货币政策，主要通过提高法定存款准备金率等市场经济手段以及紧缩信贷等行政手段减少货币供给，进而达到紧缩货币供应的目的。这种政策组合通常可以有效地制止和压缩需求膨胀和通货膨胀，但同时会对经济增长产生抑制作用。

2. 紧的财政政策和松的货币政策

松的货币政策是以扩大社会需求、刺激经济增长为目标的政策。由于紧的财政政策具有抑制社会需求的作用，所以它和松的货币政策相配合，一般可以起到既可控制需求，又可保持适度经济增长的作用。但两者有松紧搭配适度的问题，过松的货币政策可能会在总量上抵消紧的财政政策对需求的抑制作用，进而产生通货膨胀；而过紧的财政政策则可能

3. 松的财政政策和紧的货币政策

松的财政政策具有刺激需求、加大对经济结构调整力度的作用；而紧的货币政策则可以防止过高的通货膨胀。因此，这种政策组合既可以使经济保持适度增长，同时实现对经济的结构性调整，又可以尽可能避免通货膨胀。但若松紧搭配不当，可能会产生其他不良后果。例如，过松的财政政策可能造成赤字积累，并且同时造成社会总需求过于旺盛，进而在总量上抵消紧的货币政策的抑制需求作用。反之，如果货币政策过紧，也会对经济增长产生不良的阻碍作用。

4. 松的财政政策和松的货币政策

松的财政政策主要通过减少税收和增加政府财政开支来扩大社会总需求，同时，由于政府支出和税收一般都带有明显的方向性，所以会对经济结构和资源配置产生重要影响。松的货币政策会扩大货币供给总量，进而扩大社会需求总量，因而在方向上同财政政策是一致的。在社会总需求不足的情况下，采取这种政策组合可以起到扩大需求、刺激经济、增加就业的作用；但这种政策组合往往会造成严重的通货膨胀。

通过对以上四种政策组合的介绍，我们可以看出，所谓"松""紧"搭配，主要是利用财政政策和货币政策各自的特殊功能，达到平衡需求、调整市场资源配置的目的。

通过每年的政府工作报告，可以读懂中国的货币政策和财政政策，从而为投资理财提供参考。

政府工作报告＝中国宏观经济政策的信号灯

- 红灯意味着紧缩
- 黄灯意味着中性
- 绿灯意味着宽松

表 1-4 为历年货币政策。

表 1-4 货币政策

年份	货币政策
2015	稳健的货币政策要松紧适度
2016	稳健的货币政策要灵活适度
2017	货币政策要保持稳健中性
2018	稳健的货币政策要保持中立、松紧适度、管好货币总闸门
2019	稳健的货币政策要松紧适度，满足经济运行保持在合理区间的需求
2020	稳健的货币政策更加灵活适度
2021	稳健的货币政策要灵活精准，合理适度
2022	稳健的货币政策要灵活适度，保持流动性，合理充裕

数据来源《经济参考报》

对于货币政策，主要关注两点：一个看用词；一个看每年的变化。2015 年和 2016 年货币政策用词存在区别，2015 年强调"松紧适度"，2016 年强调"灵活适度"，由此可以判断 2016 年相比 2015 年的货币政策更为宽松；2017 年强调"稳健中性"，可以判断 2017 年

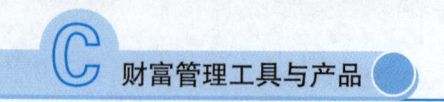

相比 2016 的货币政策较收紧；2018 年强调"管好货币总闸门"，可以判断 2018 年相比 2017 年货币政策更为严格；2019 年强调"满足经济运行保持在合理区间的需求"，可以判断 2019 年相比 2018 年货币政策趋于宽松。表 1-5 为财政政策。

表 1-5　财政政策

年份	财政政策
2015	积极的财政政策要加大增效，赤字率从 2.1% 提高到 2.3%
2016	积极的财政政策要加大力度，赤字率提高到 3%；适度夸大财政赤字，加快财税体制改革
2017	财政政策要更积极有效，赤字率提高到 3%；财政预算安排要突出重点、有保有压
2018	积极的财政政策取向不变，要聚力增效，赤字率按 2.6% 安排，比去年预算低 0.4 个百分点
2019	积极的财政政策要加大提效，赤字率拟按 2.8% 安排，适度提高赤字率；财政支出 23 万亿元，增长 6.5%
2020	积极的财政政策更加积极有为，提高赤字率
2021	积极的财政政策要提质增效、更可持续，赤字率可能比去年略有降低，维持在 3% 左右
2022	积极的财政政策要提升效能，更加注重精准、可持续，适当下调赤字率至 2.8% 左右

数据来源：《2022 年中国财政政策执行情况报告》

同样，了解财政政策需要掌握两点内容：第一，过去五年，"积极"确实是中国财政政策的基调。积极的财政政策属于扩张性财政政策，即增加政府性支出，降低税负，刺激总需求。第二，看财政支出和赤字率。当财政支出大于财政收入，就会出现财政赤字。赤字率如果上升，意味着政府支出规模增加，财政政策更为宽松，反之，赤字率如果减少，意味着政府支出减少，财政政策收紧。

习题训练

1. 中国的金融监管体制与历史文化传统、政治体制、经济发展水平和法治建设等方面存在怎样的联系？
2. 既然中央银行是国家的银行，为什么还要强调中央银行相对于政府的独立性？
3. 通过货币政策来分析 2019 年货币政策的信号灯颜色。
4. 以中信集团为例，补充光大集团和平安集团的相关信息。

类别	中信集团	光大集团	平安集团
银行牌照	中信银行		
证券牌照	中信证券		
期货牌照	中信期货		

续表

类别	中信集团	光大集团	平安集团
保险牌照	信诚人寿		
基金牌照	信诚基金		
信托牌照	中信信托		
融资租赁牌照	中信金融租赁		

5. 获得第三方支付牌照的企业有哪些？获得银行牌照的民营银行有哪些？
6. 请说明财政政策与货币政策应如何配合使用？

第二章

财富管理概论

教学目标
- 了解财富管理的概念、财富管理工具与产品的概念
- 熟悉财富管理的流程与体系
- 掌握财富管理相关理论

本章重点
- 生命周期各阶段特点
- 资产配置的基本步骤
- 财富管理产品的分类与特点

本章难点
- 马科维茨均值-方差模型的应用
- 财富管理工具与产品挑选流程

改革开放以来，我国财富管理行业得到了快速发展，呈现出专业化、智能化、多元化、安全化和普惠化的趋势。在快速发展的基础上，为规范财富管理行业的发展，监管部门加强了对行业的规范和调整，我国财富管理行业进入了规范发展的新阶段。

第一节 财富管理认知

一、财富与财富管理的概念

任何有市场价值并且可用来交换货币或商品的东西都可视为财富，它包括实物与实物资产、金融资产以及能产生收入的个人技能。财富一般分为两类：有形财富，指资本或非人力财富；无形财富，即人力资本。财富具有产生收入的属性，即收入是财富的收益，因

此，财富在未来所产生的收入流量的现值，构成该财富存量的当前价值。

财富管理是指以客户为中心，设计出一套全面的财务规划，通过向客户提供现金、信用、保险、投资组合等一系列的金融服务，将客户的资产、负债、流动性进行管理，以满足客户不同阶段的财务需求，帮助客户达到降低风险、实现财富保值、增值和传承等目的。

二、财富管理参与主体

财富管理的参与主体包括产品需求方和产品供给方。

产品需求方，即客户，包括个人、机构等，他们掌握着各种各样的财富，希望通过财富管理实现各种理财目标。

产品供给方，包括商业银行、券商、基金公司、保险公司等产品设计发行机构，以及商业银行、第三方理财等产品销售机构。

（一）产品需求方

对产品需求方而言，财富管理就是管理财富，就是管好钱，并且用钱"生"钱。

个人财富的管理通常包含四个步骤：找来钱(财富积累)—看好钱(财富保护)—钱生钱(财富增值)—传好钱(财富传承)。

这四个步骤是一个动态循环的过程，在客户的一生中循环往复，从始至终，都在与"不安全感"和"风险"抗衡，从防风险到抗风险，最后到赢风险，都离不开对风险的管理和博弈。其实，财富管理的本质就是风险管理。风险管理水平的高低体现了财富管理能力的高低，决定了财富管理结果的差异。

（二）产品供给方

对产品供给方而言，财富管理首先是一个业务品种，无论是产品设计发行方还是产品销售方，财富管理都是一项"中间业务"，即不将管理的财富本身纳入企业资产负债，以收取管理费作为盈利手段。

产品供给方提供的管理包含两个层面：一是直接投资，即将客户的资金直接投资于可以产生收益的基础资产及其衍生品；二是间接管理，即作为代理方，帮助客户将财富投资于不同的金融产品，如基金、信托、保险等，这项工作称为"资产配置"。

所谓"资产配置"，就是产品供给方根据客户的实际情况和自身需求，挑选各类金融产品，通过不同方法的搭配，管理好客户的风险的过程。这个过程的核心能力有两点：其一是对金融产品的分析和研究能力；其二是帮助客户完成配置工作的能力。这两个能力，一个是对风险的识别和认知，另一个是对风险的组合搭配，本质上都是对风险管理的能力。

财富管理的过程就是风险管理的过程。对需求方而言，财富管理是"防风险、抗风险、赢风险"；对供给方而言，财富管理是对风险的识别、认知和组合搭配。

财富管理工具正是从风险、收益及流动性的角度进行考量，采用一定的投资工具对客户的资产进行配置，从而达到财富保值增值的目的。

三、财富管理的流程

（一）获取客户并建立联系

财富管理行业具有与生俱来的需求导向型特征。对财富管理机构与财富管理从业人员而言，获取客户和对客户进行分类是最重要的前提。基于客户的财富来源、管理目标等指标，客户大致可分为传统高净值客户、企业家客户、家族客户、专业投资者客户、新富阶层客户和传统大众客户六大类型，不同类型的客户存在不同的财富管理需求，即使是同一客户，在生命周期的不同阶段，其财富管理需求也存在显著差异。因此，客户经理需要对不同客户和同一客户不同的生命周期阶段提供差异化服务。

财富管理需求可分为基本的财富管理需求与特殊的财富管理需求，基本的财富管理需求可以包括资产配置需求、现金和负债管理需求、住房规划需求、子女教育规划需求、保险规划需求、退休与养老规划需求；特殊的财富管理需求包括财富保全与传承规划需求、税收筹划需求等。

(二) 收集客户信息

客户信息包括财务信息与非财务信息。财务信息是指客户当前的资产负债状况、现金收入与支出状况、其他财务状况以及这些信息的未来变化。非财务信息指除财务信息以外与财富管理有关的信息，包括客户的姓名和性别、出生日期和地点、健康状况、预期寿命、婚姻状况、子女信息、学历、职业职称、工作所在行业、社会地位、联系方式等，还包括客户的风险容忍度与风险承受能力、财富价值观与行为偏好、财富管理目标等。我国客户的财富价值观大致分为偏退休型（蚂蚁型）、偏子女型（慈乌型）、偏购房型（蜗牛型）和偏当前享受型（蟋蟀型）四种。

(三) 分析客户财务状况

搜集客户财务信息后，客户经理需编制客户的个人（家庭）资产负债表和现金收入支出表。个人（家庭）资产负债表反映了某一时点客户的资产和负债情况，它是客户过去经济活动的结果，主要包括资产和负债两部分。现金收入支出表是将客户在某一时期的收入和支出进行归纳汇总，作为评估未来收入支出的基础，并以此判断客户收支情况与财务目标之间的差距。

通过对资产负债表和现金收入支出表相关项目的分析，客户经理可以构建并计算负债资产比率、流动性比率、债务偿还收入比率、结余比率和投资与净资产比率等，采用比率分析方法评估客户在偿付债务、流动性和盈利性等方面的能力，同时了解客户的风险偏好、生活方式和价值取向，判断客户财务状况改善的可能性，进而为客户选择恰当的财富管理策略。

(四) 落实财富管理方案

财富管理方案的制定与执行需要遵循安全性、流动性、收益性、保障性、灵活性、综合性和完整性七个原则。财富管理方案需要对客户的实际情况和主观目标进行全盘考虑，在此基础上整合制定一个相互关联、具有可操作性的财富管理方案，并以书面形式传达给客户，注意收集客户反馈并在执行中根据变化动态调整。一份完整财富管理规划方案应包含封面及目录、重要提示及规划摘要、客户基本信息、客户财务状况分析及结论、客户的财富管理目标、财富管理的分项规划方案和具体执行步骤等。

四、财富管理体系

(一) 财富管理机构体系

根据机构的历史起源与业务特点，全球范围内从事财富管理业务的机构包括家族办公

室、私人银行、投资银行、商业银行、信托公司、保险公司和第三方财富管理机构七大类型。

家族办公室是财富管理的顶级形态，为超高净值家族客户提供财富管理服务与家族管家服务。

私人银行向高净值个人或家庭客户提供符合其需求的综合金融产品与金融服务。作为机构的私人银行主要存在于欧洲市场，是以私人银行业务为核心业务或唯一业务的财富管理机构。

投资银行是北美财富管理市场的主要从业机构，主要是借助投资银行平台，为企业主客户个人及其公司提供高度定制化的投融资、大额借贷和共同投资等服务。

商业银行的财富管理业务是在早期的银行个人理财业务基础上发展形成的，具有客户数量大、层级多、涉及面广、产品与服务比较全面等特征，业务发展的规模优势突出，是中国财富管理市场的主力机构。

信托公司是我国金融机构中唯一横跨货币市场、资本市场和实业投资领域的金融机构，其业务具有广泛性和灵活性的优势。

保险公司提供的财富管理服务都是不可或缺的，保险的功能与财富管理目标高度契合，在债务风险隔离、风险转移、损失补偿、资产保全与传承、避税和投融资等多个方面满足不同层次人群财富管理的需要，是财富管理人群必需的产品类型。

第三方财富管理机构以满足客户需求为中心，以对各类金融产品的客观公正分析评价为基础，为客户筛选符合其需求的产品组合，提供专业的资产配置与财务规划方案并辅助客户执行，为客户的财富实现保值、增值和传承服务。

(二) 财富管理服务体系

根据财富管理服务内容和满足客户需求功能的不同，财富管理服务可以主要分为资产配置服务、财富传承与保障服务、跨境金融服务、法律和税务咨询服务以及企业管理咨询服务等。

资产配置服务是指为满足客户对财富的保值和增值需求，为客户提供投资交易咨询、投资组合咨询或全权委托等服务，服务内容包括资产配置方案的制定、执行和交易操作等。

财富传承与保障服务是指为满足客户对财富的风险隔离和代际传承需求，为客户提供包括财产公证、生前赠与、遗嘱（遗产规划）、大额保单、家族信托、家族慈善基金会等服务。

跨境金融服务是指为满足个人客户的全球资产配置和对家庭成员人生规划需求，为客户家庭提供子女留学服务、境外投资服务、移民服务、离岸信托计划，为企业客户提供境外融资、结算、全球现金管理和投资银行服务等。

法律和税务咨询服务是指为有效防范法律风险、保障客户家庭或企业的税收安全、节约税收成本，向客户提供多项涉及客户个人和家庭成员的人身权益、家庭的财产权益、家庭和企业的税收安排等方面的解释说明、咨询建议或出具解决方案等服务。

企业管理咨询服务是指财富管理机构为提高客户黏性，为帮助客户解决企业经营管理问题所提供的专业服务，具体包括利用专业手段帮助客户发现经营管理方面的问题、分析并查明问题产生的原因、提出切实可行的改善方案并提供实施指导等。

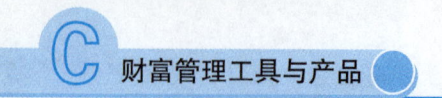

(三)财富管理监管体系

对财富管理行业进行监管旨在保障市场健康运行、提高市场参与率、提高市场运行效率,实现财富管理市场对整个社会经济金融运行的基本功能。目前我国金融监管架构是自2023年开始的"一行一会一总局"综合监管架构,"一行"指中国人民银行,"一会"指中国证监会,"一总局"指国家金融监督管理总局。规范我国财富管理行业发展的法律法规和相关指导文件总共涉及以下三个层面。

一是国家层面由全国人大常委会颁布的行业相关法律,如《中华人民共和国人民银行法》《中华人民共和国商业银行法》《中华人民共和国证券法》《中华人民共和国保险法》《中华人民共和国信托法》《中华人民共和国证券投资基金法》《中华人民共和国消费者权益保护法》等。

二是由金融监管部门颁布的行业相关管理制度与规定,如《关于规范金融机构资产管理业务的指导意见》(简称"资管新规")、《商业银行理财业务监管管理办法》(简称"理财新规")等。

三是各金融分业的行业自律机构,即行业协会发布的各类金融行业自律公文。

除上述三大体系以外,还有财富管理产品体系,后续章节中将对此部分进行详细介绍,这一部分也是教材的核心内容。

五、改革开放后的财富管理发展史

经济的发展促进社会财富的积累,中国的财富管理行业就是在改革开放的浪潮中诞生和成长起来的。

(一)萌芽阶段

改革开放以来,我国居民理财的种类开始渐渐摆脱单一的银行存款产品。政府为加强经济建设,开始在社会上发行国库券,由于利率较高,国库券成为改革开放初期最受追捧的理财产品。许多国有企业进行职工义务购买或以国库券的形式发放工资。

(二)初步发展

20世纪90年代,随着上交所和深交所的成立,中国证券市场开始快速发展。但此时股票市场规模很小,市场缺乏监管,经常出现暴涨暴跌的情形。

此后,监管逐步规范,上市公司从几家增长到数千家,上市公司的范围从上海、深圳扩展到全国,上市的发行品种涵盖了A股、B股、H股等。在这个时期,人们的理财需求开始增多,1998年诞生了我国第一支证券投资基金,2001年第一支开放式基金发行,从此,基金与股票成为财富管理行业的两个重要组成部分。

(三)新世纪新发展

进入21世纪,我国金融市场进一步发展完善,财富管理行业从20世纪末的存款、债券、股票逐步扩展到基金、黄金、信托、定向增发、股权投资等领域。在这一时期,我国诞生了许多知名的第三方财富管理公司,其服务范围包括以下方面:

①财富管理,为高净值人群提供公募、私募、信托、保险等全方位资产配置服务。

②私募基金管理,为投资者提供财智系列私募基金产品,聚焦在FOF母基金、量化投

资、并购重组、定向增发等方向。

③互联网理财，借助智能投顾平台开展财富管理。智能投顾，即机器人投资顾问，指虚拟机器人基于客户的理财需求，通过算法和产品搭建数据模型，完成以往人工提供的理财顾问服务。目前，银行、券商和基金代销平台等都可提供该项服务。

六、财富管理行业的发展趋势

目前我国的财富管理行业发展规模逐步扩大，呈现出多样化的特点，主要包括以下三个方面。

1. 小而专的财富管理机构增多

随着人们理财差异化趋势的加大，财富管理行业未来会形成一个客户精准、资产庞大、产品具有特色的发展趋势，一些中小型的财富管理机构将更适宜在市场上发展。

2. 分类监管将持续完善

目前大类监管已经相对完善，未来监管将重点针对产品种类、机构制度、投资范围、投资门槛等方面进行完善，从业资格、销售资格、信息披露、资金投向等将进行分类化、标准化的监管，形成一套细分领域的监管措施。

3. 行业发展机遇与挑战并存

随着市场形势的骤然变化，不少财富管理机构面临新的挑战，在客户整体数量有限的情况下，不能适应市场新变化的公司将被淘汰。

第二节　财富管理理论

一、个人生命周期理论

（一）理论概念与前提

生命周期理论由美国经济学家 F·莫迪利安尼、R·布伦贝格和 A·安东共同提出，指对投资者个人在相当长的时间内的储蓄和消费行为做出计划，以实现生命周期内收支的最佳配置。该理论综合考虑当期、将来的收支、可预期的工作、退休时间等诸多因素，以决定目前的消费和储蓄，并保证消费水平处于预期的平稳状态，不至于出现大幅波动。该理论有以下两个前提：

第一，假定消费者是理性的，能以合理的方式使用自己的收入，进行消费。

第二，消费者行为的唯一目的是实现效用最大化。

（二）相关阶段与特点

从个人阶段特征、财务状况、理财需求方面考虑，大致可以将一个人的生命周期分为青年单身期、家庭形成期、家庭成长期、家庭成熟期和家庭衰老期五个阶段，相关特征和财务状况如表 2-1 所示。

财富管理工具与产品

表 2-1 个人及家庭生命周期各阶段特征及财务状况

类别	青年单身期	家庭形成期	家庭成长期	家庭成熟期	家庭衰老期
阶段特征	参加工作至结婚	结婚至子女出生时期，家庭成员随子女出生而增加	从子女出生到其参加工作，家庭成员数目固定	从子女经济独立到夫妻均退休，家庭成员数目随子女独立而减少	从夫妻均退休到夫妻一方过世，家庭成员只有夫妻两人（也称为空巢期）
收支状况	收入仅为单身者个人收入	收入增加，以夫妻两人收入为主，支出随家庭成员的增加而上升	收入以双薪收入为主，支出随成员固定而趋于稳定，但子女上学后，学杂费负担重	收入以双薪收入为主，事业发展和收入达到巅峰，支出随成员数目减少而降低	以退休金收入为主，或有部分理财收入、变现资产收入，医疗费用提高，其他费用降低
储蓄状况	个人储蓄较少	随家庭成员增加而下降，家庭支出负担重	收入增加而支出稳定，在子女上大学前，储蓄逐步增加	收入达到巅峰，支出可望降低，为准备退休金的黄金时期	大部分情况下，支出大于收入，为耗用退休金阶段
居住状况	父母同住或租房	和父母同住或自行购房、租房	和父母同住或自行购房、租房	与老年父母同住或夫妻两人居住	夫妻居住或和子女同住
资产状况	资产较少，也可能为负资产，即负债（如消费信贷）	可积累的资产有限，家庭成员年轻，可承受较高的投资风险	可积累的资产逐年增加，开始控制投资风险	可积累的资产达到巅峰，要逐步降低投资风险，准备退休	逐年变现资产应付退休后生活开销，投资以固定收益工具为主
负债状况	无负债或轻度负债（如贷款购车、信用卡贷款消费等）	通常背负高额房贷	若已购房，则缴付房贷本息，降低负债	应在退休前把所有的负债还清	应无新增负债

青年单身期，参加工作至结婚这一时期，一般为 1~5 年。该阶段投资者的收入比较低，消费支出大，个人储蓄少，但没有太大的家庭负担，精力旺盛，需要充分体验社会，是提高自身、投资自己的大好阶段。此阶段应尽力寻找收入机会，广开财源，节约消费，不寻求高风险投资，做好妥善的投资理财计划，为将来打好基础。这段时期的重点是提升自己的专业知识，培养未来的获得能力。财富状况是资产较少，可能还有负债（贷款购车、信用卡贷款消费等），甚至净资产为负。

家庭形成期，结婚至子女出生时期。一般为 1~5 年。这一时期收入以双方工资为主，收入增加且生活稳定，家庭已有一定的经济基础，但为提高生活质量往往需要较大的家庭支出，如房贷。此阶段投资者在注重保持资产流动性的同时，还应配置高收益的金融资产，如股票基金等。

家庭成长期，从子女出生到参加工作时期，一般为 20 年左右。该阶段收入以双薪为主。它又可分成两个时段：一是家庭成长初期，即新生儿诞生到九年义务教育结束，此时由于家庭人口增加，生活费用大增；二是家庭成长后期，即子女进入高中、大学直到参加工作，此时子女教育费用猛增，且子女生活费用也将上升。该阶段收入增加而支出稳定，储蓄逐步增加，积累资产逐年增加，投资者应注重投资风险管理，保持资产流动性，适当增加固定收益类资产，如债券型基金、浮动收益类理财产品。

家庭成熟期，从子女经济独立到夫妻双方退休，一般约为 10 年。收入以双薪为主，支出随子女经济独立而减少，收入处于巅峰阶段，支出相对较低，是储蓄增加的最佳时期，退休前应结清所有大额负债。此时投资者一般以资产安全为重点，保持资产收益回报稳定，增加固定收益类资产的比重，减少高风险资产。

家庭衰老期，夫妻双方退休到夫妻一方过世，通常在 60 岁以后。以退休金和理财收入为主，医疗费用支出增加，其他费用支出减少，支出大于收入，储蓄逐步减少，变现投资资产支付支出费用，投资以固定收益类工具为主，无大额、长期负债。此时进一步提升资产安全性，并购买长期护理类保险。

二、资产组合理论

(一) 资产组合理论的提出

1935 年，美国经济学家希克斯就曾指出：从事多个风险投资所面临的全部风险，并不简单地等于各独立投资承受的风险之和，从事若干个独立的风险投资所承担的风险，将小于把全部资金投资于一个风险资产所遭受的风险。当投资很分散时，投资风险会降到很小。

1952 年，美国经济学家马科维茨在《投资组合的选择》一文中，提出均值－方差证券资产组合理论，这一理论被视为现代资产组合理论的开端。马科维茨的均值－方差证券资产组合理论有两大创举：一是将不确定因素或风险引入资本理论模型，并运用数理统计工具证明组合投资能够分散风险；二是将效用曲线与其资产组合线进行拟合，以帮助投资者确定自己投资的最佳组合。

马科维茨资产组合理论的基本假设如下：
①投资者是规避风险的，追求期望效用最大化。
②投资者根据收益率的期望值与方差来选择投资组合。
③所有投资者处于同一单期投资期。
④在一定的风险水平上，投资者期望收益最大；在一定的收益水平上，投资者希望风险最小。

马科维茨提出了以期望收益及其方差 $(E(r), \sigma^2)$ 确定有效投资组合。

以期望收益 $E(r)$ 衡量证券收益，以收益的方差 σ^2 表示投资风险。资产组合的总收益用各个资产预期收益的加权平均值表示，组合资产的风险用收益的方差或标准差表示，马科维茨模型如下：

$$\min \sigma^2(r_p) = \sum \sum w_i w_j \text{cov}(r_i, r_j)$$
$$E(r_p) = \sum w_i r_i$$

式中：r_p——组合收益；

r_i、r_j——第 i 种、第 j 种资产的收益

w_i、w_j——资产 i 和资产 j 在组合中的权重

$\sigma^2(r_p)$——组合收益的方差,即组合的总体风险

$\text{cov}(r_i, r_j)$——两种资产之间的协方差

从经济学的角度出发,投资者预先确定一个期望收益率,然后通过这一理论模型确定投资组合中每种资产的权重,使其总体投资风险最小。在一定的投资者期望收益水平下,得到相应的使方差最小的资产组合解,这些解构成了最小方差组合,即有效组合。有效组合的期望收益率和相应的最小方差之间所形成的曲线,就是有效组合投资的前沿。投资者根据自身的收益目标和风险偏好,在有效组合前沿上选择最优的投资组合方案,即在一定收益或风险情况下,投资者的组合风险最小或者收益最大。因此,马科维茨模型为实现最有效目标投资组合的构建提供了最优化的过程,这种最优化的过程被广泛地应用于保险投资组合管理中。

马科维茨资产组合理论的基本思路投资策略如下:

①投资者确定投资组合中的资产。

②分析这些资产在持有期间的预期收益和风险。

③建立可供选择的证券有效集。

④结合具体的投资目标,最终确定最优证券组合。

(二)资产组合理论的应用

资产组合理论为有效投资组合的构建提供了重要的思想基础和一整套分析体系,其对现代投资的影响主要表现在以下两个方面:

①马科维茨首次对投资管理中的风险和收益的基础性概念进行了准确的定义,从此,考虑风险和收益就成为描述合理投资目标时缺一不可的两个要件(参数)。

在马科维茨之前,投资顾问和基金经理尽管也会顾及风险因素,但由于不能对风险加以有效的衡量,就只将注意力放在投资的收益方面。马科维茨用投资回报的期望值(均值)表示投资收益(率),用方差(或标准差)表示收益风险,解决了对资产的风险衡量问题,并认为典型的投资者是风险回避者,他们在追求高预期收益的同时会尽量回避风险。

②有效投资组合的提出,使基金经理从关注单个证券的分析转向了对有效投资组合的构建。

马科维茨的资产组合理论已被广泛应用到投资组合中,为资产类型的最优配置提供了指导,使投资管理的实践发生了革命性的变化,并被实践证明是行之有效的。

(三)资产组合理论存在的问题

马科维茨的资产组合理论对现代投资管理意义重大,但在实际运用中,这一理论也存在一定的局限性。

(1)运用的局限性。

马科维茨资产组合理论所需要的基本输入包括证券的期望收益率、方差和两两证券之间的协方差。当证券的数量较多时,基本输入所要求的估计量非常大,从而使马科维茨的运用受到很大限制。因此,马科维茨目前主要被用在资产配置的最优决策上。

(2)结果的不可靠性。

马科维茨需要将证券的期望收益率、期望的标准差和证券之间的期望相关系数作为已

知数据。如果这些数据没有估计误差，马科维茨模型有效。但由于期望数据需要进行估计，这些数据不可能没有误差，就会影响结果的准确性。

（3）结果的不稳定性。

马科维茨模型中，如果有微小改变，将会导致资产权重的很大变化。这些结果的不稳定性限制了资产组合理论在实际制定资产配置方面的应用。

（4）重新配置的高成本。

资产比例的调整会造成不必要的交易成本的上升，提高投入成本。

（四）资产组合理论在我国证券市场中的应用

我国证券市场自20世纪90年代初创立以来快速发展，市场已达相当规模，在为企业筹措资金、推动企业改制、优化资源配置和完善市场运行机制方面起到了积极作用。但我国的市场运行机制和证券市场的建设仍需完善，致使资产投资组合理论在我国证券市场的应用有很大的局限。具体表现为以下几个方面：

（1）我国证券市场的投资风险特征限制了资产组合理论作用的发挥。

我国证券市场存在系统性风险偏大的问题，使得资产组合理论所强调的通过多元化投资组合消除非系统性风险，以实现降低风险的作用无法明显发挥。根据有关学者对我国证券市场风险的实证分析结果表明，我国证券市场系统风险在总风险中所占的比例较大。中国证券市场系统风险所占比例一般要大于50%，而在西方的成熟证券市场中，系统风险在总风险中所占的比例都较小，平均值一般都低于40%。由此可见，我国证券市场与西方成熟证券市场相反，系统风险在证券市场风险中所占比例较大，非系统性风险所占比例较小。这必然会导致通过投资多元化来分散和降低风险的空间极其有限，使得资产组合理论所强调的通过多元化投资组合消除非系统性风险来降低风险，无法发挥明显的作用。

（2）我国证券市场本身存在的缺陷限制了证券组合理论的作用。

与西方国家相比，我国证券市场发展时间不长，而证券市场的规范化、市场化建设是一个系统工程，一个循序渐进的过程。就我国证券市场而言，目前存在的缺陷主要表现为非有效市场，投资者结构不合理，投资观念不成熟。

三、资产配置理论

1. 资产配置的概念

资产配置是指根据投资者期望的理财目标，按资产的风险最低与报酬最佳原则，将资金有效分配在不同类型的资产上，构建提高投资收益与控制投资风险的组合。

资产配置之所以能对投资组合的风险与收益产生一定影响，是因为其可以利用各种资产类别、不同的报酬率和风险特性，以及彼此价格波动的相关性来降低投资组合的整体风险。通过资产配置投资，不仅可以降低投资组合的下跌风险，还可以稳健地增强投资组合的收益。

2. 资产配置的基本步骤

（1）了解投资者的实际情况。

在进行资产配置和产品组合前，不能一味从产品出发而不顾个人的实际情况。在选择产品前，投资者应对自身的情况进行全面清晰的了解，通过基本情况评估资产配置。

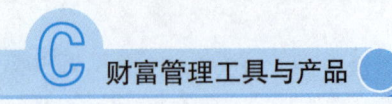

（2）预留生活储备金。

任何人都不能把全部资产用于投资而不顾基本的生活需要，因此，投资者在进行投资前，一定要预留一部分货币资金用于生活保障，建立生活储备金，为投资设立一道防火墙。

家庭投资前的现金储备包括以下几个方面。

①家庭基本生活支出储备金，通常为6~12个月的家庭生活费。

②用于不时之需和意外损失的家庭意外支出储备金，通常是家庭净资产的5%~10%。

③家庭短期债务储备金，主要包括用于偿还信用卡透支额、短期个人借款、3~6个月的个人消费贷款等。

④家庭短期必需支出，主要是短期内可能需要动用的买房买车款、结婚生子款、装修款、医疗住院款、旅游款等。

这些用于保障家庭基本开支的费用一般可以选择银行活期、七天通知存款或半年以内定期存款，或者购买货币基金等流动性、安全性好的产品，绝不可进行股票或股票型基金的投资，否则一旦出现投资亏损或被套，将极大地影响家庭的正常生活。

（3）风险规划与保障资产。

建立家庭基本生活保障储备后，还不能将余钱用于投资，而应建立各种保险保障，从而为自己的投资建立第二道防火墙。前述现金储备只能保障短期的生活，却无法应对中长期的巨大风险，如失业、疾病、意外、养老等。建立家庭资产保障包括以下三个方面：

①家庭主要成员必须购买齐全的社会保险，包括医疗保险、失业保险、工伤保险、生育保险、养老保险等。

②家庭成员的重大疾病保险、意外保险、养老保险等商业保险，以弥补社会保险的不足。

③根据家庭需要购买的车险、房险等财产保险。

（4）建立长期投资储备。

在建立了短期现金储备和中长期保险保障后，个人及家庭剩余的资产就是可投资长期资产，可以根据个人及家庭的需求，用这部分闲置资金购买长期理财产品。通常可以通过定期定额投资基金的方式为家庭建立长期投资组合，如养老投资基金、父母赡养投资基金、子女教育投资基金等。

3. 常见的资产配置组合模型

通常，我们将权证、期权、期货、对冲基金等视为极高风险、极高收益资产；将股票、股票型基金、外汇投资组合等视为高风险、高收益资产；将金银、部分理财产品、集合信托、债券型基金等视为中风险、中收益资产；将债券、债券型基金、投资分红险视为低风险、低收益资产；将存款、国债、货币基金视为无风险、低收益资产。下面，针对不同风险收益的投资产品和个人的风险偏好，介绍几种资产配置组合模型。

（1）金字塔形。

在金字塔形资产结构中，存款、债券、货币基金、房产等低风险、低收益资产占50%左右，基金等中风险、中收益资产占30%左右，而高风险的股票、外汇、权证等资产的比例最低，这种根据资产的风险度由低到高、占比越来越小的金字塔形资产结构，其安全性、稳定性无疑较好。

(2)哑铃形。

在哑铃形资产结构中，低风险、低收益的储蓄、债券资产与高风险、高收益的股票基金资产比例相当，占主导地位，而中风险、中收益的资产占比最低。这种结构两端大，中间小，比较平衡，投资者容易获取黄金投资周期的收益。

(3)纺锤形。

在纺锤形资产结构中，中风险、中收益的资产占主体地位，而高风险、低风险的资产占比比较低，这种资产结构的安全性很高，适合在成熟市场投资。

(4)梭镖形。

梭镖形资产结构几乎没配置低风险的保障资产与中风险的理性投资资产，几乎将所有的资产全部放在了高风险、高收益的投资市场与工具上，属于赌徒型的资产配置。毫无疑问，这种资产结构的稳定性差、风险度高，但是投资力度强、冲击力大，如果遇到黄金投资机遇，更能集中资源，在短时间内博取很高的收益。

第三节 财富管理工具与产品

一、财富管理工具与产品的概念

在证券公司的财富管理业务中，一般采用一定的投资工具对客户的资产进行配置，从而达到保值增值的目的，这些工具被称为财富管理工具。

根据不同的使用者、不同的目的、不同的作用等，财富管理工具有不同名字，即金融产品、金融资产、金融工具和有价证券。

以股票为例，对市场而言，股票是金融产品；对发行者而言，股票是融资的工具；对交易者而言，股票是投资或投机获利的工具；对公司财务而言，股票是金融资产或有价证券。

二、财富管理工具与产品的分类

目前，常用的财富管理工具主要分为六类：现金类、固定收益类、权益类、另类、风险管理类和事务类，每一类又包含了具体的应用工具，如表2-2所示。

表2-2 常用的财富管理工具

现金类	现金、储蓄存款、货币市场基金、短期理财基金、国债逆回购、银行现金管理类产品
固定收益类	中长期存款、债券、公募基金(偏债型)、银行理财(偏债型)
权益类	股票、存托凭证、银行理财(偏股型)、公募基金(偏股型)、阳光私募、信托(权益类)、资管
另类	房地产、大宗商品、黄金、外汇、对冲基金、并购基金、海外投资
风险管理类	基本社保、公司补充保险、商业保险
事务类	税务、法律

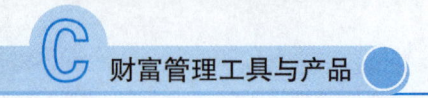

三、财富管理工具与产品筛选

（一）了解产品类型和购买起点

投资者在选择产品时要考虑产品类型和购买起点，不同类型的产品购买起点不同，如私募基金投资门槛为 100 万元起，投资者应根据风险承受能力和资金情况选择适合的财富管理工具。

（二）三性原则

所有的投资工具都遵循"三性原则"，即流动性、安全性和收益性，投资者应追求"三性原则"平衡。

流动性强调变现能力，安全性强调本金不亏损。投资理财的首要目标是保值，然后才是增值，不能为了所谓的高收益而忽略本金损失的可能。收益性强调多获利，但是要注意控制风险。这"三性"难以同时实现，我们可以称为"三性悖论"，一般流动性强的投资工具，具有安全性高的特点，但是收益会较低，如货币市场基金流动性强，安全性高，收益性低。

要做好财富管理，投资者需要注意控制各种风险，对各种理财方式和理财产品有较为全面的认识，根据自己的财富水平和投资能力进行评估，评判风险一旦发生，对自己或者家庭可能造成影响。

首先，投资者要考虑实际的需求和目标，如近期是否有资金使用计划、可投资期限、期望达到的收益率等。

其次，投资者客观分析自己的风险偏好，判定自己的风险偏好和承受能力，有的放矢地选择投资理财对象和策略。

再次，投资者应构建合理的投资组合，不要把鸡蛋放在一个篮子里，确定了不同类别的财富管理工具后，还要做好合理配比。

最后，投资者尽量做长期投资，财富管理是长期行为，要以长期投资心态来对待投资工具和产品。

（三）购买操作

财富管理的各种工具具有一定的选择方法和选择技巧。在本书第三、四、五、六章会详细介绍。

习题训练

一、计算题

王先生将其资金的 60% 投资于股票 1，剩下 40% 的资金投资于股票 2。他预期股票 1 的收益率为 15%，标准差为 20%，股票 2 的期望收益率为 20%，标准差为 22%，且股票 1 与股票 2 收益率的相关系数为 0.6。

(1) 王先生投资组合的期望收益率和标准差分别是多少？

(2) 如果相关系数是 0 或者 −0.6，那么王先生投资组合的期望收益率和标准差又分别是多少？

(3) 王先生的资产组合比单独投资股票 1 更好还是更差？

二、论述题

1. "一项资产或者投资组合的风险可根据其收益方差或标准差衡量"这一观点正确吗？为什么？

2. 请结合所学知识，论述青年单身期投资者如何进行个人资产配置？

3. 对于投资者而言，应如何挑选财富管理工具与产品？

三、案例分析题

在广州工作生活的张先生和太太，两人都30多岁，都在市里一所中学任教。张先生还是学校的一名副职领导。张先生每月税后收入7 500元，太太5 500元。此外还有一些年终奖、津贴、福利等，两人共20 000元。目前，他们家庭有资产30余万，还有一套已付清房贷的房产，无子女。

请根据材料分析以下问题。

(1)张先生夫妻目前处于哪一生命周期阶段？该阶段具有什么特点？

(2)请运用所学的知识，给予张先生家合理的投资建议。

第三章

现金类工具与产品投资实务

教学目标

- 了解中国大额存单的发展历史
- 熟悉现金类工具的类型、概念、特征和投资交易特点
- 掌握现金类工具的投资方法
- 掌握国债逆回购的操作机制

本章重点

- 现金和储蓄存款的投资技巧
- 货币市场基金的特点
- 货币市场基金的挑选流程
- 国债逆回购的交易特点
- 挑选大额存单的考虑因素

本章难点

- 国债逆回购的操作原理
- 现金类工具的组合投资策略

第一节 现金类工具与产品概述

现金类工具与产品指能为投资者提供现金管理服务的理财产品，具有期限短、交易灵活、风险低、收益稳定等特点。狭义的现金类工具与产品主要指现金管理类产品，从监管的角度而言，现金管理类产品是指仅投资于货币市场，每个交易日可办理产品份额认购、赎回的商业银行或理财公司提供的理财产品。广义的现金类工具与产品还应包括货币市场基金等主要投资于银行间市场、各类货币市场以及部分高信用等级企业债券的短期理财产品。

一、现金类工具与产品的发展历史及现状

在我国，现金管理活动自明朝嘉靖年间就萌芽了，由于当时官方和民间都可以铸造货币，在市面流通的货币就存在圆方、轻重、贵贱不一等问题。钱庄的主营业务是货币兑换，解决了当时官方和民间铸钱成色不一、市值不同等问题。在国外，最典型的现金管理机构雏形是英国的金匠铺，金匠铺在保管黄金的同时，利用存余的黄金进行借贷并获得利息收入。发展到一定阶段后，金匠开出的收条成为一种变相的票据货币，可以代替硬币或贵金属进行流通，金匠铺俨然成为一个提供现金管理服务的金融机构。

钱庄存在于商品经济萌芽的时代，那时人们以金、银等贵金属为媒介进行交易，但在进行大宗商品买卖时，需要用马车等交通工具运送货币，如此银元在运输过程中变得不安全，运输本身也耗时耗力，极大降低了交易效率。此时，就出现了一种更为高级的现金管理机构，即票号，票号主要经营会票和期票两种票汇业务。会票是见票兑付的即期会票，期票则是在签发后约定若干时日后兑付的远期会票。票号的出现和发展有效解决了商品货币不易运输和保管的特点，改革了原有的现货结算方式。早期的金融机构对于现金的管理仅仅局限于货币计量、兑换和存储等最基本的管理服务上，工作基本是通过手工完成的，那时人们对于现金管理的需求还停留在比较低的层次上。

随着金融活动的日趋复杂，钱庄、金匠铺、票号这些初级形态的金融机构已经不能满足人们的需求，作为近代现金管理机构的代表，银行成为更能适应社会发展的金融机构。

现代银行的发源地是英国，新生资产阶级由于发展工商业需要大量资金，而原有的高利贷融资形式因利率过高，也增加了资本家的经营成本。1694年，英国政府出于维护新生资产阶级利益的需要，成立了第一家股份制银行——英格兰银行，为工商企业发放低利率贷款。随着银行的不断发展，原本经营单一贷款业务的银行，其业务范围不断扩展，尤其是在现金管理领域取得了里程碑式的飞跃。

随着大型跨国企业向中国迁移和外资银行在中国的发展，现代现金管理业务开始引入中国，并得到了快速发展。现金管理在中国可分为四个发展阶段，分别是导入阶段、突破阶段、普及阶段和深化阶段。

货币自产生以来，就有了现金管理的需要。而随着时间的不断推移，现金管理的方式、手段、技术也越来越科学、越来越丰富。数字时代的到来必定给现金管理带来新的技术变化、新的政策环境、新的业务架构、新的管理模式、新的服务领域和新的市场空间。

二、现金类工具与产品的分类

中国家庭可用于投资的现金类工具与产品很丰富，包括现金、活期存款、定期存款、通知存款、大额存单、短期银行理财产品、国债逆回购、短期证券公司资管产品、货币型信托产品、货币市场基金等。

现金类工具与产品按照发行主体的区别，可将其分为银行类产品、证券类产品、信托类产品以及基金类产品。

银行类产品主要包括现金、活期存款、定期存款、通知存款、大额存单等现金与存款类产品，以及银行理财公司发行的短期理财产品，如开放式理财产品、期限在365天以内的封闭式银行理财产品等。证券类产品主要包括国债逆回购、上市交易型货币基金、短期

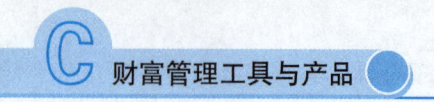

理财型资管产品等。信托类产品包括期限在365天以内的短期理财型信托产品。基金类产品主要是指基金公司发行的非上市交易型货币市场基金。

现金类工具与产品按照创新程度，可将其分为传统型工具与产品和创新型工具与产品。

现金、活期存款、定期存款、通知存款属于传统型现金类工具与产品，已经被投资者广泛地了解和运用。而创新型工具与产品是近十年来逐步发展起来的新型工具，包括大额存单、短期银行理财产品、国债逆回购、短期证券公司资管产品、货币型信托产品、货币市场基金等。

三、现金类工具与产品的特点

1. 流动性好

现金类工具与产品交易比较灵活，能快速赎回，流动性强。

2. 风险低

现金类工具与产品集中在风险低的领域，所以产品风险也比较低。

3. 收益稳

大部分现金类工具与产品的收益稳定。

第二节 现金、存款类工具与产品

一、现金、存款类工具与产品概述

（一）现金及现金等价物

现金是可任意支配、随时使用的货币，可以随时用来购买商品、货物、劳务或偿还债务。现金等价物是指持有期限短、流动性强、易于转换为确定金额的现金、价值变动风险很小的金融工具。其中，期限短、流动性强是指现金等价物的变现能力，易于转换为确定金额的现金、价值变动的风险小是指现金等价物的安全性。3个月或半年之内到期的短期国债、货币市场基金、商业本票、银行存款、大额存单、银行承兑汇票和国债逆回购等产品都属于现金等价物。

腾讯理财通、腾讯金融科技智库联合发布的《国人零钱报告》数据显示：中国人认可度较高的四种现金及现金等价物的形式包括现金、第三方支付工具余额、快速赎回基金、储蓄卡活期余额。

（二）存款

银行存款业务一般分为人民币存款业务和外币存款业务。人民币存款业务包括活期存款、定期存款、个人通知存款、个人大额存单和外币储蓄存款。

①人民币活期存款不限存期，凭银行卡或存折及预留密码，可在银行营业时间内通过柜面或银行自助设备随时存取现金。

②人民币定期存款是在存款时约定存期，一次性存入本金，到期支取本金和利息。定期存款的类型如表3-1所示。

表3-1　定期存款的类型

类型	起存金额/元	存期	特点
整存整取	50	三个月、半年、一年、二年、三年、五年	一次存入本金，到期一次性支取本息的储蓄存款
零存整取	5	一年、三年、五年	逐月按约定金额存入，到期支取本息的储蓄存款
存本取息	5 000	一年、三年、五年	利息可以分次支取，但取息期确定后，中途不能变更，到期后本金一次性支取
整存零取	1 000	一年、三年、五年	本金一次性存入、分次支取，利息于期满结清的定期储蓄存款

③个人通知存款是存入款项时不约定存期，但约定支取存款的通知期限，支取时按约定期限提前通知银行，约定支取存款的日期和金额，凭存款凭证支取本金和利息。个人通知存款按存款人提前通知的期限，划分为一天通知存款和七天通知存款两个品种，一天通知存款取款人必须提前一天通知约定支取存款，七天通知存款取款人则必须提前七天通知约定支取存款。个人通知存款的产品特点如表3-2所示。

表3-2　个人通知存款的产品特点

个人通知存款的产品特点	
利率高	具有活期存款的便利和高于活期存款的利率
存取灵活	适合大额资金存期难以确定、存取较频繁的存款客户
收益好	在股市、汇市低迷，或法定节假日、短期不用款时，选择通知存款，可获得更大的收益
币种多样	通知存款的币种多样，可为人民币、规定外币

④个人大额存单是银行面向个人客户发行的、以人民币计价的记账式大额存款凭证，是存款类金融产品，属一般性存款。个人大额存单期限包括一个月、三个月、六个月、九个月、一年、十八个月、二年、三年、五年九个，各期限产品的购买起点金额均不低于人民币20万元。大额存单的产品优势如表3-3所示。

表3-3　大额存单的产品优势

大额存单的产品优势	
收益率高	利率较同期限现有定期存款产品更具竞争力
流动性好	可办理全部/部分提前支取（按月付息产品不支持部分提前支取）、质押贷款、支持个人客户间转让
安全性强	属于存款产品，保本保息，不存在本金和收益损失风险，安全可靠
功能丰富	可根据客户需要，选择性配发纸质存单凭证
渠道灵活	支持网点柜台、智能柜台、网上银行和手机银行等多个渠道办理

⑤外币储蓄存款币种包括美元、欧元、日元、港币(中国)、英镑、加拿大元、澳大利亚元、瑞士法郎、新加坡元、澳门元、韩元、俄罗斯卢布、新西兰元、丹麦克朗、挪威克朗、瑞典克朗、南非兰特、泰铢、印尼卢比、菲律宾比索、巴西里亚尔、新台币(中国)、马来西亚林吉特、印度卢比。中国银行的个人外汇存款包括活期存款、定期存款、通知存款以及其他经监管机关批准的存款。定期存款按期限分为：一个月、三个月、六个月、一年、二年五个类，利率水平参考表3-4。

表3-4 外汇存款利率

货币	活期/%	七天通知/%	一个月/%	三个月/%	六个月/%	一年/%	二年/%
美元	0.050 0	0.050 0	0.200 0	0.300 0	0.500 0	0.800 0	0.800 0
英镑	0.010 0	0.100 0	0.050 0	0.050 0	0.100 0	0.100 0	0.100 0
欧元	0.000 1	0.000 1	0.000 1	0.000 1	0.000 1	0.000 1	0.000 1
日元	0.000 1	0.000 1	0.000 1	0.000 1	0.000 1	0.000 1	0.000 1
港币(中国)	0.010 0	0.010 0	0.100 0	0.200 0	0.400 0	0.700 0	0.700 0
加拿大元	0.010 0	0.010 0	0.010 0	0.050 0	0.150 0	0.250 0	0.250 0
瑞士法郎	0.000 1	0.000 1	0.000 1	0.000 1	0.000 1	0.000 1	0.000 1
澳大利亚元	0.010 0	0.010 0	0.050 0	0.050 0	0.100 0	0.150 0	0.150 0
新加坡元	0.000 1	0.000 5	0.010 0	0.010 0	0.010 0	0.010 0	0.010 0

注：数据来源于中国银行官网，日期截至2022年6月29日。

二、现金、存款类工具与产品的投资技巧

现金具有最强的流通性，家庭持有的现金通常用于以满足日常生活开支，它具有普遍的可接受性。

现金类产品主要用于满足家庭紧急预备金的需要，紧急预备金倍数＝流动性资产÷月总支出，紧急预备金一般应满足3~6个月的家庭支出。

个人储蓄存款的种类分为活期存款、定期存款、定活两便、个人通知存款和教育储蓄存款等。一般认为，3个月内到期或能够随时变现的储蓄存款可视同为个人或者家庭的现金等价物，如活期存款、定活两便存款等。

定期存款是谨慎和稳健型投资者的选择对象，其利息预期收益高于活期存款，安全性较强，可以根据以下4种方法进行定期存款储蓄。

1. 四分储蓄法

四分储蓄法就是将家庭要存的资金分成四份，比例依次为是1∶2∶3∶4，这对于不确定何时用、一次用多少，但又对流动性有需求的储户较合适。

在存期内，如果投资者想提前支取，可按自身需求取出部分。用四分法进行定期储蓄，不仅利息会比存一笔活期储蓄高，用钱时也能以最小损失取出需要的数额。

假设投资者有10 000元现金，把它分成金额不同的4份，金额分别是1 000元、2 000元、3 000元、4 000元，这4份现金分别存成4份一年期的定期存款。这样可以在急需用

钱时，取出与所需数额最接近的那张定期存单，避免只需支取较小金额的现金，却不得不动用大额存单而损失定期存款利息的弊端。这样既满足了投资者的流动性需求，又能够获得较高的利息。

2. 十二存单法

十二存单法即每月将一笔存款以定期一年的方式存入银行，坚持整整12个月，从次年第一个月开始每个月都会获得定期利息收入的一种储蓄、投资策略，这种存款方式同时兼备了灵活存取和高额回报的两大优势。

3. 阶梯储蓄法

阶梯储蓄法是定期存款的一种方式，把现金按金额大小分成若干等份，然后由低到高依次购买银行不同期限的定期存款。

例如，投资者把资金分成1万、2万、3万大小不同的份额，分别存成1年、2年、3年的定期。当1年的存款到期，转存成3年；2年的到期，一样转成3年。两年以后，6万元的资金都是3年的定期存款，而资金到期日却相隔一年。阶梯储蓄法的优势是用1年流动性，拿3年的利息，转存既不会造成利息损失，还能在转存后享受新的利率政策。

阶梯储蓄法的优点和十二存单法相似，即起点低、操作方便、安全性高等。阶梯储蓄法的缺点是灵活性不高，需要大额资金周转时，需放弃定期存款的预期收益。

4. 组合储蓄法

组合储蓄法又称"利滚利"储蓄法，是将一笔存款的利息取出来，以零存整取的方式储蓄，让利息生利息，是存本取息方式与零存整取方式相结合的一种储蓄方法。

例如，投资者有3万元现金，可以先将它存本取息，1个月后，取出存本取息的利息，再把这些利息存到零存整取储蓄账户中；以后每月把利息取出后，都存到这个零存整取的账户上，这样不仅得到了利息，而且又通过零存整取的方式让利息再生利息。这种储蓄法在保证本金产生利息的基础上，又能让利息再产生利息，让投资者的每一分钱都充分滚动起来，使其收益达到最大化。

第三节　国债逆回购

一、证券回购概述

（一）证券回购

证券回购指证券资产的卖方在卖出一定数量的证券资产的同时，与买方协议在未来某一特定日期按照约定价格购回所买证券资产。证券回购的实质是一种短期抵押融资方式。

（二）证券回购的分类

1. 按照回购方向的不同，证券回购分为正回购和逆回购

在回购协议中，卖出证券取得资金的一方同意按约定期限以约定价格购回所卖出证券，这一方称为正回购方或者融资方。逆回购是从资金供应者的角度出发，在逆回购协议

中，买入证券的一方同意日后按约定期限以约定价格出售其所买入的证券，这一方称为逆回购方或者融券方。如图3-1所示，在国债逆回购交易中，投资者作为逆回购方先买入国债，到期后再进行反向操作获得收益。

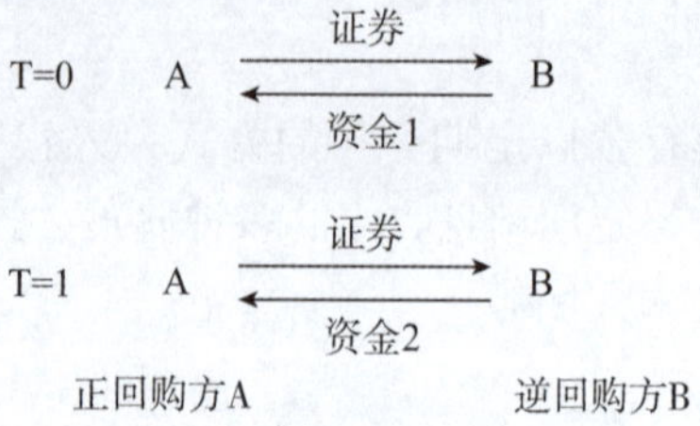

```
T=0    A  ──证券──→  B
          ←──资金1──

T=1    A  ──证券──→  B
          ←──资金2──
      正回购方A        逆回购方B
```

图3-1 证券回购操作示意图

2. 按照回购类型的不同，证券回购分为股票回购和债券回购

股票回购指上市公司利用现金等方式，从股票市场上购回公司一定数额已发行股票的行为。公司在股票回购完成后可以将所回购的股票注销。

债券回购指正回购方（资金融入方）在将债券出售给逆回购方（资金融出方）融入资金的同时，双方约定在将来某一指定日期，由正回购方按约定回购利率向逆回购方返回资金，逆回购方向正回购方返回债券的融资行为。国债逆回购属于债券回购的一种方式。

3. 按照质押债券所有权是否转移，证券回购分为买断式回购和质押式回购

买断式回购是指回购交易债券的所有权于回购交易成交时和回购到期时分别发生所有权转移的债券回购交易，又称开放式回购。交易双方按照约定的利率和期限，达成协议，资金融入方卖出债券，获取相应的资金，资金融出方则获得相应的债券，并可以将该债券进行现券交易、回购交易或者设定质押等。

质押式回购是指回购交易债券作为融入资金的质押品，且不转移所有权的交易，又称封闭式回购。债券质押式回购交易的买卖双方按照约定的利率和期限，达成交易协议，资金融入方以相应的债券做质押获取一定期限的资金使用权，资金融出方则获得相应期限的债券质押权，但不能对该债券进行现券交易或者质押等处分，于回购到期日解除债券质押，收回本金及相应利息。国债逆回购是一种典型的质押式回购。

（三）回购市场的参与者及市场结构

回购协议市场的参与者包括商业银行、非银行金融机构、企业、政府、中央银行和个人。根据2017年5月22日起实施的新修改的《上海证券交易所交易规则》及《上海证券交易所债券交易实施细则》，普通个人投资者可以作为逆回购方通过债券质押式回购融出资金，但不能作为正回购方融入资金。

银行间债券市场、上海证券交易所、深圳证券交易所是我国主要的三个国债逆回购交易场所。

二、国债逆回购概述

（一）国债逆回购

国债逆回购本质上是一种短期贷款，即个人投资者在国债回购市场上把资金借出去，获得固定的利息收益；而回购方，也就是借款人用国债作为抵押获得这笔借款，到期后还

本付息。

国债逆回购的安全性很高，与货币市场基金相似，基本不会亏损，是很好的短期理财工具。

（二）国债逆回购的交易特点

在上海证券交易所和深圳证券交易所都可以进行国债逆回购，国债逆回购的特点如下。

1. 品种多

国债逆回购在深市和沪市共有 18 个投资品种，深市和沪市各 9 种，分别是 1 天、2 天、3 天、4 天、7 天、14 天、28 天、91 天和 182 天，如图 3-2 所示。

在回购简称上，上交所以"GC"开头，1 天逆回购即为"GC001"；深交所以"R"开头，1 天逆回购为"R-001"。在代码特征上，上交所以"204"开头，深交所以"1318"开头。从 2022 年开始，上交所与深交所的国债逆回购门槛均为 1 000 元起购，按 1 000 元的整倍数递增。

2. 操作简便，手续费低

与买卖股票不同，国债逆回购是"卖出"交易，投资者卖出后账户里的钱会自动扣减，资金在到期后自动返回账户，不需要做额外的操作，不同国债逆回购产品手续费参考表 3-5。

图 3-2 国债逆回购品种

表 3-5 不同国债逆回购产品手续费

品种	手续费率/%	10 万元手续费/元
1 天期	0.001	1
2 天期	0.002	2
3 天期	0.003	3
4 天期	0.004	4
7 天期	0.005	5
14 天期	0.010	10
28 天期	0.020	20
91 天期	0.030	30
182 天期	0.030	30

国债逆回购的费用仅包含佣金，佣金不到最低起点 5 元，不收取过户费及印花税。不同逆回购品种的佣金费率不同，具体以交割单显示为准。1 天期逆回购产生的交易费用为交易金额的十万分之一，2 天期逆回购为十万分之二，3 天期逆回购为十万分之三，4 天期为十万分之四，7 天期为十万分之五，14 天期为万分之一，28 天期为万分之二，28 天期以上均为万分之三。

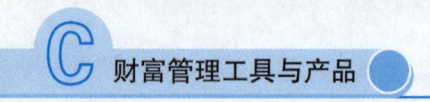

三、国债逆回购新规及投资操作

国债逆回购只能通过证券账户操作，但与股票交易不一样的地方是，国债逆回购每个交易日的交易时间延长至 15：30。

新规实施前，上交所国债逆回购要求 100 000 元起购，全年计息天数 360 天，计息方式为名义占款天数；新规实施后，上交所国债逆回购要求 1 000 元起购，全年计息天数 365 天，计息方式为实际占款天数。实际占款天数指回购交易的首次交收日（含）至到期交收日（不含）的实际天数，按自然日计算，以天为单位，举例如表 3-6 所示。

表 3-6　国债逆回购实际占款天数

参与日期	参与品种	实际占款天数
周四	1 天期	3 天
周四	3 天期	4 天
周五	1 天期	1 天
周五	3 天期	1 天

国债逆回购的操作页面如图 3-3 所示。

图 3-3　国债逆回购操作页面

四、国债逆回购计息方法

国债逆回购从交易成功后的下一个交易日开始计息，根据资金的实际占用天数计息，到账的下一个交易日才能取现。这就使国债逆回购有很多关键的操作时间点。投资者应关注三个日期：资金可用日期，资金可取日期，计息天数。资金可用是指用于交易国债逆回购的资金可以去进行别的交易，如投资股票、场内基金等。资金可用日期等于交易当天的日期加上逆回购天数，资金可取日期指资金可用日期的下一个交易日。国债逆回购的利息按实际占款天数计算，从操作逆回购的下一个交易日起算，到资金可取的前一个自然日结束。

例如，投资3天期国债逆回购，如果周一投资，周四上午本金和利息回到账户上，周四就是资金可用日，周五上午可以取现，计息日是周二、周三、周四三天；如果周二投资，周五上午本金和利息回到账户上，周五是资金可用日，下周一上午才可以取现，计息日是周三、周四、周五、周六、周日五天；如果周三投资，下周一上午本金和利息回到账户上，下周二上午才可以取现，计息日是周四、周五、周六、周日、下周一五天；如果周四投资，下周一上午本金和利息回到账户上，下周二上午才可以取现，计息日是周五、周六、周日、下周一四天；如果周五投资，下周一上午本金和利息回到账户上，下周二上午才可以取现，计息日是下周一一天，如表3-7所示。

表3-7　3天期国债逆回购计息天数

3天期国债逆回购			
T日	资金可用	资金可取	实际计息天数
周一	周四	周五	3
周二	周五	下周一	5
周三	下周一	下周二	5
周四	下周一	下周二	4
周五	下周一	下周二	1

国债逆回购的收益率是"所见即所得"，成交数字是多少，对应的年化收益率就是多少。逆回购利率平时在1%~3%，因此并不能持续带来高收益。但在月末、季末和年末这些特殊的时点，资金面比较紧张，国债逆回购的收益率会高一些；"钱荒"的时候国债逆回购的收益率也不错，如2013年年中时，"钱荒"就曾经导致国债逆回购的收益率飙升到20%以上。

五、国债逆回购投资技巧

1. 在交易日10：00—13：00之间进行交易

国债逆回购的操作时间是交易日的9：30—11：30，13：00—15：30，比股票多半个小时的交易时间。通常来说，在10：00—13：00之间进行交易最佳，14：30后接近收盘时间，订单数量往往会大幅增加，导致价格走低，利率波动大，操作难度较大。

2. 在周四、月末、季末、年末、法定节假日之前进行交易

在以上时间点，各大机构对资金的需求可能增大，容易导致市场资金紧张，银行在这些时段相对也比较缺钱，各金融机构就愿意提供较高的国债逆回购利率。

3. 选择利率更高的品种

国债逆回购基本都能让投资者赚到钱，无非是赚多赚少的问题。投资者想要多赚，就

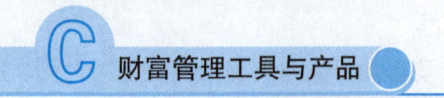

需要多关注利率的变化。不同时间、不同的国债逆回购交易品利率都不同，投资者可以对不同的国债逆回购交易品进行横向的利率变化、纵向的利率高低比较，挑选利率更高的交易品。

4. 选择期限较短的品种

国债逆回购不同于存款，不是期限越长利率就越高的，相反，期限长可能利率更低。建议投资者选择期限较短的品种，这样既能获得相对较高的收益，又能增加资金的流动性。

5. 选择计息时间长的品种

国债逆回购的计息天数指实际占款天数，成交日的下一交易日(含)至到期日的下一交易日(不含)之间的实际自然天数。例如，T日交易，(T+1)日开始计息，(T+回购天数)后的第一个交易日为可用日，(可用日+1)后的第一个交易日可取。如投资者在周四买入1天期的逆回购，资金周五到账，开始计息，到下一个交易日，即周一可以取出，这样实际上有3天的利息；投资者在节假日前两天购买1天期的逆回购，如2022年国庆节期间，投资者在9.29日购买1天期国债逆回购，实际可以获得10天的利息。

6. 尾盘参与国债逆回购

若投资者账户中有余额，那么可以在尾盘时买入一天期的国债逆回购，这样不会影响第二个交易日的交易。

六、国债逆回购操作注意事项

(1)操作国债逆回购需要先到证券公司开通股票账户，基金账户不能操作国债逆回购。
(2)需在交易时间段进行操作。
(3)根据品种期限和利率选择适合自己的品种。
(4)提前设定借出年化利率和借出金额。

第四节　大额存单

大额存单近几年非常受投资者欢迎，特别是2018年《关于进一步明确规范金融机构资产管理业务指导意见有关事项的通知》出台之后，银行存款利率持续下跌，很多银行开始重点推大额存单，以此来缓解理财市场萎缩带来的影响。

一、大额存单的发展历程

依据央行2015年6月2日发布的《大额存单管理暂行办法》，大额存单是指由银行业存款类金融机构面向非金融机构投资人发行的、以人民币计价的记账式大额存款凭证，是银行存款类金融产品，属一般性存款。其中，非金融机构投资人包括个人、非金融企业、机关团体和中国人民银行认可的其他单位。

大额存单最早产生于20世纪60年代的美国，当时美国规定商业银行对活期存款不能支付利息，定期存款不能超过一定限额。20世纪60年代，美国市场利率上涨，而美国商业银行却因政策限制，不能支付较高的市场利率；但大公司为了增加临时闲置资金的利息

第三章 现金类工具与产品投资实务

收益,纷纷将资金投资于安全性较好又具有一定收益的货币市场工具,如国库券、商业票据等,银行的企业存款急剧下降。为了阻止存款萎缩,美国花旗银行率先设计了大额可转让定期存单,这种短期且有收益的票据吸收了企业的短期闲置资金。此后,这一货币市场工具迅速在各大银行推广。大额可转让存单一般由较大的商业银行发行,这些机构信誉较高,可降低筹资成本,且发行规模大,容易在二级市场流通。

中国商业银行的大额可转让定期存单业务 1986 年由交通银行率先发行,最终于 1997 年被暂停。这一阶段发行的大额可转让定期存单与美国同类产品有一定的区别:

第一,额度起点不同,中国商业银行发行的大额存单起点金额为 500 元,相比美国 100 000 美元的标准要低很多。

第二,期限不同,最短期限往往比美国同类产品长一些。

第三,转让方式不同,由于中国发行的大额存单需要记名,转让灵活度比美国要差很多。

直至 2015 年中国人民银行发布《大额存单管理暂行办法》,我国大额存单正式启动发行。自 2015 年大额存单开始发行至 2017 年年末,我国大额存单发行量一直不温不火,其原因有以下几个方面:

第一,大额存单利率较基准利率上浮 40%左右,相比保本理财没有竞争力,对投资者也没有较大吸引力。

第二,大额存单门槛较高,最开始个人投资者的投资门槛为 30 万元,2016 年 6 月降至 20 万元,对普通个人投资者而言依然较高,大额存单主要面向机构投资者。

第三,2016 年 3 月虽然推出了大额存单转让功能,但由于第三方转让平台未建立,且各家银行的大额存单转让要求不一,大额存单流动性依然较差。

但从 2018 年第三季度开始,大额存单的发行量开始明显增加,2018 年四季度和 2019 年一季度的发行量分别同比增长了 95.68%和 97.33%,创造了历史最高增长率。这是因为 2018 年 4 月大额存单的自律约束利率上限进一步放开,五大行、股份制银行和城商行、农商行的大额存单利率浮动上限分别由之前的 1.4 倍、1.42 倍、1.45 倍调整到 1.5 倍、1.52 倍、1.55 倍。此外,随着银行理财打破刚性兑付、股市等风险投资行情不佳,一些投资者转向无风险投资,大额存单的购买热情也逐渐升温。

我国的大额存单并未完全市场化,目前仍受市场利率定价自律机制约束。《大额存单管理暂行办法》中规定"大额存单发行利率以市场化方式确定。固定利率存单采用票面年化收益率的形式计息,浮动利率存单以上海银行间同业拆借利率为浮动利率基准计息。",但目前市场的大额存单利率仍以固定利率为主,与市场利率趋势不相吻合。大额存单作为深化利率市场化改革的工具,其利率仍有较大的调整空间。

中国首批大额存单于 2015 年 6 月 15 日起发行,首批发行机构包括工商银行、农业银行、中国银行、建设银行、交通银行、浦发银行、中信银行、招商银行、兴业银行 9 家,均为市场利率定价自律机制核心成员,表 3-8 为招商银行大额存单产品说明书。从起点金额看,面向个人的大额存单起点金额为 20 万元,以 1 万元递增,购买当日起计息;面向企业的大额存单起点金额为 1 000 万元,以 100 万元递增。其中,三年期大额存单利率较高且可以提前支取,其比一年期、十八个月期、二年期的实际收益更高。

表 3-8 招商银行大额存单产品说明书

大额存单产品说明书	
名称	招商银行个人大额存单(进阶型)2021年第二十九期(代码：CMBR20210029)
币种	人民币
发行对象	个人投资者
发行利率	3.55%
计息类型	固定利率
付息方式	到期一次性还本付息
付息频率	期满
产品期限	3年
认购起点金额	300 000元
认购基数	10 000元
认购上限金额	1 000 000 000元
提前支取	本产品允许在柜台、手机银行、网上银行提前支取，支持部分提前支取，剩余金额不小于认购起点金额，提前支取部分按照支取日我行人民币活期存款挂牌利率计息
转让/赎回	本产品不允许赎回，允许转让
白名单控制标识	否
销售日期	2021年08月12日10：00至2022年01月01日00：00
购买方式	在产品销售期内，请携带本人身份证件和招商银行一卡通到招商银行营业网点，或通过招商银行网上个人银行专业版、大众版、手机银行办理购买
税款	产品收益的应纳税款由购买人自行申报及缴纳
其他说明	招商银行有权依据国家有关规定、政策及业务的合理需要对本产品说明书、服务内容、计息规则等内容进行调整，并正式对外公告一定时期后施行并适用于本产品，投资人有权在招商银行公告期间选择是否继续持有本产品，如果投资人不愿接受公告内容，有权在招商银行公告施行前向招商银行申请终止本产品；如果投资人未申请终止本产品，变更后的内容对投资人产生法律约束力

二、大额存单的优势

1. 利息更高

银行存款基准利息比较低，而大额存单利息更高，以兴业银行为例，表3-9是兴业银行大额存单利率表。

表 3-9 兴业银行大额存单利率表

起存额/万元	一月/%	三月/%	六月/%	一年/%	二年/%	三年/%	五年/%
20	1.62	1.62	1.92	2.21	3.09	4.18	4.05
50	1.63	1.63	1.93	2.22	3.11	4.18	4.07
100	1.67	1.67	1.97	2.28	3.19	4.18	4.18

注：数据更新截至2022年10月。

2. 流动性更好

普通定期存款的流动性较差，投资人选择定期存款之后，在存款期限之内不能提前支取，如果一定要提前支取，银行只会按照支取当日的活期利率计算利息。大额存单一年有 1~3 次机会可以部分提前支取或者全部提前支取，而且可提前挂档计息，所挂档利率一般按照支取当日同等期限的银行利率计算。

3. 灵活性更好

目前，大额存单有两种付息方式，一种是到期一次性还本付息，另一种是按月付息，即投资者每个月都可以领到利息，这个对于需要通过利息来支付日常生活费的投资者而言是非常理想的投资方式。

4. 门槛降低

2016 年 6 月 6 日，央行发布新规，将《大额存单管理暂行办法》中"个人投资者认购大额存单起点金额不低于 30 万元"修改为"个人认购大额存单起点金额不低于 20 万元"。投资门槛的降低让更多个人投资者有能力参与到大额存单的投资中。

三、挑选大额存单的考虑因素

(一) 机构

不同银行大额存单的利率水平差异较大，投资者要从安全性的角度考虑进行选择。在安全性的基础上，利率是投资者选择大额存单的最主要因素。2018 年银行大额存单"一单难求"，利率上浮 50% 是其火爆的主要因素。由此可见，大额存单的高收益和安全性是吸引购买大额存单的重要因素。

从实际执行情况看，五大国有银行大额存单利率三年期和五年期最高为 3.85%，全国性股份制商业银行大额存单利率三年期和五年期都在 3.85% 到 4.0% 之间，全国性股份制商业银行与五大国有银行基本一致，略有提高，不同阶段和不同银行略有差异。

从大额存单利率看，部分地方性银行的利率高于五大国有银行和全国性股份制商业银行，如长春某农商行 20 万元起点三年期大额存单的利率为 4.263%，五年期利率为 4.263%。

(二) 期限

目前，银行的大额存单期限包括一个月、三个月、六个月、九个月、一年、十八个月、二年、三年和五年共九个品种，投资者应充分考虑大额存单的流动性及是否可转让。如果所购大额存单可转让且转让价格合理，投资者也可以考虑购买长期大额存单，必要时可以进行转让变现。

(三) 起存金额和利息支付方式

银行大额存单与定期存款到期一次还本付息的方式不同，大额存单付息方式可以选择到期一次还本付息，也可以选择定期付息，如按月付息等，按月付息的优势是可以增加投资者的流动性，每个月有一定的收益。投资者可以结合不同银行、不同大额存单产品选择不同的付息方式。

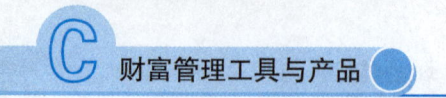

第五节 货币市场基金与投资

一、货币市场基金发展历程

20世纪70年代末美国开始利率市场化改革,市场利率的快速上行进一步提升了货币市场基金的吸引力,其规模也从1977年的不足40亿美元快速升至1982年的2 400多亿美元,增速甚至超过了同期股票和债券共同基金。目前美国货基规模已达到45 000亿美元。

中国的货币市场基金是分业监管和利率市场化环境下的创新产物。1997年11月14日出台的《证券投资基金管理暂行办法》在短暂推动证券投资基金规模扩增后的两年,便因较长时期的股市调整期而中断,此时货币市场基金才开始真正进入市场。

(一)准货基产品正式进入市场

2003年,我国股市处于调整期,且货币市场工具还不够丰富,货币市场基金因投资端无法满足条件迟迟没有问世,如2003年招商基金在上报其设计的货币市场基金时便因投资范围不符合要求而被停止。

除基金管理公司外,商业银行也想开启货币市场基金。2003年5月10日,南京市商业银行(现南京银行)与江苏省内其他10家商业银行共同发起成立一个主要投资于银行间市场的银行间债券市场资金联合投资项目,其期限与结构设计比较符合货币市场基金的特征。同年7月15日,南京银行再次挑头,与部分跨省商业银行发起同样的项目。虽然南京银行的这一项目并非公募,却已带有货币市场基金的特征。

(二)货币市场基金元年

2003年9月,监管部门对货币市场基金的约束有所放开。2003年9月中国人民银行明确提出发展货币市场基金,以推动利率市场化。同年9月13日,证监会也提出了对货币市场基金的支持,并于9月21日向各基金公司下发了《货币市场基金管理暂行规定(征求意见稿)》。

2003年12月,招商现金增值基金、华安现金富利基金、博时现金收益基金等首批三只货币基金正式发行,合计规模约为42.54亿元,标志着我国货币市场基金正式问世,2003年也被称为货币市场基金元年。2004年8月16日,证监会和央行联合发布了货币市场基金领域的第一份监管文件,即《货币市场基金管理暂行规定》。

(三)平庸发展期

银行业的黄金十年也是货币市场基金行业的黄金十年,自2003年12月第1支货币市场基金问世后,十年时间规模不到4 000亿元。

(四)快速发展及规范期

2013年6月,借助"T+0"赎回等机制的余额宝,迎合了投资者的偏好,打开了互联网货币市场基金的发展空间,货币市场基金规模也从2013年年底的不足4 000亿元,快速增长至2018年的近89 200亿元,5年时间增量高达85 000亿元以上。

自2018年二季度开始,监管部门便开始推动货币市场基金转型,具体包括针对

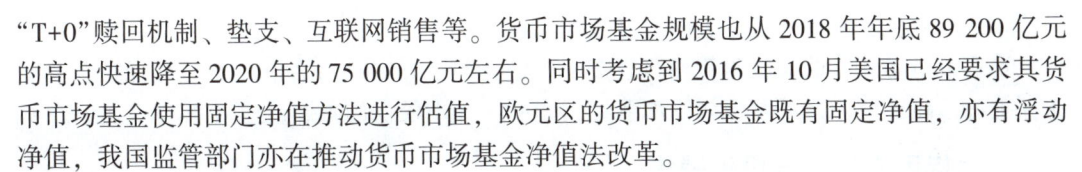

"T+0"赎回机制、垫支、互联网销售等。货币市场基金规模也从2018年年底89 200亿元的高点快速降至2020年的75 000亿元左右。同时考虑到2016年10月美国已经要求其货币市场基金使用固定净值方法进行估值，欧元区的货币市场基金既有固定净值，亦有浮动净值，我国监管部门亦在推动货币市场基金净值法改革。

2018年可被视为是货币市场基金严格规范的元年，2019年则可视为货币市场基金净值化元年。

二、货币市场基金概述

(一)货币市场基金的定义

货币市场基金是指仅投资于货币市场工具，每个交易日可办理基金份额申购、赎回的基金。货币市场基金主要投资短期货币工具，如现金、期限在1年以内(含1年)的银行存款、债券回购、中央银行票据、同业存单、剩余期限在397天以内(含397天)的债券、非金融企业债务融资工具、资产支持证券以及中国证监会、中国人民银行认可的其他具有良好流动性的货币市场工具。

(二)货币市场基金的特点

第一，货币市场基金有基金集合投资的固有特征，资产规模庞大，可利用资金优势在金融市场上获取较高的利差收入。同时，由于有专业投资者负责操盘，在对宏观经济特别是金融市场方向的把控上，较普通投资者更有优势。

第二，货币市场基金具有较高的安全性。一方面是因为其投资对象多为信誉高、期限短、流动性好的货币市场工具，所承担的风险较小。另一方面，在实际操作中，货币市场基金的投资平均期限较短，一般少于60天，保障了其应有的流动性。此外，由于它通常采取开放式基金的形式，在规模和期限上没有限制，缓解了投资者对到期清盘的担心。也正因如此，货币市场基金更能满足一些保守投资者的偏好，符合其获取安全、稳定收益的需求。

第三，货币市场基金具有相当的灵活性。它通常依托银行或证券公司的网点或平台，允许投资者在自己的货币市场基金账户上签发支票和进行转账，使其可以随时追加或撤出投资。

第四，货币市场基金在收益获取方式上与众不同。投资获取的收益体现在所拥有基金单位份额的增加上，这一点与证券投资基金通过净资产价值增值获取收益的方式明显不同。

(三)货币市场基金的优点

①流动性强，货币市场基金买卖方便，到账时间短，场外的货币基金一般T+2日到账，即T日申购，T+1日确认并允许赎回，赎回发起后过1个工作日到账。虽然余额宝、理财通这类平台提供了超级服务，但相对还是少数，且T+0取现有额度限制，如余额宝2小时内快速到账的日限额为1万元。

②期限较短，货币市场基金投资组合的平均剩余期限不得超过120天，平均剩余存续期不得超过240天。

③投资成本低，货币市场基金不收取申购费、赎回费用，其管理费用也较低。

④基金单位的资产净值固定不变，始终为1元，超过1元后的收益会按时自动转化为基金份额。

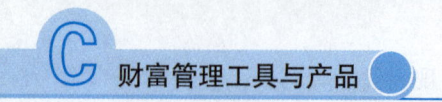

⑤分红免税，货币市场基金的分红免收所得税。

⑥货币市场基金的投资与管理跨越多个金融体系，具体包括货币市场、银行间以及同业存款等，因此货币市场基金属于混业经营产品，并不仅仅局限于证监体系。

三、货币市场基金投资操作

(一)货币市场基金挑选流程及技巧

1. 购买起点

货币市场基金的购买起点为 0.01 元。

2. 流动性

①货币市场基金都是开放式的，可随时申购赎回。

②散户比例超过 60%，如天弘余额宝货币基金的个人持有比例超过 99%，几乎没有流动性风险。

3. 收益性

(1)选择费率较低的货币基金。

天弘余额宝货基的费率较高，每年 0.63%；而其他货币基金，如朝朝盈(招钱包货币B)，每年费率 0.57%；鹏华添利宝货币基金，每年费率 0.43%。

场外货币基金大部分会设 A 类和 B 类两类基金份额，两类基金份额按照不同的费率计提销售服务费、单独设置基金代码，并单独公布基金份额净值。A、B 类货币基金的主要区别是申购起点和销售服务费费用。

申购起点方面，A 类主要面向普通投资者，一般没有申购起点要求，现在各大平台都是 1 分起，申购起点最多不超过 100 元；B 类主要面向机构客户或资金量较大的客户，申购起点通常在 500 万元以上。

销售服务费方面，因为 B 类的申购起点高，为了照顾机构投资者的收益，B 类的销售服务费通常略低于 A 类。因此，同一只货币基金，A 类和 B 类的万份收益有所不同。其原因在货币基金收益的计算公式，货币基金收益＝合伙存银行的收益(基金公司的投资收益)－基金公司的费用。A、B 类货币基金统一运作，基金公司的投资收益一样，但 A、B 类每日计提的销售服务费不同，导致最后的收益不一样。

(2)挑选历史业绩较好的货币基金。

交银添利宝货币 E 在一定期限内的涨幅均高出同类平均，在同类中基金的排名中比较靠前，从历史业绩角度来看，该基金是不错的筛选对象(图 3-4)。

	近1周	近1月	近3月	近6月	今年来	近1年	近2年	近3年
阶段涨幅	0.04%	0.18%	0.56%	1.16%	1.46%	2.24%	4.77%	7.63%
同类平均	0.03%	0.14%	0.51%	1.07%	1.32%	1.76%	4.06%	6.88%
沪深300	-3.36%	-1.11%	-2.08%	-6.98%	-0.41%	-8.00%	-22.04%	-18.04%
同类排名	10 | 827	12 | 814	31 | 799	7 | 777	7 | 774	4 | 746	2 | 688	2 | 662
四分位排名	优秀	优秀	优秀	优秀	优秀	优秀	优秀	优秀

图 3-4　交银添利宝货币 E 收益情况

(3) 挑资产规模适中的货币基金。

如图 3-5 所示，货币基金的收益率与它的规模呈现倒 U 形的关系，基金规模既不能过小，也不能过大。货币基金现在投资的最主要产品就是银行的协议存款，协议存款的利率是基金公司和银行协商确定的。如果一个基金规模太小，就没有和银行谈判的筹码，就无法拿到好的利率。基金规模太大也不会获得更高的收益，如果市量巨量的资金购买某个产品，这个产品的价格就会不断地上升，导致投资者最后的买入价格会远远高于预期价格，这叫作市场的价格效应。

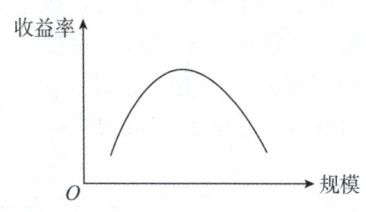

图 3-5　基金收益率与规模的关系

4. 风险性

①挑投资对象风险较低的货币基金，如选择购买投资政策性银行或大型商业银行债券的货基。

②挑基金公司规模和实力较大的货币基金，可参考表 3-10。

表 3-10　2022 年基金公司管理货币型基金规模排名

排名	基金公司	最新规模/亿元
1	天弘基金管理有限公司	8 414.08
2	建信基金管理有限责任公司	4 933.14
3	易方达基金管理有限公司	4 775.25
4	博时基金管理有限公司	4 660.15
5	广发基金管理有限公司	4 376.72
6	南方基金管理有限公司	4 354.27
7	工银瑞信基金管理有限公司	3 465.83
8	鹏华基金管理有限公司	3 409.44
9	嘉实基金管理有限公司	3 246.98
10	汇添富基金管理股份有限公司	3 136.80

(二) 购买操作

牢记基金交易的基本原则，基金交易是在工作日进行，T 日的交易在 T+1 日确认。

1. 货币市场基金的购买

T 日申购，T+1 日确认，T+1 日起开始计息。如果是周三 15 点之前（T 日）申购货币基金，从周四（T+1 日）起开始享受收益。如果是周三 15 点之后（T 日＝周四）购买，只能周五（T+1 日）起开始享受收益。

此外，以投资者最容易误解的周五和节假日为例，投资者于周五 15 点前（T 日＝周五）申购的基金份额，下周一（T+1 日＝下周一）开始计算利息，下周二才看到收益变化，不享有周五和周六、周日的收益；投资者于法定节假日前最后一个开放日申购的基金份额，不享有该日和整个节假日期间的收益。

2. 货币市场基金的赎回

T 日赎回，T+1 日确认，T+1 日起开始不享受利息。以周五和节假日为例，投资者于周五赎回的基金份额，可以享有周五和周六、周日的收益，下周一（T+1 日为周一）起开始不享受。投资者于法定节假日前最后一个开放日赎回的基金份额，则享有该日和整个节假日期间的收益。但是这个仅针对普通赎回，不针对快速赎回。

周四不是赎回的好时机。周四赎回则周五停止计息，周六、周日也没有利息；相反，如果周五赎回，除了享有周五的收益，还能有周末的收益。周四相对于周五，提前一天赎回，却少了三天收益。

其他法定假日的申购赎回可参考周末的操作方式。但很多基金为防止节假日前大量申购出现摊薄收益，往往会提前停止申购，投资者一定要注意基金公司的相关公告。

买卖时机恰当，周末和节假日也会有收益，不过基金公司周末和节假日不工作，收益一般在周末和节假日后的工作日公布并更新，有时候会把周末或者节假日的合并公布，这会显得某一天收益相对较高。

（三）收益结算方式的选择

货币基金每天都按照当日的每万份收益为投资者计算收益，收益结转方式分"日结"和"月结"两种，"日结"即按日结转，将每天的收益计入投资本金，增加相应的基金份额。"月结"即按月结转，每天的收益不计入投资本金，累积到每月规定的时间结转成基金份额。每只基金的份额结转日不同，具体日期需查询相关基金公告。

以前月结的货币基金居多，毕竟日结产品对基金公司的系统要求比较高。随着客户体验要求越来越高，日结的货币基金开始增多。

四、货币市场基金发展展望

货币市场基金与传统的现金管理类产品均是利率市场化的产物，在利率市场化特别是存款利率尚未完全市场化的过程中，这两类产品仍将在较长时期内存在，并在行业中居于重要地位。《关于规范现金管理类理财产品管理有关事项的通知》发布后，不仅意味着规模已达 9.11 万亿元的货币市场基金和 7.34 万亿元的现金管理类产品将在较长时期内存在，也意味着像基金公司可以发行货币市场基金一样，银行和理财公司仍将可以通过发行现金管理类产品维护存款客户，并以此产品为基础与货币市场基金形成掎角之势。

政策层面均明确货币市场基金规模、现金管理类产品规模需要与风险准备金挂钩，这意味着风险准备金实际上才是最重要的。根据资管新规要求，金融机构应当按照资管产品管理费收入的 10% 计提风险准备金（风险准备金余额达到产品余额的 1% 时可以不再提取）。这里的风险准备金即风险补偿金，主要用于弥补因金融机构违法违规、违反资管产品协议、操作错误或技术故障等给资管产品财产或者投资者造成的损失。

同时还需要明确的是，现金管理类产品与货币市场基金产品仍分别隶属于银保监会体系和证监会体系，因此前者在销售渠道方面仍然较为受限，在投资范围与期限进一步向货币市场基金靠拢后，其优势将进一步收窄。

习题训练

1. 根据以下银行官方网站上公示的存款利率填制本表，并进行比较，如果张三手里有 1 万元现金，你将如何帮助他进行存款规划？

品称	活期/%	七天通知/%	一天通知/%	整存整取/%	零存整取/%	存本取息/%	整存零取/%
工商银行							
农业银行							
中国银行							
建设银行							

2. 对于一天期、二天期、四天期、七天期、十四天期的品种，周几进行国债逆回购最合适？

3. 王老太今年 67 岁，有银行存款 30 万元用于养老，在不考虑其他条件的情况下，请帮其做一个合理的现金规划。

4. 假如用 1 000 元购买货币市场基金，你会选择哪个产品？

5. 简述中国大额存单的发展历程及现状。

6. 请分析中国货币市场基金的优势及劣势。

第四章

固收类工具与产品投资实务

教学目标

- 了解债券与债券市场基础知识
- 熟悉国债的基础知识和投资技巧
- 掌握可转化债券的主要投资方式与投资技巧
- 掌握债券型基金的分类与投资技巧

本章重点

- 债券与债券市场的分类
- 国债的分类与记账式国债投资流程
- 可转换债券的投资方式
- 债券型基金的投资技巧

本章难点

- 可转债的投资技巧
- 债券型基金的投资技巧

第一节 固收类产品概述

一、固收类产品概念

固定收益类产品，简称固收类产品，是指投资于存款、债券等债权类资产的比例不低于80%，回避利率和汇率风险，驾驭经济不稳定性和控制风险的理财产品。

根据资管新规的规定，理财产品按照投资资产的不同，主要分为以下几种类型：固收益类产品(投资于固收类资产的比例不低于80%)、权益类资产(投资于权益类资产的比例不低于80%)、商品及衍生品类(投资于商品及衍生品类资产的比例不低于80%)和混合类(债券、权益、商品等占比均不超过80%)。按照产品分类,"固收+"产品属于固定收益类产品,但是不同于100%投资于固定收益类资产,该产品中80%以上资产投资于固定收益类资产,剩余部分主要投资于其他类型资产。因此,"固收+"中"+"的部分可以是权益类资产、商品及衍生品类资产,也可以是其他两类资产的组合,并搭配不同的投资策略。

二、"固收+"产品与市场发展

资管新规发布后,资管行业面临重大的变革和挑战,尤其是产品的净值化改革,激发了行业发展和竞争的动力,金融机构努力提供更加丰富和多样化的金融产品与服务,开始大力发展"固收+"产品。

近年来,在行业发展和购买需求推动下,"固收+"产品迎来了爆发式增长。以公募基金为例,根据统计数据显示,截至2019年年底,"固收+"基金产品存量余额为5 324亿元,2021年达到19 300亿元,短短两年时间增长了2.6倍。2020年年初至2021年年末,以偏债混合基金、混合债券型一级基金和混合债券型二级基金为代表的"固收+"产品,两年累计收益率分别达到了19.56%、12.19%和17.65%,明显高于同期纯固收产品。"固收+"产品优异的表现,形成了良好的品牌效应。

因为其中有少量权益类、商品及衍生品类资产,"固收+"产品的波动水平会高于纯固收产品;遵循风险收益相对等的原则,其收益从长期来看也会高于纯固收类产品。

三、固定收益产品品种

(一)银行系固收

银行存款是普遍投资者最常用的理财方式,可选择活期或者定期存款,每年获取收益。目前市场上活期存款年利率为0.3%~0.35%,整存整取的一年期定期存款利率在1.5%~1.75%,各商业银行之间略有差异。银行存款最大的特点在于安全性高,根据《存款保险条例》,同一家银行50万元以内的存款本金和收益,存款保险基金保证赔付。

(二)债券类固收

债券作为固收类理财产品的重要组成部分,根据发行主体的不同,主要有国债、地方政府债、城投债等,是国家、地方政府或者企业直接融资的产品,以国家、政府或者企业的信用背书。

国债是中央政府为筹集财政资金而发行的一种政府债券;国债的发行主体是财政部,有国家信用作为背书,安全性极高。国债收益一向被视为无风险的理财产品,十年期国债收益率在3.5%上下。

地方政府债是省、直辖市、计划单列市财政部门向市场发行的债券,根据资金用途和还款安排分为一般债券和专项债券。地方政府债发行期限较长,以10年、15年、20年和30年为主,其中30年期的地方政府收益率普遍在3.5%~3.8%。

城投债又称"准市政债",是由地方政府部门直接控股的城投公司,在上交所、深交所或银行间市场发行的公司债、企业债,统称为标准化城投债券。通过发行城投债筹集到的资金主要是为完善地方基础设施,如拆迁安置房、保障房、水利建设、地铁、机场、火车站等。城投企业实际上是地方政府对外融资的平台公司,城投公司发行的债券具有很强的地方政府意志,由地方政府的信用背书。从1992年至今,城投债发行了30余年,市场存量超过10万亿元,无一例实质性违约。城投债发行期限以2年、3年、5年、10年为主,根据地方经济和城投公司评级的差异,收益率在2%~7.5%。

(三)理财型保险

理财型保险是集保险保障和投资功能于一身的新型保险产品,是人寿保险的新险种。理财险其实是以生存或死亡为给付条件的寿险,主要分为年金保险和增额终身寿险。

年金保险是以被保险人的生存为给付保险金条件,按合同约定时间给付生存保险金的人寿保险,其本质是把现在的钱放到未来去花,能在未来形成长期、稳定的现金流。

增额终身寿险是保额会逐年增大的终身寿险。若想提前全部领取可退保,可领取的钱就是保单现金价值,由于保单现金价值也会逐年增大,确保了资产的保值增值,因此具备理财功能。保险在投保者身故后才能由保险受益人领取,可为后代留笔钱,实现财富传承。它的优势如下:

①锁定利率,获取长期收益。
②保额逐年按照复利递增。
③领取灵活,可通过减保或保单贷款提前领取。
④财富传承,可指定财产继承人。

四、固收产品"新宠"——"固收+"产品

(一)"固收+"产品市场概况

在房住不炒、银行理财转向净值型产品的大趋势下,国内居民理财升级的浪潮已悄然开启,投资者对优质公募基金产品的需求也日益迫切。但另一方面,并不是所有的投资者都能适应权益市场的高风险与高波动,一些追求长期稳健回报的投资者们,开始把目光投向了以债权投资为主要目标、净值回撤相对较小的固收策略基金产品。

近年来,在流动性持续宽松、市场利率持续下行的宏观环境下,纯债型产品偏低的收益已经满足不了投资者们多元化的需求。因此,结合债权与权益策略的"固收+"产品逐渐兴起。2020年以来,"固收+"产品快速扩展,迎来了行业发展的历史大机遇,实现了爆发式增长。以公募基金为例,根据统计数据显示,截至2019年年底,"固收+"基金产品存量余额为5 324亿元,到2021年达到19 300亿元,两年时间增长了2.6倍。在规模快速增长的背后,"固收+"产品的市场表现也赢得了大众的认可。2020年年初至2021年年末,以偏债混合基金、混合债券型一级基金和混合债券型二级基金为代表的"固收+"产品,两年累计收益率分别达到了19.56%、12.19%和17.65%,明显高于同期纯固收产品。"固收+"产品优异的表现,形成了良好的市场效应。

(二)"固收+"市场发展展望

"固收+"产品短期内受权益市场波动的影响,收益出现回撤。从债券市场来看,自2022年年初至2022年4月月底,十年国债收益率出现了小幅调整和波动,先后经历了收益率下行和反弹两个阶段,整体收益率并没有明显的变化。受权益市场下跌影响,"固

收+"产品的净值回撤和收益多为负值，出现了较为明显的下跌。

从长期来看，"固收+"产品未来发展前景乐观，这主要是由产品特点决定的，具体如下：

第一，权益资产收益率长期明显会跑赢债券。以上证指数为例，根据统计数据显示，自1990年12月19日上交所成立至2021年年底，上证指数为客户贡献了年化11.86%的收益，沪深300指数为客户贡献了年化8.62%的收益。这种收益水平明显高于传统的纯债类产品，会对客户产生持续的吸引力。

第二，"固收+"产品具有分散风险的作用。净值化转型后，理财产品收益会随着资产价值的波动而波动。因此，投资者在投资中，除了面对市场违约的信用风险外，也面临市场波动风险。而"固收+"产品同时配置了固收类资产和权益或商品衍生品类资产，可以通过同一段时间不同资产的表现对冲产品的波动。除此之外，现有的期权、期货等资产本身也会对市场波动进行对冲。因此，整体来看，"固收+"产品的投资，因为实现了多资产配置，能够在获取远超单一市场收益基础上，通过资产收益的非相关性降低产品收益的波动。

第三，随着权益市场的不断发展和成熟，市场波动会进一步减小。投资者结构不断完善和投资者行为的理性化，使我国权益市场表现会更加平稳。"固收+"产品以市场波动较小的债券为基础，配合少量的权益和衍生资产，能够在获得部分超额收益的同时，进一步降低产品净值的波动。

第四，客户需求不断提升。投资者不可能仅仅是满足于单一形态的资管产品，未来权益和衍生资产的投资是新的发展方向。

五、固定收益产品的相关风险

作为一种投资工具，固定收益产品并非完全没有风险，其风险主要表现如下：

第一，政策风险，包括因国家宏观政策（如货币政策、财政政策、行业政策、地区发展政策等）发生变化，这些都会导致市场价格波动。政策变动也会引发经济性的周期风险，即随着经济运行的周期性变化，市场的收益水平也呈周期性变化，直接影响到固定收益产品的收益。

第二，信用风险，主要指发行机构的违约风险，如债务人经营不善，资产不能抵债，债权人可能会损失大部分投资；如无担保企业债、信贷证券化、专项资产管理计划和不良贷款证券化等随发行主体不同都会有或多或少的信用风险。

第三，利率风险，固定收益产品的收益率一般会略高于同期定期存款的利率，并以此来吸引投资者。但在物价上涨比较剧烈的情况下，央行随时会采取加息手段来解决利率倒挂问题，固定收益证券产品的价格也会因此下降。

第四，流动性风险，固定收益产品通常有固定的封闭期，除部分产品允许投资者在持有期内的特定时间提前终止外，投资者如果急需用钱，一般要支付数量不等的违约金。因此，投资者在做出产品投资决定之前，首先要考虑产品的投资期限和金额是否符合自己当前或未来一段时间内对资金流动性的需求；同时，要适当考虑理财产品本身是否规定了客户的提前终止权利、产品是否允许质押贷款等关于流动性的补充规定。

第二节 债券

一、债券概述

(一) 债券概念

债券是一种契约,是政府、企业等机构直接从社会筹措资金时,向投资者发行,承诺按一定利率支付利息,并按约定条件偿还本金的债权债务凭证。债券是一种表明债权债务关系的凭证,投资者是债权人,发行人是债务人。

与其他投资工具一样,债券向投资者提供两种收益:当期收益和资本利得。当期收益一般来源于债券发行人向投资者定期支付的利息,资本利得来源于债券买卖差价,一般由市场利率涨跌决定,如果市场利率上升,债券价格将下跌;反之,债券价格将上升,市场利率和债券价格呈反方向变动。

由于收益相对固定,投资风险相对较低,有一些债券还具有税收优势,债券是投资者青睐的投资品种之一。

(二) 债券的构成要素

债券一般包括面值、息票率、到期日等基本要素,这些要素对债券的价格有重要的影响。

面值是指债券票面上所标明的价值,它代表发行人的债务和持有人的债权。债券的面值包括计价币种和面额两个内容,如美国中长期国债的面值为 1 000 美元,我国国债的面值为人民币 100 元。

息票率也称票面利率,指息票与面值的比率,其中息票指债券每年支付的利息额。例如,某债券面值 100 元,息票率为 5%,每年付息一次,它的息票就是 100×5% = 5 元。

到期日是指债券偿还本金的日期。除了永续债券外,债券一般都有期限。除可赎回债券外,债券仅仅在到期日偿还本金。债券的偿还期是指从债券发行之日起至清偿本息之日止的时间;而债券的剩余偿还期是指发行一段时间之后,债券距离到期日剩余的时间。例如,某 20 年的长期国债是 2000 年 5 月 10 日发行的,该债券的偿还期为 20 年,到期日为 2020 年 5 月 10 日,在 2005 年 5 月 10 日,该债券的剩余偿还期为 15 年。

(三) 债券特征

债券作为一种有价证券,具有返还性、流动性、安全性和收益性。债券的返还性、流动性、安全性与收益性之间存在一定的转换关系。如果某种债券流动性强,安全性高,在市场上供不应求,那么其价格就会上涨,其收益率就会随之降低。

二、债券的种类

债券种类繁多,且有多种分类方法,以下是几种常见的分类法。

(一) 根据发行主体区分

根据发行主体的不同,可分为政府债券、金融债券和公司债券。

政府债券是指中央政府、政府机构和地方政府发行的债券,以政府的信用为背书,通常无须抵押，其风险在各投资工具中最小。其中，中央政府债券，也称国债，由财政部发行，一般不存在违约风险，又称为"金边债券"，其利息免收所得税。地方政府债券，由地方政府发行，其信用风险仅次于国债及政府机构债券，按偿还资金的来源不同，可将其分为普通债券和收益债券两大类，前者以发行人的无限征税能力为保证，筹集资金用于提供基本的政府服务，如教育、治安等；后者是为了给某一特定的盈利建设项目筹资而发行，如公用电力事业，其偿还依托这些项目建成后获取的收入。

金融债券是银行和非银行金融机构为筹集资金而发行的债权债务凭证，包括金融债、同业存单、政府机构支持债券等。

政策性银行金融债券是由我国政策性银行（国家开发银行、中国农业发展银行和中国进出口银行）为筹集信贷资金，经国务院批准向银行金融机构及其他机构发行的金融债券。

公司债券是公司为筹集运营资本而发行的债券。公司债券由公司按照法定程序发行，期限在一年期以上到期还本付息的有价证券。2015年1月15日，证监会发布《公司债券发行与交易管理办法》，规定公司债券发行按照大公募债、小公募债和私募债进行分类审核。公司债券的风险小于股票，但高于政府债券。

(二)根据发行方式区分

根据付息方式的不同，可分为零息债券和附息债券。

零息债券是以低于面值的贴现方式发行，到期按面值兑现，不再另付利息的债券，它与短期国库券相似，可以消除利息再投资的麻烦，但该债券价格对利率变动极为敏感。附息债券也可称为分期付息债券或息票债券，是在债券票面上附有息票的债券，或是按照债券票面载明的利率及支付方式支付利息的债券，包括固定利率债券和浮动利率债券。

1. 固定利率债券

固定利率债券是由政府和企业发行的主要债券种类，有固定的到期日，偿还期内债务方定期支付利息，到期支付面值和最后一期利息。债券偿还期内票面利率固定，面值不变。

2. 浮动利率债券

浮动利率债券票面利率不是固定不变的，通常与一个基准利率挂钩，其基准利率加上利差（可正可负）以反映不同债券发行人的信用，浮动利率可以表达为：

$$浮动（票面）利率 = 基准利率 + 利差$$

基准利率通常选用金融市场上有普遍参照性的利率。在国际金融市场上，伦敦银行间同业拆借利率是被广泛采纳的市场基准利率。在我国金融市场上，上海银行间同业拆借利率是被广泛采纳的市场基准利率。

利差在债券的偿还期内是固定的，即利差不反映已发行债券在其偿还期内发行人信用的变动，但浮动利率债券的利息会通过基准利率的变化随市场利率的波动而波动。因此，浮动利率债券的利息在每个支付期期初都会根据基准利率的变化而重新设置。

有些浮动利率债券的条款中设置了利率浮动上限，即浮动利率的顶；有些则设置了利率浮动的下限，即浮动利率的底。

(三)根据嵌入的条款区分

根据嵌入条款的差异，可分为可赎回债券、可回售债券、可转换债券。

1. 可赎回债券

可赎回债券为发行人提供在债券到期前特定阶段、以事先约定价格买回债券的权利。

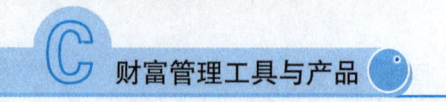

约定的价格为赎回价格，包括面值和赎回溢价。大部分可赎回债券约定在发行一段时间后才可执行赎回权，赎回价格可以是固定的，也可以是浮动的。

债券发行人偏好发行这一债券，因为如在债券发行后，市场利率下跌，发行人可选择赎回债券再以较低利率发行新的债券。例如，一只10年期且在3年后可赎回的债券，在发行3年后，市场利率大跌，发行人可以以较低的利率发行新的7年期债券，并以融资所得的资金将10年期债券赎回，所得的利好即为可赎回条款为发行人带来的收益。

值得注意的是，赎回条款是发行人而非持有者的权利，换句话说，这是保护债务人而非债权人的条款，对债权人不利。

2. 可回售债券

可回售债券为债券持有者提供在债券到期前的特定时段、以事先约定价格将债券回售给发行人的权利。约定的价格被称为回售价格。大部分可回售债券约定在发行一段时间后才可执行回售权，回售价格通常是债券的面值。

与可赎回债券的受益人是发行人不同，可回售债券的受益人是持有者。

3. 可转换债券

可转换债券是指在债券发行一段时间后，持有者按约定转换价格或转换率，将公司债券转换为普通股股票。可转换债券是一种混合债券，它既包含普通债券的特征，也包含权益类证券的特征，同时，它还具有相当于标的股票的衍生特征。

4. 通货膨胀联结债券

通货膨胀通过影响债券现金流，降低投资者的购买力。大多数的通货膨胀联结债券的面值在每个支付日会根据某一消费价格指数调整来反映通货膨胀的变化，其利息通过面值的调整而调整，如美国政府发行的通货膨胀保护债券、英国指数联结金边债券等。

5. 结构化债券

以其他债券或贷款组成的资产池为支持，构建新的债券产品形式。这新构建的债券为结构化债券，主要包括住房抵押贷款支持证券和资产支持证券。住房抵押贷款支持证券是以居民住房抵押贷款或商用住房抵押贷款组成的资金池为支持，资金流来自住房抵押贷款人的定期还款，由金融中介机构打包建立资产池。资产支持证券的发行与住房抵押贷款支持证券类似，其种类是其他债务贷款，如汽车消费贷款、学生贷款、信用卡应收款等。

住房抵押贷款支持证券和资产支持证券的现金流也可组成资金池，打包成更复杂的金融工具。不同于传统债券持有者每季度或半年或一年得到利息，结构化债券的投资者通常定期获得资金池里的一部分现金，包括本金和利息。

三、债券的风险

与证券市场上的其他投资工具一样，债券投资也面临着一系列的风险，主要包括信用风险、利率风险、通胀风险、流动性风险、再投资风险、提前赎回风险。

(一) 信用风险(违约风险)

债券的信用风险又称违约风险，是指债券发行人未按契约规定还本付息，给债券投资者造成损失的可能性。发行人财务状况越差，债券违约风险越大，不会按计划支付利息和本金的可能性越大。

即使债券发行人未真正违约，债券持有人仍可能因为信用风险而遭受损失。例如，当宏观经济或企业经营恶化时，市场普遍判断该发行人债券违约的可能性加大，债券价格也会下降，债券投资者也可能面临由于发行人信用风险上升而带来的债券价值的损失。

为评估违约风险，许多投资者会参考独立信用评级机构发布的信用评级，债券评级是反映债券违约的重要指标。国际三大知名独立信用评级机构包括标准普尔评级服务公司、惠誉国际信用评级有限公司、穆迪投资者服务公司。信用评级机构一般按照从低信用风险到高信用风险进行债券评级，最高的信用等级，像标准普尔和惠誉的AAA级，穆迪的Aaa级，表明债券几乎没有违约风险，如国债；而最低的信用等级，如标准普尔和惠誉的D级，穆迪的C级，表明债券违约的可能性很大，或债务人已经产生违约。在最高级与最低级之间，尽管信用评级机构的评级分类有所不同，但基本都将债券分成投资级和投机级两类，标准普尔和惠誉的BBB-级（含）以上及穆迪Baa3级（含）以上等级的债券是投资级债券；投机级债券又被称为高收益债券或垃圾债券，该类债券的信用风险较高。垃圾债券市场中大约25%的债券曾经是投资级，但后来被降到BB+（Ba1）级以下，另25%的债券是原本信用级别就不高的公司发行的债券，此外的50%债券则是由进行重大重组，如杠杆收购的公司发行的债券。

(二)利率风险

利率风险是指利率变动引起债券价格波动的风险。债券的价格与利率呈反向变动关系，当利率上升时，债券价格下降；当利率下降时，债券价格上升。这种风险对固定利率债券和零息债券来说非常重要，债券价格受市场利率影响，而浮动利率债券的利息在支付日根据当前基准利率重新设定。

(三)通胀风险(购买力风险)

债券都面临通货膨胀风险，因为利息和本金都是不随通货膨胀水平变化的名义金额。通货膨胀使物价上涨，债券持有者获得的利息和本金的购买力下降。浮动利息债券在一定程度上降低了通货膨胀的风险，但其本金可能遭受的购买力下降而带来的损失无法避免，因此仍面临一定的通货膨胀风险。对通货膨胀风险特别敏感的投资者可购买通货膨胀联结债券，其本金随通货膨胀水平的高低进行变化，其利息的计算以本金为基准，也随通货膨胀水平变化，从而可以避免通货膨胀风险。

(四)流动性风险

债券的流动性是指债券投资者将手中的债券变现的能力。如果变现速度很快且没有遭受变现可能带来的损失，则这种债券的流动性较高；反之，变现速度很慢或为迅速变现须承担损失，则流动性较低。通常用债券的买卖价差反映债券的流动性，买卖价差较小的债券流动性比较高；反之，流动性较低。因为绝大多数债券的交易发生在债券的经纪人市场，对经纪人而言，买卖流动性高的债券的风险低于买卖流动性低的债券，故前者的买卖价差小于后者。

债券的流动性风险是指债券持有者将未到期债券以明显低于市值的价格变现而承担的投资风险，交易不活跃的债券通常有较大的流动性风险。

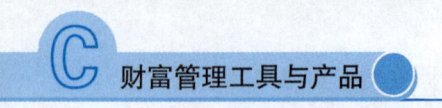

(五)再投资风险

再投资风险是债券持有者将持有期得到的利息收入、到期时得到的本息、出售时得到的资本收益等进行再投资时,所能获取的报酬可能会低于当初购买该债券的收益率的风险。在利率走低时,债券价格上升,但再投资收益率就会降低,再投资的风险加大。当利率上升时,债券价格会下降,但是利息的再投资收益会上升。一般而言,期限较长的债券和息票率较高的债券的再投资风险相对较大。

(六)提前赎回风险(回购风险)

提前赎回风险又称回购风险,是指债券发行者在债券到期日前赎回有提前赎回条款的债券所带来的风险。债券发行人通常在市场利率下降时执行提前赎回条款,因此投资者只好将收益和本金再投资于其他利率更低的债券,导致再投资风险。可赎回债券、可转换债券和大多数住房贷款抵押支持证券允许债券发行人在到期日前赎回债券,此类债券面临提前赎回风险。

四、债券市场

(一)债券市场

债券市场是债券发行和买卖交易的场所,将需要资金的融资方与资金盈余的投资方联系起来。债券市场有以下几大功能:

1. 融资功能

债券市场作为金融市场的一个重要组成部分,具有使资金从盈余者流向需求者,为资金不足者筹集资金的功能。我国政府和企业先后发行多批债券,为弥补国家财政赤字和许多重点建设项目(如能源、交通、重要原材料项目及城市公用设施建设)筹集了大量资金。

2. 资金流动导向功能

效益好的企业发行的债券通常较受投资者欢迎,因而发行时利率低,筹资成本小;相反,效益差的企业发行的债券风险相对较大,不太受投资者欢迎,筹资成本较大。因此,通过债券市场,资金得以向优势企业集中,从而有利于资源的优化配置。

3. 宏观调控功能

中央银行作为国家货币政策的制定与实施部门,主要依靠存款准备金、公开市场业务、再贴现和利率等政策工具进行宏观经济调控。其中,公开市场业务就是中央银行通过在证券市场上买卖国债等有价债券,从而调节货币供应量,实现宏观调控的重要手段。在经济过热、需要减少货币供应时,中央银行卖出债券、收回金融机构或公众持有的一部分货币从而抑制经济的过热运行;当经济萧条、需要增加货币供应量时,中央银行便买入债券,增加货币的投放。

我国债券市场从1981年恢复发行国债开始至今,债券市场形成了三个子市场:银行间债券市场、交易所债券市场和商业银行柜台债券市场,其中交易所债券市场属于场内交易市场,银行间债券市场和商业银行柜台债券市场属于场外交易市场。

1997年6月开办的全国银行间债券市场,是我国债券市场的主体。银行间债券市场的参与者是银行、保险公司、基金公司等各类机构投资者,个人投资者无法进入该市场直接参与交易。银行间债券市场是机构投资者进行大宗交易的市场,是债券的批发市场,该市场实行双边谈判、逐笔结算的交易方式。

交易所债券市场是我国债券市场的重要组成部分,该市场的参与者是各类机构投资者和个人,个人投资者可以参与交易所市场的债券买卖。交易所债券市场属于集中撮合交易的零售市场,实行净额结算。目前,我国上海证券交易所和深圳证券交易所都有国债和企业债交易,其交易方式与股票相同,即都采用买卖双方集中报价、由电脑撮合成交。我国交易所债券市场于 2002 年开始实行净价交易、全价结算的交易方式。

商业银行柜台市场是指商业银行通过营业网点(含电子银行系统)与投资者进行债券买卖的市场,属于零售市场。商业银行根据每天全国银行间债券市场交易的行情,在营业网点柜台挂出国债买入和卖出价,以方便个人和企业投资者及时买卖国债。商业银行柜台市场交易的主体是记账式国债,商业银行柜台债券市场实行双边报价,其在市场中扮演市商的角色。我国的债券市场体系如图 4-1 所示。

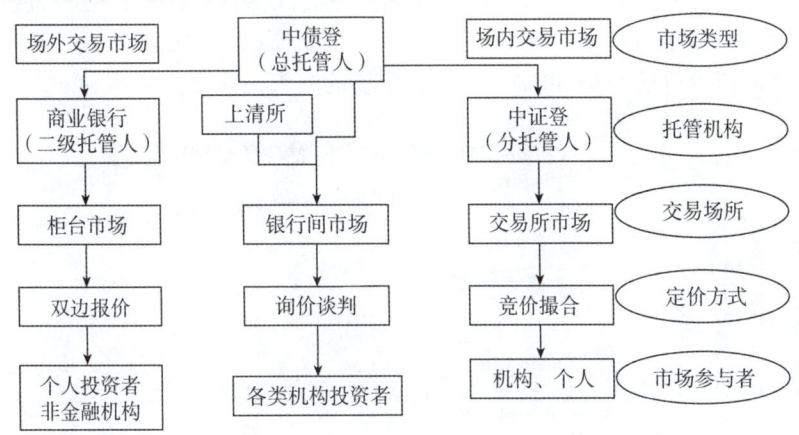

图 4-1 我国债券市场体系

(二)债券品种

目前,我国大陆地区债券市场上的债券品种包括国债、政策性银行债、地方债、央票、金融债、公司债、企业债、中期票据、短期融资券、资产支持证券、PPN、可转债、可交换债、同业存单、国际机构债、政府支付机构债等 16 个大类和 26 个小类,不同的债券在不同的债券市场交易,具体如图 4-2 所示。

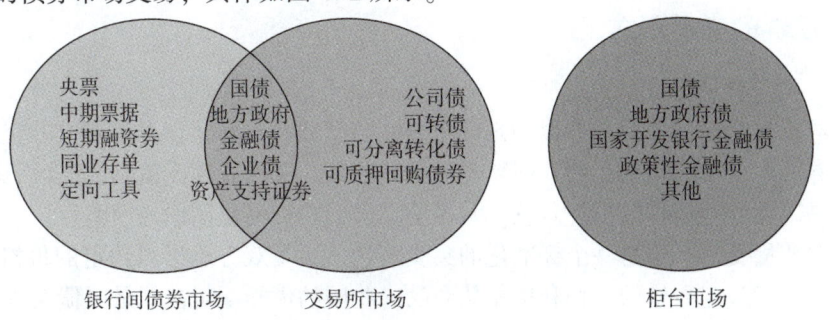

图 4-2 不同债券市场交易的债券品种

目前，银行间债券市场是我国最大的债券市场，绝大多数债券产品在银行间债券市场发行和交易，如图4-3所示。

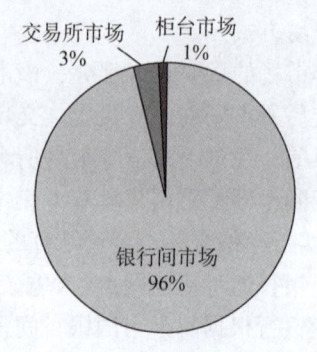

图 4-3　各债券交易市场的交易量占比

截至2019年11月，地方政府债(21.11万亿元)、国债(16.28万亿元)、政策银行债(15.53万亿元)、同业存单(10.42万亿元)、金融债(6.97万亿元)、公司债(6.69万亿元)、中票(6.49万亿元)、ABS(3.30万亿元)、企业债(2.36万亿元)，合计达到89.16万亿元，占全部债券市场的93.40%，是债券市场的大头，如图4-4所示。

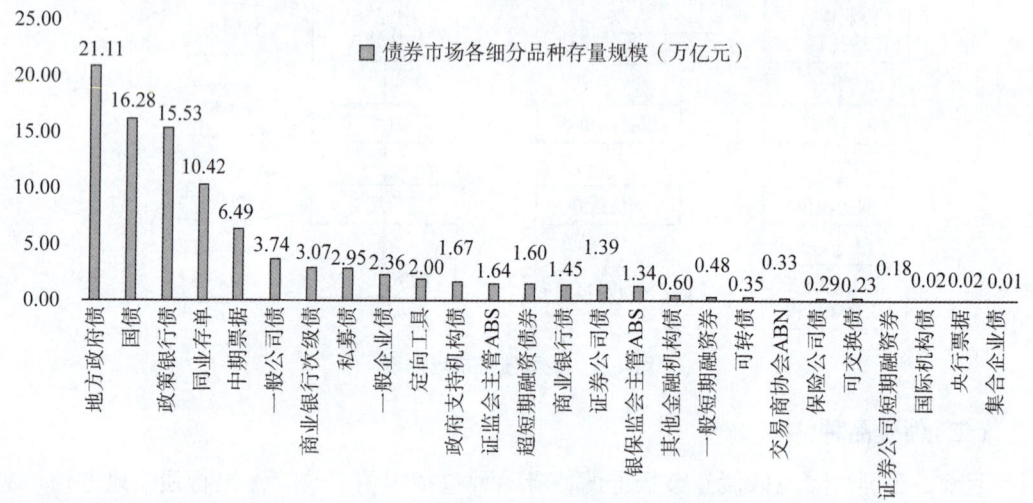

图 4-4　债券市场各细分品种存量规模(2019年11月)
信息来源：搜狐网. 作者根据系列资料整理而成。

五、债券的交易形式

目前，债券交易形式主要有三种：
①债券现券交易，交易双方以约定的价格在当日或次日转让债券所有权的交易行为。
②债券回购交易，包括买断式回购与质押式回购。买断式回购就是"先卖后买"，质押式回购则是以债券为质押的抵押贷款，常见的债券回购交易是国债逆回购。
③债券期货交易，这是一个标准化的买卖契约，买卖双方承诺以约定的价格，于未来特定日期，买卖一定数量的某种利率相关商品，我国的债券期货主要是国债期货。

第三节　国债投资

一、国债概述

国债是由国家发行的债券，是中央政府向投资者出具的、承诺在一定时期支付利息和到期偿还本金的债权债务凭证。由于国债的发行主体是国家，所以它具有最高的信用度，被公认为是最安全的投资工具，其种类有凭证式国债、无记名(实物)国债、记账式国债三种。2021年12月，中国国债被正式纳入富时世界国债指数(WGBI)。

二、国债的特点

国债是债的一种特殊形式，同一般债权债务关系相比，它具有以下特点：

①从法律关系主体来看，国债的债权人既可以是国内外的公民、法人或其他组织，也可以是某一国家或地区的政府以及国际金融组织，而债务人一般只能是国家。

②从法律关系的性质来看，国债法律关系的产生、变更和终结较多地体现了国家单方面的意志。尽管与其他财政法律关系相比，国债法律关系属平等型法律关系，但与一般债权债务关系相比，其体现出一定的隶属性，这在国家内债法律关系中表现得更加明显。

③从法律关系实现来看，国债属信用等级最高、安全性最好的债权债务关系。

④从债务人角度来看，国债具有自愿性、有偿性、灵活性等特点。

⑤从债权人角度来看，国债具有安全性、收益性、流动性等特点。

三、国债的功能

国债的基本功能包括财政功能和金融功能，具体如下：

①弥补财政赤字、筹集建设资金、弥补国际收支的不足。

②形成市场基准利率，利率是整个金融市场的核心价格，对股票市场、期货市场、外汇市场等市场上金融工具的定价均产生重要影响。国债是一种收入稳定、风险极低的投资工具，这一特性使国债利率处于整个利率体系的核心环节，成为其他金融工具定价的基础。

③作为机构投资和融资的工具之一，国债的信用风险极低，机构投资者之间可以利用国债这种信誉度最高的标准化证券进行回购交易，达到调节短期资金余缺、套期保值和加强资产管理的目的。

④作为公开市场操作工具，国债可调节资金供求和货币流通量。

四、国债的分类

根据不同的标准，国债可进行以下分类。

(1)按举借债务方式不同，国债可分为国家债券和国家借款。

国家债券是通过发行债券形成国债法律关系，是国家内债的主要形式，主要有国库券、国家经济建设债券、国家重点建设债券等。

国家借款是按照一定的程序和形式，由借贷双方共同协商，签订协议或合同，形成国

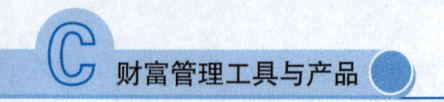

债法律关系。国家借款是国家外债的主要形式，包括外国政府贷款、国际金融组织贷款和国际商业组织贷款等。

(2) 按偿还期限不同，国债可分为定期国债和不定期国债。

定期国债是指国家发行的严格规定还本付息期限的国债，包括短期国债、中期国债、长期国债。

短期国债通常指发行期限在 1 年以内的国债，主要为调剂国库资金周转的临时性余缺而发行，具有较高的流动性。

中期国债是指发行期限在 1 年（含）以上、10 年（不含）以下的国债，因其偿还时间较长，国家对债务资金的使用相对稳定。

长期国债是指发行期限在 10 年以上的国债（含 10 年），可以使政府在更长时期内支配财力，但持有者的收益将受币值和物价的影响大。

不定期国债是指国家发行的不规定还本付息期限的国债，这类国债的持有人可按期获得利息，但没有要求清偿债务的权利，如英国曾发行的永久性国债。

(3) 按发行地域不同，国债可分为国家内债和国家外债。

国家内债是指在国内发行的国债，其债权人多为本国公民、法人或其他组织，本付息均以本国货币支付。

国家外债是指一国常住者按照契约规定，应向非常住者偿还的各种债务本金和利息的统称。按照国家外汇管理局发布的《外债统计监测暂行规定》和《外债统计监测实施细则》的规定，中国的外债指中国境内的机关、团体、企业、事业单位、金融机构或者其他机构对中国境外的国际金融组织、外国政府、金融机构、企业或其他机构用外国货币承担的具有契约性偿还义务的全部债务。

(4) 按发行性质不同，国债可分为自由国债和强制国债。

自由国债又称任意国债，是指由国家发行，由公民、法人或其他组织自愿认购的国债。它是当前各国发行国债普遍采用的形式，易为购买者接受。

强制国债是国家凭借其政治权力，按照规定的标准，强制公民、法人或其他组织购买的国债。这类国债一般在战争时期、财政经济出现异常困难或为推行特定的政策、实现特定目标时采用。

(5) 按使用用途不同，国债可分为赤字国债、建设国债、特种国债和战争国债。

赤字国债是指用于弥补财政赤字的国债。在实行复式预算制度的国家，纳入经常预算的国债属赤字国债。

建设国债是指用于增加国家对经济领域投资的国债。在实行复式预算制度的国家，纳入资本（投资）预算的国债属建设国债。

特种国债是指为实施某种特殊政策在特定范围内或为特定用途而发行的国债。

战争国债是指用于弥补战争费用的国债。

(6) 按是否可以流通，国债可分为上市国债和不上市国债。

上市国债也称可出售国债，是指可在证券交易场所自由买卖的国债。

不上市国债也称不可出售国债，是指不能自由买卖的国债。这类国债一般期限较长，利率较高，多采取记名方式发行。

(7) 按发行的凭证标准不同，可分为凭证式国债和记账式国债。

凭账式国债是指国家用填制国库券收款凭证的方式发行的债券。

记账式国债又称无纸化债券，是财政部通过无纸化方式发行的、以电脑记账方式记录债权，并可以上市交易的债券。

五、国债投资操作

(一)国债购买

凭证式国债发行时间是发行日的8：30，投资者需要去银行网点柜台购买，一般购买时间为银行营业时间。

电子式储蓄国债在第一次购买时，需在购买前开通"国债托管账户"，即投资者在网上银行用于购买国债的账户。电子式国债在发行日的8：30网上准点开售，投资者打开网上银行，在账户里预先存好资金，就能直接在网上购买。

下面以中国工商银行为例，介绍购买国债的操作流程。

(1)打开工商银行网站，选择"投资理财"，如图4-5所示。

图 4-5　工商银行官网首页

(2)点击债券产品，界面即出现所有的债券产品，选择"记账式国债"，选择购买即可，图4-6中的收益率为客户已购买该国债并持有到期后的收益率。

图 4-6　记账式国债

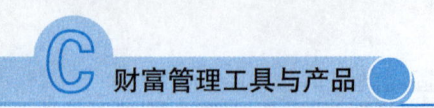

二级市场记账式国债主要在证券交易所交易，投资者需要在证券公司开设股票账户或基金账户。需要注意的是，购买新发行的记账式国债不收手续费，但记账式国债交易时，证券公司会收取交易费，一般来说是万分之二点五左右（根据不同证券公司稍有不同），最低5元。

（二）其他债券

在银行柜台还可以买到其他债券，如国家开发银行金融债、政策性金融债、地方政府债等。

六、交易所购买债券

交易所可以购买的债券包括记账式国债、地方政府债、金融债、企业债、公司债和可转债。交易所债券交易必须遵循相关要求，如表4-1所示。

表4-1 交易所债券交易相关规定

申购账户	沪深证券账户或基金账户	报价单位	每百元面值的价格
申购价格	挂牌认购价格为100元	申购单位	以张（面值100元）为单位，以10张或其整数倍申报
申购费用	无需缴纳任何费用	交易方式	T+0，即当天买进的债券当天可以卖出，当天卖出的债券当天可以买进
价格最小变化档位	0.01元人民币	交易规则	周一至周五，上午9：30—11：30 下午1：00—3：00 价格优先、时间优先
涨跌幅	无涨跌幅限制	申报撮合方式	净价申报和净价撮合成交以全价作为结算价格

第四节 可转换债券投资

一、可转换债券概述

可转换债券是债券持有人可按照发行时约定的价格，将债券转换成公司普通股票的债券。如果持有人看好发债公司股票增值潜力，在可转换期行使转换权，按照预定转换价格将债券转换成为股票，发债公司不得拒绝。该债券利率一般低于普通公司的债券利率，发债公司发行可转换债券可以降低筹资成本。可转换债券持有人还享有在一定条件下将债券回售给发债公司的权利，发债公司在一定条件下拥有强制赎回债券的权利。

二、可转换债券的特征

可转换债券具有债权和股权的双重特性，具体如下。

（一）债权性

与其他债券一样，可转换债券也有规定的利率和期限，投资者可以选择持有债券到期后收取本息。

(二) 股权性

可转换债券在转换成股票之前是纯粹的债券，但转换成股票之后，原债券持有人就由债权人变成了公司的股东，可参与企业的经营决策和红利分配，这也在一定程度影响了公司的股本结构。

(三) 可转换性

可转换性是可转换债券的重要标志，债券持有人可以按约定条件将债券转换成股票。转股权是可转换债券规定的、一般债券所没有的选择权。

三、可转换债券转换考虑要素

(一) 有效期限和转换期限

可转换债券有效期限指债券从发行之日起至偿清本息之日止的存续期间，转换期限是指可转换债券转换为普通股票的起始日至结束日的期间。大多数情况下，发行公司会规定一个特定的转换期限，在该期限内，可转换债券的持有人可按转换比例或转换价格将债券转换成发行公司的股票。我国《上市公司证券发行管理办法》规定，可转换公司债券的期限最短为1年，最长为6年，自发行结束之日起6个月方可转换为公司股票。

(二) 股票利率或股息率

可转换公司债券的票面利率(或可转换优先股票的股息率)是指可转换债券作为一种债券时的票面利率(或优先股股息率)，发行公司根据当时市场利率水平、公司债券资信等级和发行条款确定，一般低于相同条件的不可转换债券(或不可转换优先股票)。可转换公司债券应半年或1年付息1次，到期后5个工作日内应偿还未转股债券的本金及最后1期利息。

(三) 转换比例或转换价格

在转换期限内，当正股走势很好时，可以选择转成股票。其有两个判断标准：第一种，当转股价值>可转债现价，转成股票有利可图；第二种，转股溢价率越低越好，为负值时，转成股票有利可图。

例如，某只可转债转股价格6.91元，正股价格6.81元，可转债的市价98.45元，计算过程如下：

可转股数 = 可转债面值÷转股价 = 100÷6.91 = 14.47(元)

转股价值 = 股票价格×可转股数 = 6.81×14.47 = 98.55(元)

转股溢价率 = 可转债市价÷转股价值 − 1 = 98.45÷98.55 − 1 = − 0.10(%)

(四) 可转换债券的两个特殊条款

(1) 回售条款，指达到一定条件时，持有人可按约定的价格将所持可转债卖给发行公司。发行公司股票在最后两个计息年度内任何连续30个交易日的收盘价格低于当期转股价格的70%时，可转债持有人有权将其持有的可转债全部或部分按债券面值加当期应计利息的价格回售给发行公司。如果出现转股价格向下修正的情况，则上述"连续30个交易日"须从转股价格调整之后的第一个交易日起重新计算。

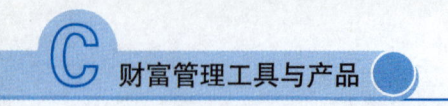

（2）强赎条款，指达到一定条件时，发行公司可按约定的价格买回已发行但尚未转股的可转债。转股期内，当下述两种情形的任意一种出现时，公司有权决定按照债券面值加当期应计利息的价格赎回全部或部分未转股的可转债：a. 在转股期内，公司股票在任何连续 30 个交易日中至少 15 个交易日的收盘价格不低于当期转股价格的 130%（含 130%）。b. 本次发行的可转债未转股余额不足 3 000 万元。

四、可转换债券的投资价值

可转换债券具有股票和债券的双重属性，对投资者而言是"有本金保证的股票"。可转换债券对投资者有较大的市场吸引力。

（一）可转换债券使投资者获得最低收益权

可转换债券与股票最大的不同就是它具有债券的特性，即便当它失去转换意义后，作为一种低息债券，它仍然有固定的利息收入，可转换债券对投资者有"上不封顶，下可保底"的优点，当股价上涨时，投资者可将债券转为股票，享受股价上涨带来的盈利；当股价下跌时，则可不实施转换而享受每年的固定利息收入，待期满时偿还本金。

（二）可转换债券当期收益较普通股红利高

通常情况下，可转换债券当期收益较普通股红利高，否则，可转换债券将很快被转换成股票。

（三）可转换债券比股票有优先偿还权

可转换债券同可转换优先股一样，可得到优先清偿的地位。

五、可转换债券的二级市场投资

（一）二级市场买卖

可转换债券可以直接在二级市场买卖，操作流程与投资股票一样，且可转换债券当天可以买卖。沪市可转换债券最小申报单位为 1 手，深市可转换债券最小申报单位为 1 张。

（二）可转换债券挑选标准

在二级市场上投资可转换债券，投资者可参考以下标准。a. 看评级，尽量选择评级 AA 及以上的。b. 看流动性，尽量选择剩余期限长的。c. 看收益性，尽量选择税后收益率比较高的，溢价率比较低的。d. 看风险性，可转换债券的走势跟正股基本保持一致，尽量选发行可转换债券公司的正股有增长潜力的，但注意规避市场估值虚高的风险，具体如表 4-2 所示。

表 4-2　可转换债券挑选标准

序号	名称	具体内容
1	购买起点	以张（面值 100 元）为单位，以 10 张或其整数倍申报
2	流动性	看剩余期限，尽量选择期限长的
3	收益性	看业绩比较基准，选择收益率高的 看溢价率，尽量选择溢价率低的

续表

序号	名称	具体内容
4	风险性	看每支可转换债券对应的正股，正股有增长潜力的 看可转换债券现价，尽量选择价格与 100 接近的
5	看评级	AA 及以上的
6	购买操作	T+0

六、可转换债券投资操作

可转换债券买卖与股票类似，投资者可以参与一级市场打新，也可在二级市场上买卖。

1. 一级市场打新流程

（1）开户注册。

首先，投资者需要有一个证券账户，既可以携带身份证和银行卡去券商开户，也可以进行网上开户，如东方财富、华泰证券、中信证券或海通证券等都是合法的投资平台，下载后按 APP 指引进行注册，平台审核通过即可。

（2）找到"打新债"的板块。

"打新债"，也称"打新股""打新神器""可转债打新""可转债申购"，图 4-7 为中信证券"今日新债"界面。

打开中信证券 APP，找到今日新债提示。

图 4-7 购买新债界面

（3）点击"新债申购"。

界面可以查看当天的新债，选中目标转债之后，点击"一键申购"，如图 4-8 图所示。

财富管理工具与产品

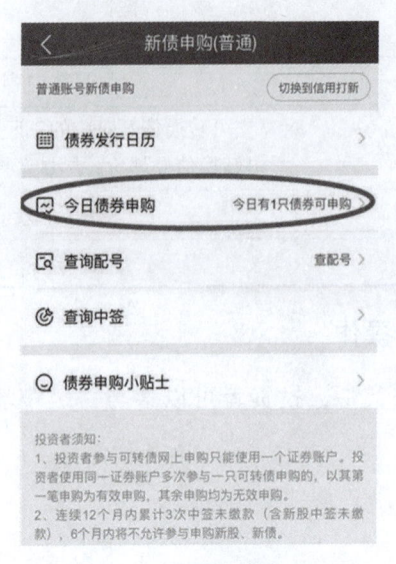

图 4-8 可申购新债页面

新债申购一般默认是顶格申购，即按投资者能申购的上限来申购，但实际中签量有限，顶格申购能中 2~3 签就非常理想了。一般每 1 手(10 张)是一个配号，顶格申购就有 10 000 个号，就像买彩票，等于你手上有 10 000 个机会，中奖的可能性就越大。

（4）查询配号。

投资者在交易的软件中 T 日购买某只可转债，T+1 日后发行可转债的公司开始进行配号并且公布中签率，T+2 日后公布中签的结果并扣款，如图 4-9 所示。

图 4-9 可转债配号界面

如图 4-10 中购买的这支可转债，购买后 T+1 日查看起始配号数为 8527012445，配号的数量为 1 000 个，一个配号共 10 张，金额为 1 000 元。

配号以后，T+2 日发行可转债的公司会公布中签的号码，只要配号的 1 000 个号码尾数和证券公司公布的号码尾数一样，就是中签号码。

图 4-10　已配号的可转债

（5）中签缴款。

收到中签信息之后，投资者需要在当天 15：00 前在账户转入足够资金，中 1 签准备 1 000 元，2 签 2 000 元，以此类推。如果 12 个月内，累计 3 次中签没有缴款的，该账户 6 个月不得参与新债、新股申购。

在中签缴款之后，需等待可转债筹备上市，具体期限以上市公司公告为准。

在理财辅助软件集思录 APP 界面，可以看到每天可申购、上市的新债，附有相关债的基本信息，可查询具体时限内待发行的可转债。

（6）上市卖出。

可转债上市价格是 100 元，即买入时的成本价，卖出超过 100 投资者就有盈利。可转债打新，建议投资者上市当天卖出，挂单卖出后，后台界面可以查看收益，如图 4-11 所示。

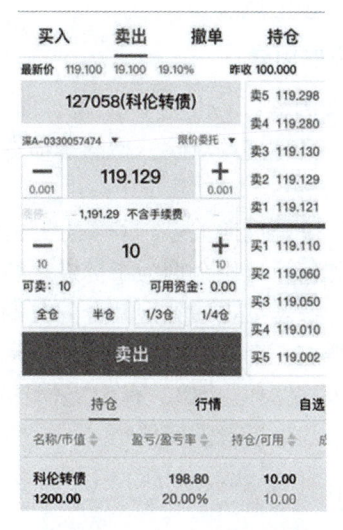

图 4-11　可转债卖出界面

第五节 债券型基金投资实务

一、债券型基金概述

(一) 债券型基金的概念

债券型基金是指专门投资于债券的基金,它通过集中众多投资者的资金,对债券进行组合投资,寻求较为稳定的收益。

根据中国证监会对基金类别的分类标准,基金资产80%以上投资于债券的为债券型基金,可有一小部分资金投资于股票市场,投资于可转债和打新股是债券型基金获得收益的重要渠道。

在国内,债券型基金的投资对象主要是国债、金融债和企业债。通常,债券为投资人提供固定的回报和到期还本,风险低于股票。因此相比较股票基金,债券型基金具有收益稳定、风险较低的特点。

(二) 债券型基金的特点

1. 优点

①可使普通投资者方便地参与银行间债、企业债、可转债等产品的投资,这些产品对小额资金有限制门槛,投资者购买债券型基金可以突破这种限制。

②在股市低迷时,债券型基金的收益仍然稳定,受市场波动的影响较小。

2. 缺点

①债券型基金只有在较长时间持有的情况下,才能获得相对满意的收益。

②在股市高涨的时候,收益也仅稳定在平均水平,相对股票基金而言收益较低;在债券市场出现波动的时候,也有亏损的风险。

(三) 影响债券型基金收益的因素

影响债券型基金收益的两大因素,一是利率风险,即所投债券对利率变动的敏感程度,又称久期;二是信用风险,又称违约风险,指的是债券到期后,不能还本付息,从而使投资者遭受损失的风险。

债券价格的涨跌与利率的升降呈反向关系。利率上升的时候,债券价格便下滑。要知道债券对利率变动的敏感程度如何,可用久期为指标进行衡量。久期越长,债券型基金的资产净值对利息的变动越敏感。假若某支债券型基金的久期是5年,那么,利率下降1个百分点,则基金的资产净值约增加5个百分点;反之,如果利率上涨1个百分点,则基金的资产净值要遭受5个百分点的损失。又如,有两支债券型基金,久期分别为4年和2年,前者资产净值的波动幅度大约为后者的两倍。

二、债券型基金的类别

债券型基金包括纯债基金、混合债券型基金、债券指数基金、可转换债券型基金,其具体分类及投资特点如表4-3所示。

表 4-3 债券型基金分类及特征

基金类型		投资特点
纯债基金	短期纯债基金	久期在 1 年内的债券
	中长期纯债基金	久期在 1 年以上的债券
混合债券型基金	一级债基	普通债券+可转债
	二级债基	债券+在股市二级市场投资
债券指数基金	被动指数债券型基金	
	增强指数债券型基金	
可转换债券型基金		可转债+股票+普通债券

纯债基金，是标准型债券基金，投资范围仅限于固定收益类金融工具，不参与股票投资。纯债基金又可以分为短期纯债基金和中长期纯债基金。相对而言，面临的市场风险和波动是最小的。

混合债券型基金：跟纯债基金相对，是指在满足 80% 以上基金资产投向债券的基础上，用不超过 20% 的基金资产去投资股票市场。具体还可以分为混合债券型一级基金（一级债基）与混合债券型二级基金（二级债基）。一级债基除了可以投资债券以外，还可以参与可转债的投资，一般来说，一级债权基金的波动性可能大于纯债；二级债基除了可以投资债券、转债外，一般还可以投资不超过 20% 的权益资产，所以二级债基的预期收益和风险也相对较高。

债券指数基金分为被动指数债券型基金与增强指数债券型基金，被动指数债券型基金跟踪债券指数；增强指数债券型基金除跟踪债券指数外，还可通过直接投资债券以增强收益。

可转债基金是指基金资产主要投资于可转债的基金，可转债的价格和发债机构的股票价格有很大关系，企业股票涨，可转债价格也会涨，于是，这就造成了可转债基金的波动也较大。

判断债券型基金的类型，可以查阅基金招募说明书中的投资范围，通常在各大基金公司的官网上都能查阅到，如图 4-12 所示，招募说明书中明确基金不投资于股票、权证、可转换债券、可交换债券，可判断这是一只纯债基金。

图 4-12 某基金招募书规定的资金投资范围

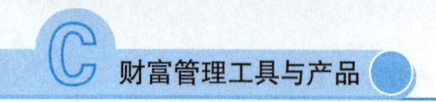

三、债券型基金购买

就金融理财产品而言，产品名称的字母后缀可用来区分产品类别，A、B、C 三个后缀主要表示基金的申购费和赎回费。

A 类产品代表前端收费，投资者买入基金时需缴纳申购费，但基金到期后无需赎回费。B 类代表后端收费，这类基金在到期赎回时收取费用，费率的高低通常与基金持有时间长短相关，持有时间越长，赎回费率就越低。C 类代表购买前端和后端都不收费，但一般这类基金都会收取销售服务费，类似基金管理费，按日收取，费率一般在 0.3% 左右。也有部分 A 类和 B 类基金不收申购费和销售服务费，但会收取一定的基金管理费和托管费。

投资者在选择申购基金时，如果持有时间较短，如两年以内，或不确定持有时长，可选择 A 类或 C 类，C 类虽然有一定的销售服务费，但费率相对不高，且按日收取。如果确定持有时间较长，如三年以上，可选择 B 类，长期持有这类基金后赎回费率是比较低的。目前，很多基金出台了投资者持有规定期限后即可免收申购费的交易办法。

四、选购债券型基金考虑要素

1. 流动性

投资债券型基金，优先挑选可随时赎回的，排除定期开放型债券型基金。

债券型基金在整个投资组合中的主要作用是防风险，其不会是我们长期投资收益的主要来源，长期投资收益主要靠投资股市，所以，一旦股市有转好迹象，投资者应作出相应调整，这就需要债券型基金具有一定的流动性。

2. 收益性

债券型基金的收益主要取决于基金公司的整体实力，一般来说，投资管理能力强、风险控制体系完善、投资服务水平高的基金管理公司所管理的债券型基金，越有可能取得长期稳定的业绩。因此，投资者应选择品牌影响力大的金融类机构，如银行系基金公司、大型基金公司等。

3. 风险性

投资债券型基金应考虑清盘风险、违约风险以及机构持有比例是否过高。一般而言，债券型基金的规模在 4 亿元至 20 亿元较为合适，规模过小可能遭遇清盘，规模过大则会增加基金管理难度，摊薄收益。机构持有的基金比例较高，可能发生大额赎回，从而导致基金规模急剧缩水。

4. 购买时机

投资者应高度注意购买债券型基金的时机。债券型基金主要投资于债券，因此，投资者在选择债券型基金时要分析债券市场的风险和收益情况。如果经济处于上升阶段，利率趋于上调，债券价格趋于下降，此时债券市场投资风险加大。反之，如果经济走向低潮，利率趋于下调，部分存款便会流入债券市场，债券价格将会呈上升趋势，这时进行债券投资可获得较高收益。

第四章　固收类工具与产品投资实务

五、债券型基金购买流程

下文以天天基金网购买债券型基金为例，演示购买债券型基金的流程。

第一步：打开天天基金网官网，如图4-13所示。

图4-13　天天基金网官网首页

第二步：在主页面进入"基金超市"，点击"债券型"，即可看到所有债券型基金的综合排名及收益情况，如图4-14所示。

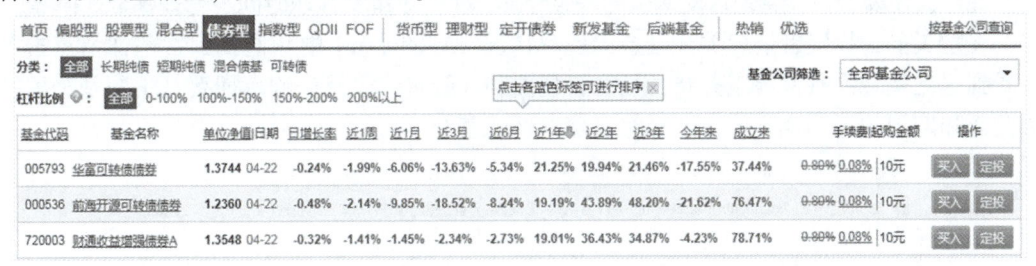

图4-14　部分基金基本情况

第三步：对有购买意向的基金进行分析，如图4-15所示，分析要素如下。

图4-15　基金要素

首先，打开一支基金后，先看它的成立时间，一般选择成立时间在三年以上的基金。其次，看基金的规模，一般选择规模在3亿~100亿元的基金，图4-15中的这支基金规模

财富管理工具与产品

为5.08亿元。再次，看这支基金的收益，主要是近三年的收益率，图中这支基金的近三年收益率达到了34.87%，算比较高的收益率。最后，看基金的收益表现与同类型基金的平均水平对比，点击阶段涨幅，即可看到涨幅趋势图，如图4-16所示，从图中可看出这支基金近一年内累计收益率超出了同类平均水平。

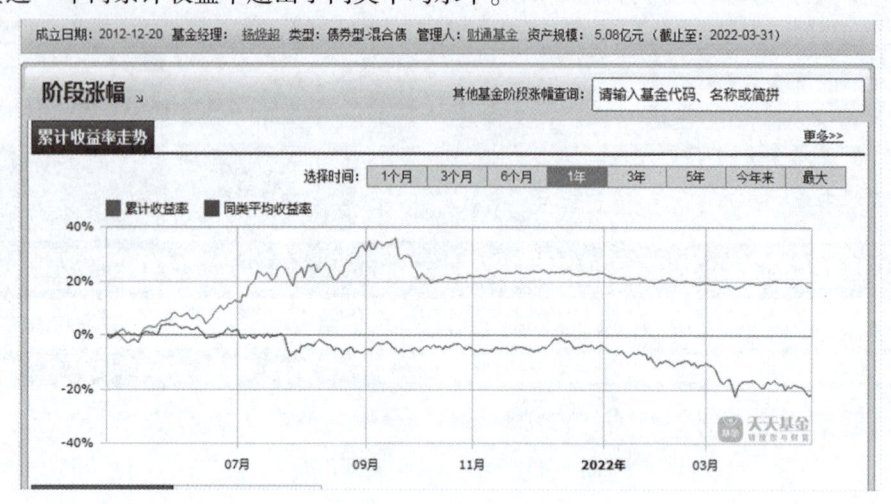

图 4-16　目标基金与同类基金涨幅对比图

此外，还要看一下管理这支基金的基金经理，主要了解其任职时间、管理基金规模等。

在购买前，投资者还应关注基金的费率情况，在图4-17中我们找到费率详情点击可以看到这支基金没有销售服务费，只有管理费和托管费，以及认购赎回费，不同基金因投资金额和期限的不同也不同，选择综合费率低的基金。

图 4-17　基金费率

第四步：经过分析确定了目标基金，点击购入即可。需要说明的是，投资是一项长期关注市场行情的工作，投资者应密切关注市场动向，对目标产品进行跟踪，在合适时机买入卖出，获得理想收益的概率才大。

习题训练

1. 按照发行主体划分，债券可分为哪几类？
2. 债券面临的风险主要有哪些？
3. 中国债券市场主要分为几类？目前以哪类为主？
4. 中国国债主要分为哪几种？
5. 可转换债券的特征是什么？
6. 债券型基金分为几种？每一种各有什么特点？
7. 按照本章所展示的债券型基金筛选步骤，筛选一只债券型基金并进行分析。

第五章

权益类工具与产品投资实务

教学目标

- 了解股票市场的分类
- 了解股票发行制度的演变
- 了解阳光私募基金的投资策略
- 熟悉股票的分类
- 熟悉与股票相关的资本管理概念
- 熟悉国内股票指数种类及指数基金投资方法
- 掌握股票交易规则及交易指令
- 掌握股票型基金、混合型基金的筛选指标

本章重点

- 国内股票指数种类及指数基金投资方法
- 与股票相关的资本管理概念

本章难点

- 股票交易规则及交易指令
- 股票型基金、混合型基金的筛选指标

第一节 股票与其投资实务

一、股票概述

（一）股票的概念

股票是一种有价证券，是股份公司发行的、用以证明投资者股东身份和权益，并获取

股息和红利的凭证,股票是一种虚拟资本,反映一种所有权关系。

(二)股票的特征

股票具有五个特征,即永久性、收益性、风险性、流动性、参与性。

永久性是指股票所载有权利的有效性始终不变,它是一种无期限的法律凭证。股票的永久性决定了它是一种没有偿还期限的有价证券,其有效期等同于股份公司的续存期。投资者买入股票后不能要求退股,但可以通过二级市场的交易来实现股票价值的兑换。股票的永久性也被称为股票的不可偿还性。

股票的收益性体现在两方面,一是投资者持有股票所获得的红利收入,即年底分红;二是投资者通过在二级市场买卖而获得的差价收益,即资本利得。分红收益的多少取决于公司的经营状况、盈利水平和盈利分配政策,而资本利得的多少则与投资者的策略相关。当然,这两种收益都具有不确定性。

股票的风险性受很多不确定性因素的影响,经济危机、国家政策、行业政策、公司经营状况、盈利水平、股票供求关系、银行利率变动以及大众心理等,都会影响股票在二级市场的行情波动,进而提高股票的风险性。股票作为一种投资标的,具有高收益高风险的特性。

股票的流动性通常以可流通的股票数量、股票成交量以及股价对交易量的敏感程度进行衡量。可流通股数越多,成交量越大,价格对成交量越不敏感,股票的流通性就越好,反之就越差。由于股票的永久性和不可偿还性,股票的流通性就是投资者兑现的保障,除在二级市场上投资者间直接流通外,股票还可以进行抵押、继承或赠与。

股票的参与性是指股票持有人有权参与上市公司重大决策,股票持有人作为股份公司的股东,有权出席股东大会,行使对公司经营决策的参与权。股东参与公司重大决策权的大小通常取决于其持有股份数量的多少,持股数量越多,话语权越大。

(三)股票的分类

根据不同的标准,股票有不同的分类。

1. 根据股东权利不同,股票可分为优先股和普通股

优先股是指依照公司法,在一般规定的普通种类股份之外,另行规定的其他种类股份,优先股的投资者只能是机构投资者和符合要求的个人投资者,投资优先股的个人投资者资产总额不低于人民币 500 万元。其股份持有人有优先于普通股股东分配公司利润和剩余财产的权利,但参与公司决策管理等权利受到限制。

除特殊情况外,优先股股东不出席股东大会会议,所持股份没有表决权。但是,如果公司累计 3 个会计年度或连续 2 个会计年度未按约定支付优先股股息的,优先股股东有权出席股东大会,享有公司章程规定的表决权。

普通股是普通投资者可以在一级市场打新和二级市场交易直接投资的股票。

2. 根据投资主体不同,股票可分为 A 股、B 股、H 股、N 股和 S 股

A 股是指人民币普通股票,股票发行公司的注册地和上市地都在境内,以人民币标明面值,以人民币认购和交易,供境内机构、组织或个人(不含台、港、澳投资者)进行投资的普通股股票,实行"T+1"交割制度,日涨跌幅有限制。

B 股是指人民币特种股票,股票发行公司的注册地和上市地都在境内,以人民币标明

面值，以外币认购和交易（沪市B股需要用美金才能交易、深市B股必须用港币交易），供境外或香港、澳门、台湾地区的机构、组织或个人进行投资的特种股票，实行"T+1"交割制。沪市B股的代码以9开头，深市B股代码以2开头，如在上海证券交易所上市的百联B股，其证券代码为900923。2001年2月19日前仅限外国投资者买卖，此后，B股市场对国内投资者开放。但是要注意的是目前大陆境内实行外汇管制，对个人结汇和境内个人购汇实行年度总额管理，每人每年等值5万美元。

H股是指股票发行公司在内地注册、在香港上市的外资股。H股为实物股票，实行"T+0"交割制度，无涨跌幅限制，认购和交易均用港币。港股的代码是5位（2008年以前是4位），如中国平安（02318）。中国内地机构投资者可投资H股，内地个人投资者目前尚不能直接投资H股，可通过港股通投资H股。

N股是指股票发行公司在内地注册、在纽约上市的外资股票。

S股是指股票发行公司在内地注册、在新加坡上市的外资股票。

3. 根据风险与收益不同，股票可分为蓝筹股、绩优股和垃圾股

蓝筹股是指在所属行业占支配性地位、业绩优良、成交活跃、股利优厚的大公司股票。

绩优股是指每股净利润处于中上水平，净资产收益率连续3年显著超过10%的股票，或每股收益0.8元以上的股票。

垃圾股是指由于行业前景不好，或者经营管理不善，出现公司经营困难，甚至亏损，其股价走低，交投不活跃。

4. 根据受经济周期的影响大小，股票可分为周期型股票、防守型股票、成长型股票

周期型股票是指股票的回报率与经济周期有很强的正相关，如航空、港口、房地产行业等。

防守型股票是指股票与经济周期的相关性很弱，如饮料食品等生活必需品行业。

成长型股票是指股票与经济周期的相关性很弱，但长期保持强势的增长态势，如计算机行业、基因工程等。

（四）与股票相关的资本管理概念

1. 股利

上市公司发放股利一般有两种方式，即现金股利和股票股利。现金股利是以现金形式分配给股东的股利，股票股利亦称股份股利，是股份制公司以股份方式向股东支付的股利。我们从几个因素来分析股利。

（1）日期。

无论是现金股利还是股票股利都要关注几个很重要的日期，股利发放宣布日、股权登记日、除权除息日和现金发放日。股权登记日是最重要的日期，在这一天仍持有或买进该公司股票的投资者可以享受此次分红。除权除息日一般是股权登记日后的第一个交易日，在这一天购入该公司股票不再享受此次分红。现金发放日一般与除息日是同一天。

（2）除权除息。

除权除息后股价会下降，除息日股票名称前加XD，除权日股票名称前加XR。

除息价＝股息登记日的收盘价－每股所分红利现金额

除权价＝股权登记日的收盘价÷（1+每股送红股数）

案例

宝山钢铁股份有限公司 2015 年度利润分配方案实施公告

摘要

发放范围：截至 2016 年 6 月 7 日(股权登记日)下午上海证券交易所收市后，在中国证券登记结算有限责任公司上海分公司登记在册的本公司全体股东。

利润分配方案：公司向在股权登记日在册的全体股东派发现金股利总额为 988 015 633.44 元(含税)，即每股派现金 0.06 元(含税)。

公告日：2016 年 4 月 29 日

股权登记日：2016 年 6 月 7 日，当天收盘价：5.23 元/股，除息日：2016 年 6 月 8 日，当天除息后的开盘参考价：5.17 元/股(=5.23 元/股-0.06 元/股)

现金红利发放日：2016 年 6 月 8 日

(3) 高转送。

高转送除权后股价，除权后股价=股权登记日收盘价÷(1+送股比例)

例如，某股 2022 年 12 月 1 日为股权登记日，当日收盘价为 9 元，转送方案是"10 送 5 转 3"，那么送股比例为 0.8[=(5+3)÷10]，除权后股价为 5 元[=9÷(1+0.8)]。

案例

中信国安 2015 年度权益分派实施公告

摘要

利润分配发放对象：截至 2016 年 7 月 28 日下午上海证券交易所收市后，在中国证券登记结算有限责任公司上海分公司登记在册的本公司全体 A 股股东。每 10 股送 3 股转增 12 股

每股现金红利：人民币 0.1 元(税前)

公告日：2016 年 1 月 30 日

股权登记日：2016 年 7 月 28 日，当天收盘价：25.05 元/股

除息除权日：2016 年 7 月 29 日，当天除息除权后的开盘参考价：9.98 元/股=[(25.05 元/股-0.1 元/股)/(1+15/10)](先除息，后除权)

新增可流通股上市日：2016 年 7 月 29 日，现金红利发放日：2016 年 7 月 29 日

同时发放现金股利和股票股利的，股票名称前加 DR。

除权除息价=(股权登记日的收盘价-每股所分红利现金额+配股价×每股配股数)/(1+每股送红股数+每股配股数)

如某股票股权登记日的收盘价为 20.35 元，每 10 股派发现金红利 4 元，送 1 股，配 2 股，配股价为 5.50 元/股，即每股分红 0.4 元，送 0.1 股，配 0.2 股，则次日除权除息价为(20.35-0.4+5.50×0.2)÷(1+0.1+0.2)=16.19 元。

2. 股票回购

股票回购是指上市公司利用现金等方式，从股票市场上买回本公司发行在外的一定数额股票的行为。

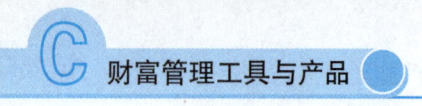

(1) 股票回购的方式。

股票回购分为两种形式，即公开市场回购和要约回购。公开市场回购是指公司在股票市场按照股票的市场价格回购股票；要约回购是指公司发出要约，以期在特定时期内回购既定数量的股票。

(2) 股票回购的目的。

上市公司回购其股票主要基于以下五个方面因素。

①稳定公司股价，维护公司形象。公司管理层认为股票价格远远低于公司的内在价值，希望通过股份回购将公司价值被严重低估这一信息传递给市场，从而稳定股票价格，增强投资者信心。

②提高资金的使用效率。当公司可支配的现金流大大高于公司投入项目所需的现金流时，公司可以用富余的现金流回购部分股票，从而增加每股盈利水平，提高净资产收益率，减轻公司盈利指标的压力。从这个意义上说，股票回购也是公司主动进行的一种投资理财行为。

③作为实行股权激励计划。公司如实施管理层或者员工持股计划，直接发行新股会稀释原有股东权益，而通过回购股票再将该股份分配给公司人员，既满足了员工的持股需求，又不影响原有股东的权益。

④避税。股票回购使公司股价上升，相当于以一种特别股利的方式回馈股东，但股东无需缴纳现金红利税。

⑤上市公司进行反收购的有效工具。股票回购将导致公司发行在外的股份减少，潜在的敌意收购人可从市场上购买的股份相应减少，从而减少公司被敌意收购的风险。

案例

上市公司回购股票

证券代码：601318　　　　证券简称：中国平安

中国平安保险(集团)股份有限公司

关于以集中竞价交易方式回购公司A股股份方案的公告暨回购报告书

● 本次回购的资金总额、资金来源、回购价格区间、股份用途及回购期限

本公司拟使用不低于人民币50亿元且不超过人民币100亿元(均包含本数)的自有资金，以不超过人民币82.56元/股的回购价格回购本公司A股股份(以下简称"本次回购")。本次回购的股份将全部用于公司员工持股计划，包括但不限于公司股东大会已审议通过的长期服务计划。本次回购期限为自本次回购方案经公司董事会审议通过之日后12个月内。

● 相关股东不存在减持计划

本公司股权结构较为分散，不存在控股股东，也不存在实际控制人。本公司持股5%以上的股东暂无在未来3个月、未来6个月减持本公司A股股份的计划。

3. 拆股和并股

(1) 拆股。

拆股是指通过成比例地降低股票面值，将面额较高的股票转换成面额较低的股票，从而增加股票数量，降低股票价格。例如，对现有面值1元的股票进行1∶2的拆股，则持

有 100 股旧股票的股东就会拥有 200 股面值为 0.5 元的新股票。拆股所获股票不属于股利。经过拆股后，股份公司的股票数量会增加，每股面值将降低，每股盈余与股价会随之同比例下降；而公司的总资产、股东权益总额与股东权益中各个科目的金额以及相互之间的比例均保持不变。因此，拆股对公司的财务结构不会产生影响。

公司实行拆股的主要目的包括降低股票市价，提高股票的可转让性和流动性；为新股发行做准备；有助于公司兼并、合并政策的实施。

案例

2014 年 4 月 24 日，苹果公司公布了截至 3 月 29 日的 2014 财年第二财季财报，并宣布了一项 1∶7 的拆股计划，从 6 月 9 日开始生效。拆股之后，股票数量将变为之前的 7 倍，即从 8.92 亿股变为 62.44 亿股，而股价则变为生效前收盘价的 1/7。

1980 年以来，标准普尔 500 公司中只有 3 家公司开展过这么大比例的拆股，历史表明，由于拆股增加了股票在市场的流动性，股价会在短期内攀升。自苹果宣布即将拆股以后，从 2014 年 4 月月底至 6 月 6 日，股价由 524.75 美元涨至 645.57 美元，市值增加了 1 079 亿美元。

(2) 并股。

股票合并是拆股的反向操作行为，又称"反分割"，被称为缩股。并股后普通股的数量减少，其面值相应提高，每股收益也相应增加。与拆股一样，并股后的股本总额、资本公积和留存收益都保持不变，股东权益总额也保持不变。

并股是指公司将多股流通股合并为一股，从而减少公开市场上流动的股份数量，在理论上可以提升股价。

案例

厦门灿坤实业股份有限公司关于公司实施缩股方案的公告（部分）

具体缩股方案：以现有总股本 1 112 350 077 股为基数，全体股东将按每 6 股缩为 1 股的方式缩股，相当于每股折算为 0.166 666 668 股，缩股方案实施的股权登记日为 2012 年 12 月 28 日，缩股方案实施后首个交易日为 2012 年 12 月 31 日。

当日，公司股票交易实行价格涨跌幅限制，涨跌幅限制价格为开盘参考价的上下 10%。现公布复牌当日开盘参考价的计算公式为：开盘参考价 =（实施前一交易日收盘价 × 缩股方案实施前股份总数）/缩股方案实施后股份总数，即：

开盘参考价（12 月 31 日）= 0.45 港元/股（8 月 1 日）× 111 235.008 万股/18 539.168 万股 = 2.7 港元/股。

二、股票市场

(一) 股票市场的概念

股票市场是股票发行和交易的场所。股票市场是上市公司筹集资金的主要途径之一，其在市场经济中发挥着经济状况"晴雨表"的作用。

(二) 股票市场的分类

根据不同的标准，股票市场有各种分类。

1. 根据交易方式不同，股票市场可分为场内市场（交易所市场）和场外市场

目前，我们境内的场内市场包括沪深主板市场、创业板市场、科创板市场、京交所市场和全国中小企业股份转让系统（新三板）。

沪深主板市场是以传统产业为主的股票交易市场，在主板上市的条件要求最高，股票规模也最大，上海证券交易所股票以 6 开头，深圳证券交易所股票以 0 或 3 开头。

一些企业条件达不到在主板市场上市要求，只能在中小板市场上市。相比主板而言，在中小板上市的公司规模较小。深圳证券交易所有中小板，股票代码区间为"002001-004999"。2021 年 4 月，深市主板和中小板正式合并，合并后总体遵循"两个统一、四个不变"原则，"两个统一"指统一主板与中小板的业务规则，统一运行监管模式。"四个不变"指板块合并后发行上市条件不变、投资者门槛不变、交易机制不变、证券代码及简称不变。

创业板是专为暂时无法在主板上市的创业型企业、中小企业和高科技产业企业等设立的股票交易市场，上市要求往往更加宽松，主要体现在成立时间、资本规模、中长期业绩等的要求上。我国只有深圳设有创业板，股票代码以 300 开头。需要注意的是，因为创业板的股票风险大，根据证监会的规定，一般投资者在证券交易账户上交易超过 2 年，才能去证券公司开通创业板交易账户。

科创板是科技创新板的简称，是上交所新设立的股票板块，面向定位于符合国家战略、具有核心技术、行业领先、有良好发展前景和市场认可度的企业。个人投资者参与科创板股票交易需要有 2 年的交易经验，并且满足 20 个交易日日均资产不低于 50 万元的条件。相较于主板和中小板，科创板具有以下特征：

①允许尚未盈利企业上市。主板、中小板上市对企业都会有盈利性要求，而在科创板，即使亏损企业也有上市机会。

②允许红筹企业上市。红筹企业是指注册地在境外，主要经营活动在我国境内的企业。红筹企业之前无法在境内上市，现在，对技术具有领先优势的红筹企业，可以申请在科创板上市。

③允许同股不同权架构企业上市。在主板上市必须同股同权，而科创板可以同股不同权，不同权指表决权差异，发行人可以发行有特别表决权的股份。

④优化股份减持制度。科创板上市公司的核心技术人员股份锁定期被缩短，由 3 年调整为 1 年，期满后每年可以减持 25% 的首发前股份。

⑤最严退市要求。上市公司股票被实施退市风险警示的，公司股票简称冠以"＊ST"字样，以区别于其他股票。对于在科创板上市的企业，出现如下交易情形的，将终止其上市：连续 120 个交易日累计股票成交量低于 200 万股；连续 20 个交易日股票收盘价低于股票面值；连续 20 个交易日股票市值低于 3 亿元；连续 20 个交易日股东数量均低于 400 人。

2. 根据市场功能不同，股票市场可分为一级市场和二级市场

一级市场，也称发行市场或初级市场，主要服务于未上市公司（IPO 之前）的投融资行为。一级市场有以下特点：

①投资者通常是机构，而非个人。

②一级市场是非公开发行市场，没有公开交易的场所。

③一级市场的融资和定价多是协商定价,由买卖双方协商或询价后最终确定。

④一级市场主要针对企业首次公开募股(IPO)及之前的投融资阶段。

二级市场是证券交易场所和流通市场,主要服务于上市公司的投融资行为。二级市场有以下特点。

①除了公募基金、阳光私募、保险资管等机构投资人,个人投资者也是重要的参与主体。

②二级市场有公开交易的场所,普通投资者日常通过线下(证券公司柜台及席位)和线上(网络交易平台,如支付宝基金理财、微信理财通、天天基金等)等方式参与。

③投资人买卖自由,交易受到严格的监管。

三、股票发行

(一)股票发行制度

股票发行指发行人在申请发行股票时必须遵循的一系列程序化的规范,具体表现在发行监管制度、发行方式与发行定价等方面。

(二)我国股票发行制度

我国股票发行监管制度相继出现了审批制、核准制和注册制三种制度,每一种发行监管制度都对应一定的市场发展状况。

1. 审批制阶段(1990年—2001年3月)

1990年年底"两所一网"(上交所、深交所、全国证券交易自动报价系统)的建立,标志着中国证券市场正式诞生。1992年10月,中国证监会设立。1993年国务院颁发《股票发行与交易管理暂行条例》,意味着全国统一的股票发行审核制度正式建立,开启了股票行政主导的审批制。

审批制是指用行政和计划的办法分配股票发行的指标和额度,由地方政府或行业主管部门根据指标,推荐企业发行股票的一种制度,具有明显的计划经济痕迹,实行计划指标管理。其特点是额度管制下采用行政办法推荐发行人,由监管机构进行审核,审核通过后,由监管机构发文批准发行。审批制阶段可细分为两个不同阶段。

(1)"额度管理"阶段(1993—1995年)。

这一阶段实行发行额度的"总量控制",每年的股票发行额度都由中央政府主管部门统一制定和管理,确定总规模后,中央将额度指标下达至省级政府或行业主管部门,由其在指标限度内推荐企业,后统一由中国证监会审批企业发行股票。

(2)"指标管理"阶段(1996—2000年)。

在《关于1996年全国证券期货工作安排意见》发布后,A股市场开始实施"总量控制,限报家数",即上级确定股票发行总规模后,证监会向各省(区、市)和有关部委下达家数指标,后者再选择和推荐拟上市企业。

审批制实行的阶段,多少家企业能够发行股票,企业是否有资格发行股票,能够发行多少额度的股票,甚至股票的定价,全由政府部门和企业主管部门决定。审批制虽然对资本市场发展起到了积极作用,但也存在明显的弊端。伴随着中国加入国际经济大循环及国有企业市场化改革的逐步深入，前期颇见成效的发行审批制度，形成了长期利用实质性审核的行政干预方式管控股票供给的路径依赖，这造成大量符合上市条件的企业滞留场外，从客观上导致市场估值整体错位。

2. 核准制阶段(2001年3月—2023年2月)

2000年3月16日，中国证监会发布《股票发行核准程序》，标志着我国股票发行开始从审批制转变为核准制。核准制由政府直接对出售证券的品质做出投资价值判断，在发行上市环节即进行相应筛选，更大限度地保护中小投资者权益，其特点是"通道额度"，即由主承销商(保荐机构)推荐发行人，由监管机构进行审核，审核通过后由监管机构发文"核准"发行。核准制可细分为两个不同阶段。

(1)"通道制"阶段(2001—2004年)。

根据中国证券业协会2001年发布的《关于证券公司推荐发行申请有关工作方案的通知》，证券公司推荐企业上市实行"证券公司自行排队、限报家数"的方案，即由证券监管部门根据各家证券公司的实力和业绩事先确定发行股票通道数量，证券公司按照"发行一家、再报一家"的原则推荐企业。

(2)"保荐制"阶段(2004年—2023年2月)。

在该阶段，企业公开发行股票必须由保荐机构推荐，要具有保荐代表人资格的从业人员具体负责保荐工作，保荐机构、保荐代表人及其他中介机构应当尽职调查，对发行人的申请文件和信息披露资料进行审慎核查，并对相关文件的真实性、准确性、完整性负连带责任。为保证核准制的顺利实施，最终形成了包含发行上市保荐制度、发行审核委员会制度、询价配售制度等在内的核准制规则体系。

核准制与审批制最大的不同是推荐发行人的方式不同，从完全的行政手段推荐改为券商推荐，市场化进程向前迈了一步，但行政干预方式管控下的股票供给所导致的企业内外估值差并没有缩小的趋势。

3. 注册制阶段(2020年3月至今)

注册制是指证券发行申请人依法将与证券发行有关的一切信息和资料公开，制成法律文件，送交主管机构审查，主管机构只负责审查发行申请人提供的信息和资料是否履行了信息披露义务的一种制度。

注册制的核心理念是在真实、准确信息披露的基础上，企业证券发行的自由权利应受到尊重和保护，将选择权交给市场，股票发行由市场机制决定。因此，注册制下，证券发行审核机构主要依据信息披露规则要求对注册文件进行形式审查，原则上不对公司的盈利、管理等实质性内容设置门槛。注册制可细分为两个不同的阶段。

(1)试点注册制阶段。

2013年年底，党的十八届三中全会提出"推进股票发行注册制改革"，注册制首次写入中央文件，标志着股票发行将实现从审批制到注册制的重大飞跃。

2018年11月5日，上海证券交易所设立科创板并试点注册制，由此拉开了我国试点注册制的序幕。

2019年3月初，证监会和上交所正式发布科创板"2+6"制度规则。之后，科创板启动受理，首批25家公司在当年7月22日正式在科创板上市。至此，在短短9个月时间里，科创板完成了提出至落地的一系列流程。

2019年7月22日,适用试点注册制的首批企业在科创板上市交易。《证券法》于2019年12月完成修订,2020年3月1日开始实施,为注册制改革提供了法律保障。

2020年4月27日,《创业板改革并试点注册制总体实施方案》通过,正式拉开创业板注册制改革的大幕,明确板块新定位,优化发行上市条件。

2020年6月12日,中国证监会发布了《创业板首次公开发行股票注册管理办法(试行)》《创业板上市公司证券发行注册管理办法(试行)》《创业板上市公司持续监管办法(试行)》和《证券发行上市保荐业务管理办法》,与此同时,证监会、深交所、中国证券登记结算有限责任公司、中国证券业协会等发布了相关配套规则,注册制试点进入了进一步深化的阶段。

2020年8月开始,创业板改革并试点注册制首批企业上市交易,存量市场注册制改革也取得实质性突破。至此,中国资本市场并存核准制和注册制两种形式。

2021年北交所设立并试点注册制,北交所的注册制改革在借鉴双创板块经验的基础上,从审核时间与上市条件两方面进行了优化。从2021年9月2日决策层宣布计划设立北交所,到2021年11月15日北交所正式上市,仅仅间隔不到3个月的时间。

(2)全面注册制阶段(2023年2月至今)。

2013年年底,党的十八届三中全会提出"推进股票发行注册制改革",注册制首次写入中央文件,标志着股票发行将实现从审批制到注册制的重大飞跃。2018年11月5日,上海证券交易所设立科创板并试点注册制,由此拉开了我国试点注册制的序幕。随着试点注册制的顺利推进,中国证监会于2023年2月17日正式发布《首次公开发行股票注册管理办法》《上市公司证券发行注册管理办法》等多项制度规则,标志着经过4年的试点后,我国全面实行股票发行注册制,中国资本市场由此进入一个全新的历史发展时代。

全面实行股票发行注册制不是试点制度体系简单的复制推广,而是在总结试点经验基础上的全面优化和完善,完成了"两个覆盖"工作,一是覆盖上交所、深交所、北交所和全国中小企业股份转让系统各市场板块;二是覆盖所有公开发行股票行为。另外,根据《证券法》的要求,优先股、可转换公司债券、存托凭证也实行注册制。

注册制改革并非全盘否定实质审核。由于资本市场并非完美的有效市场,注册制与核准制在审核主体、披露要求、中介责任等监管总量方面并无重大实质性差别,区别只在于监管分权的不同。注册制改革是对发行权、上市权、定价权的重新划分,目的是使监管者、自律机构和市场归位尽责,强化自律力量,激发市场活力。证券监管机构虽不再进行实质审查,但除证券监管机构、交易所之外,券商、会计师、律师均将在事实上承担部分实质审核工作。

注册制虽也采取事前形式审核的方式,但通过实施严格的违规事后惩治,倒逼发行申请人依法充分有效地完成申请阶段的信息披露工作。相比核准制,注册制强大的后续执法与惩治,对企业首次公开发行申请过程的造假欺诈行为更能形成震慑。注册制对于培养和锻炼投资者对发行申请人实际质量与价值的判断能力,引导投资者正确和合理地投资,促进成熟投资者群体的形成有重要意义,成熟的投资者群体能起到弱化股市投机和平抑IPO泡沫的重要作用。

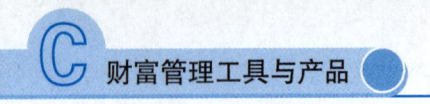

(三)股票发行

1. 公开发行股票的基本条件

公开发行股票,是指发行人向不特定对象发行股票或向超过 200 人的特定对象发行股票,但依法实施员工持股计划的员工人数不计算,或法律、行政法规规定的其他发行行为不计入。

采用公开发行股票的优势在于以众多投资者为发行对象,股票发行的数量多,筹集资金的潜力大;投资者范围大,可避免发行的股票过于集中或被少数人操纵;公开发行可增强股票的流动性,有利于提高发行人的社会信誉。但公开发行股票的发行条件比较严格,发行程序比较复杂,登记核准的时间较长,发行费用较高。

我国 2020 年 3 月 1 日起施行的《证券法》规定,公司首次公开发行新股,应当具备健全且运行良好的组织机构,具有持续经营能力,最近三年财务会计报告被出具无保留意见审计报告,发行人及其控股股东、实际控制人最近三年不存在贪污、贿赂、侵占财产、挪用财产或者破坏社会主义市场经济秩序的刑事犯罪,以及证券监督管理机构规定的其他条件。

其中,新《证券法》对于公司发行新股的要求由"具有持续盈利能力,财务状况良好"这一条变更为"具有持续经营能力"。新《证券法》施行前,财务指标是主板、中小板和创业板 IPO 标准中的重要条件,将"盈利"变更为"经营",标志着《证券法》对公司财务指标要求的放松,也降低了科技类、创新型企业在亏损情况下接触资本市场的门槛。

另外,新《证券法》还规定,上市公司对公开发行股票所募集的资金,必须按照招股说明书或者其他公开发行募集文件所列资金用途使用;改变资金用途,必须经股东大会作出决议。擅自改变用途未作纠正的,或者未经股东大会认可的,不得公开发行新股。

2. 首次公开发行股票的规定

首次公开发行股票(IPO)是指公司首次在证券市场公开发行股票募集资金并上市的行为。IPO 是发行人在满足必须具备条件,并经证券监管机构或国务院授权的部门注册后,通过证券承销机构面向社会公众公开发行股票并在证券交易所上市的过程。通过 IPO,发行人不仅可募集所需资金,而且完成了股份有限公司的设立或转制,成为上市公司。

中国证监会发布的《首次公开发行股票并上市管理办法》(2022 年修订)规定,首次公开发行股票并上市应满足以下条件。

①发行人自股份有限公司成立后,持续经营时间应当在 3 年以上。有限责任公司按原账面净资产值折股整体变更为股份有限公司的,持续经营时间可以从有限责任公司成立之日起计算。

②发行人最近三年内主营业务和董事、高级管理人员没有发生重大变化,实际控制人没有发生变更。

③发行人规范运行。

④最近三个会计年度净利润均为正数且累计超过人民币 3 000 万元,净利润以扣除非经常性损益前后以较低者为计算依据。

⑤最近三个会计年度经营活动产生的现金流量净额累计超过人民币 5 000 万元或者最近三个会计年度营业收入累计超过人民币 3 亿元。

⑥发行前股本总额不少于人民币 3 000 万元。

⑦最近一期末无形资产(扣除土地使用权、水面养殖权和采矿权等后)占净资产的比例不高于 20%。

⑧最近一期末不存在未弥补亏损。

⑨发行人的经营成果对税收优惠不存在严重依赖。

⑩发行人不存在重大偿债风险,不存在影响持续经营的担保、诉讼以及仲裁等重大事项。

⑪发行人不得有影响持续盈利能力的情形。

3. 上市公司公开发行股票

上市公司公开发行股票,是指上市公司向不特定对象公开发行股票的行为,主要有两种方式,即配股和公开增发。

(1)配股。

配股是指上市公司向原股东配售股份的行为。根据中国证监会发布的《上市公司证券发行管理办法》(2020 年修订),主板(中小企业板)上市公司的配股除了要满足公开发行股票的一般规定外,还应当符合下列规定:

①拟配售股份数量不超过本次配售股份前股本总额的 30%。

②控股股东应当在股东大会召开前公开承诺认配股份的数量。

③采用《证券法》规定的代销方式发行。

控股股东不履行认配股份的承诺,或者代销期限届满,原股东认购股票的数量未达到拟配售数量 70%,发行人应当按照发行价并加算银行同期存款利息返还已经认购的股东。

根据中国证监会 2020 年 6 月 12 日发布的《创业板上市公司证券发行注册管理办法(试行)》,创业板上市公司的配股除了要满足发行股票的一般规定外,还应当符合下列规定。

①拟配售股份数量不超过本次配售股份前股本总额的 50%。

②控股股东应当在股东大会召开前公开承诺认配股份的数量。

③采用《证券法》规定的代销方式发行。

控股股东不履行认配股份的承诺,或者代销期限届满,原股东认购股票的数量未达到拟配售数量 70%的,上市公司应当按照发行价并加算银行同期存款利息返还已经认购的股东。

根据中国证监会 2020 年 7 月 3 日发布的《科创板上市公司证券发行注册管理办法(试行)》,科创板上市公司的配股除了要满足发行股票的一般规定外,还应当符合下列规定。

①拟配售股份数量不超过本次配售前股本总额的 50%。

②控股股东应当在股东大会召开前公开承诺认配股份的数量。

③采用《证券法》规定的代销方式发行。

控股股东不履行认配股份的承诺,或者代销期限届满,原股东认购股票的数量未达到拟配售数量 70%的,上市公司应当按照发行价并加算银行同期存款利息返还已经认购的股东。

(2)增发。

增发是指上市公司向不特定对象公开募集股份的行为。根据中国证监会发布的《上市公司证券发行管理办法》(2020年修订)，主板(中小企业板)上市公司的增发除了要满足公开发行股票的一般规定外，还应当符合下列规定：

①最近三个会计年度加权平均净资产收益率平均不低于6%；扣除非经常性损益后的净利润与扣除前的净利润相比，以低者作为加权平均净资产收益率的计算依据。

②除金融类企业外，最近一期末不存在持有金额较大的交易性金融资产和可供出售的金融资产、借予他人款项、委托理财等财务性投资的情形。

③发行价格应不低于公告招股意向书前20个交易日公司股票均价或前一个交易日的均价。

根据中国证监会2020年6月12日发布的《创业板上市公司证券发行注册管理办法(试行)》，创业板上市公司的增发除了要满足发行股票的一般规定外，还应符合发行价格应当不低于公告招股意向书前20个交易日或者前一个交易日公司股票均价的规定。

根据中国证监会2020年7月3日发布的《科创板上市公司证券发行注册管理办法(试行)》，科创板上市公司增发的股票，发行价格应当不低于公告招股意向书前20个交易日或者前一个交易日公司股票均价。

4. 上市公司非公开发行股票

非公开发行股票，也被称为定向增发，是指上市公司采用非公开方式向特定对象发行股票的行为。

根据中国证监会发布的《上市公司证券发行管理办法(2020年修订)》，主板(中小企业板)上市公司非公开发行股票的特定对象应当符合下列规定：

①特定对象符合股东大会决议的规定。

②发行对象不超过35名。

③发行对象为境外战略投资者，应当遵守我国法律法规的规定。

上市公司非公开发行股票，应当符合下列规定：

①发行价格不低于定价基准日前20个交易日公司股票均价的80%。

②本次发行的股份自发行结束之日起，6个月内不得转让；控股股东、实际控制人及其控制的企业认购的股份，18个月内不得转让。

③募集资金使用符合《上市公司证券发行管理办法(2020年修订)》第十条；本次发行将导致上市公司控制权发生变化的，还应当符合中国证监会的其他规定。

案例

宁德时代：非公开发行股票发行情况报告书(部分摘要)

(一)发行价格

本次非公开发行股票价格为161.00元/股，相当于申购报价日(2020年7月6日)前20个交易日均价163.81元/股的98.28%，相当于发行低价129.67元/股的124.16%。

本次非公开发行的定价基准日为发行期首日，即2020年7月2日。本次非公开发行价格不低于发行期首日前二十个交易日公司股票均价的80%，即不低于129.67元/股。

(二)锁定期

本次发行股份自上市之日起六个月内不得转让。

（四）股票退市

股票退市是指上市公司股票在证券交易所终止上市交易。股票退市制度是资本市场重要的基础性制度，有利于健全资本市场功能，降低市场经营成本，增强市场主体活力，提高市场竞争能力；有利于实现优胜劣汰，惩戒重大违法行为，引导理性投资，保护投资者特别是中小投资者合法权益。股票退市包括主动退市和强制退市。上市公司的股票终止上市后，其终止上市情形已消除，达到证券交易所规定的重新上市条件的，可以向证券交易所申请重新上市。

中国的退市制度在多次改革中逐步完善。深化退市制度改革，形成"有进有出、优胜劣汰"的市场化、常态化退出机制是全面深化资本市场改革的重要安排，对进一步优化资源配置、提高上市公司质量、保护投资者合法权益等具有重要意义。新《证券法》新增第四十八条规定，股票终止上市情形由证券交易所的业务规则规定，这一规定优化了上市公司退市情形，与注册制理念一致，取消了对退市的具体要求，将退市标准交由证券交易所制定。

新《证券法》还取消了暂停上市、恢复上市的相关条款规定，标志着垃圾股可以直接退市，不再需要经过暂停上市半年，大幅度缩短了退市周期和流程，提高了退市效率，强化了市场的优胜劣汰功能。

为进一步完善退市标准，简化退市程序，加大退市监管力度，保护投资者权益，落实新《证券法》关于退市的规定，上交所和深交所 2022 年 1 月修订并发布实施《上海证券交易所股票上市规则》《深圳证券交易所股票上市规则》，对股票退市规则进行改革和优化。需要注意的是，《证券法》及相关业务规则修订后取消了暂停上市过程。

1. 主动退市

上市公司通过对维持上市地位的成本和收益的理性分析，或为充分利用不同证券交易场所的比较优势，或为便捷、高效地对公司治理结构、股权结构、资产结构、人员结构等实施调整，或为进一步实现公司股票的长期价值，可依据《证券法》和证券交易所规则实行主动退市。根据《上海证券交易所股票上市规则（2022 年 1 月修订）》《深圳证券交易所股票上市规则（2022 年 1 月修订）》，上市公司出现下列情形之一的，可以向证券交易所申请主动退市。

①上市公司股东大会决议主动撤回其股票在证券交易所的交易，并决定不再在该交易所交易。

②上市公司股东大会决议主动撤回其股票在证券交易所的交易，并转而申请在其他交易场所交易或转让。

③上市公司向所有股东发出回购全部股份或部分股份的要约，导致公司股本总额、股权分布等发生变化，不再具备上市条件。

④上市公司股东向所有其他股东发出收购全部股份或部分股份的要约，导致公司股本总额、股权分布等发生变化，不再具备上市条件。

⑤除上市公司股东外的其他收购人向所有股东发出收购全部股份或部分股份的要约，导致公司股本总额、股权分布等发生变化，不再具备上市条件。

⑥上市公司因新设合并或者吸收合并，不再具有独立主体资格并被注销。

⑦上市公司股东大会决议公司解散。

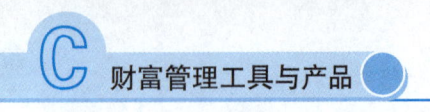

⑧中国证监会和证券交易所认可的其他主动终止上市情形。

2. 强制退市

证券交易所为维护公开交易股票的总体质量与市场信心，保护投资者特别是中小投资者合法权益，依照规则要求交投不活跃、股权分布不合理、市值过低而不再适合公开交易的股票应终止交易，特别是对于存在严重违法违规行为的公司，证券交易所可以依法强制其股票退出市场交易。

根据《上海证券交易所股票上市规则》（2022年1月修订）、《深圳证券交易所股票上市规则》（2022年1月修订），强制退市分为交易类强制退市、财务类强制退市、规范类强制退市和重大违法类强制退市四类情形。

（1）交易类强制退市。

上市公司出现下列情形之一者，证券交易所可决定终止这类公司的股票上市。

①在证券交易所仅发行A股股票的上市公司，连续120个交易日通过交易所交易系统实现的累计股票成交量低于500万股，或者连续20个交易日的每日股票收盘价均低于人民币1元。

②在证券交易所仅发行B股股票的上市公司，连续120个交易日通过交易所交易系统实现的累计股票成交量低于100万股，或者连续20个交易日的每日股票收盘价均低于人民币1元。

③在证券交易所既发行A股股票又发行B股股票的上市公司，其A、B股股票的成交量或者收盘价同时触及前述第①项和第②项规定的标准。

④上市公司股东数量连续20个交易日每日均低于2 000人。

⑤上市公司连续20个交易日在交易所的每日股票收盘总市值均低于人民币3亿元。

⑥证券交易所认定的其他情形。

（2）财务类强制退市。

上市公司出现下列情形之一者，证券交易所可对其股票实施退市风险警示。

①最近一个会计年度经审计的净利润为负值且营业收入低于人民币1亿元，或追溯重述后最近一个会计年度净利润为负值且营业收入低于人民币1亿元。

②最近一个会计年度经审计的期末净资产为负值，或追溯重述后最近一个会计年度期末净资产为负值。

③最近一个会计年度的财务会计报告被出具无法表示意见或否定意见的审计报告。

④中国证监会行政处罚决定书表明公司已披露的最近一个会计年度经审计的年度报告存在虚假记载、误导性陈述或者重大遗漏，导致该年度相关财务指标实际已触及第①项、第②项情形的。

⑤证券交易所认定的其他情形。

上市公司最近一个会计年度经审计的财务会计报告相关财务指标触及规定的财务类强制退市情形的，证券交易所对其股票实施退市风险警示。上市公司最近连续两个会计年度经审计的财务会计报告相关财务指标触及规定的财务类强制退市情形的，证券交易所决定终止其股票上市。

（3）规范类强制退市。

上市公司出现下列情形之一者，证券交易所可对其股票实施退市风险警示。

①因财务会计报告存在重大会计差错或者虚假记载,被中国证监会责令改正但公司未在规定期限内改正,且在公司股票停牌 2 个月内仍未改正。

②未在法定期限内披露半年度报告或者经审计的年度报告,且在公司股票停牌 2 个月内仍未披露。

③半数以上董事无法保证公司所披露半年度报告或年度报告的真实性、准确性和完整性,且未在法定期限内改正,在公司股票停牌 2 个月内仍有半数以上董事无法保证的。

④因信息披露或者规范运作等方面存在重大缺陷,被证券交易所要求限期改正但公司未在规定期限内改正,且在公司股票停牌 2 个月内仍未改正。

⑤因公司股本总额或股权分布发生变化,导致连续 20 个交易日不再具备上市条件,在规定期限内仍未解决。

⑥公司可能被依法强制解散。

⑦法院依法受理公司重整、和解和破产清算申请。

⑧证券交易所认定的其他情形。

(4)重大违法类强制退市。

重大违法类强制退市包括下列情形:

①上市公司存在欺诈发行、重大信息披露违法或者其他严重损害证券市场秩序的重大违法行为,且严重影响上市地位,其股票应当被终止上市的情形。

②上市公司存在涉及国家安全、公共安全、生态安全、生产安全和公众健康安全等领域的违法行为,情节恶劣,严重损害国家利益、社会公共利益,或者严重影响上市地位,其股票应当被终止上市的情形。

四、股票交易

(一)股票开户

投资者必须开通一个证券账户后,才能开始投资操作。交易所采用会员制,投资者只能通过上海证券交易所、深圳证券交易所和北京证券交易所的会员,即证券公司开户。股票开户的方式多元化,投资者可以去证券公司营业厅开户,也可以在线开户。一般一个身份证可以开通三个股票账户。开户后,深市当天可以交易,沪市在下一个交易日可以使用。

证券账户不仅可买卖股票及各类债券,还可以免费跨行转账,但仅限于开户者名下的卡之间。

(二)股票交易费用

股票交易手续费一般分为交易佣金、印花税和过户费。交易佣金实际上包含三部分:券商本身的净佣金、为证券交易所代收的经手费、为中国证监会代收的征管费,由证券公司自行定价,最低 5 元,最高不能超过成交金额的千分之三,目前各大券商竞争激烈,券商的佣金不断下降,甚至报出了万分之一点五的超低佣金报价。

印花税由税务机关征收,按照成交金额的千分之一计收,只向卖方单边征收。

过户费由中国证券登记结算有限责任公司征收,按照成交金额万分之二计收(双向收取),最低收取 1 元。

（三）股票的交易规则

股市的交易时间为非法定节假日的周一至周五，上午9：30—11：30，下午13：00—15：00，其中上午9：15—9：25为开盘集合竞价时间，下午14：57—15：00为收盘集合竞价时间，其余时间为连续竞价时间，采用"价格优先、时间优先"的交易原则进行竞价撮合。

沪深主板、创业板股票的交易单位为手，1手为100股，委托买入数量必须为100股或其整数倍，新股申购时委托数量至少为1 000股；卖出数量至少为100股，但不一定是100的整数倍。股票交易委托价格最小变动单位为人民币0.01元。

科创板股票的交易单位为手，1手为100股，委托买入的数量最低为200股，可以买入200股，也可以买入201股。卖出时，如果卖出后的数量不足200股时，需要一次性全部卖出。

北京证券交易所的股票交易单位为手，1手为100股，委托买入的数量最低为100股，可以买入100股，也可以买入101股。卖出时，如果卖出后的数量不足100股时，需要一次性全部卖出。

1. A股市场交易规则

沪深主板在每一个交易日中，单只普通股票的交易价格相对上一交易日收盘价格的涨跌幅度不得超过10%，而ST开头的股票，交易价格相对上一交易日收盘价格的涨跌幅度不得超过5%，超过涨跌限价的委托为无效委托。

自2020年8月24日起，创业板注册制正式实施，在原有规则的基础上进行了如下调整。

①证券账户近20个交易日日均资产达10万元并且需满足两年交易经验。

②涨跌幅限制放宽至20%（包括ST股和退市整理期股票），新股上市前五个交易日无涨跌幅限制，首次较开盘价涨或跌30%、60%时，各临停10分钟，最晚14：57复牌。

③盘后交易时间15：05—15：30、在调整后交易日9：15—15：30均可申报。

④增加了申报价格限制，买入申报价格≤基准价102%，卖出申报价格≥基准价98%。

2. 科创板的交易规则

①适当性管理规定。与主板、中小板、创业板不同，投资者需要开通科创板账户方可进行交易，具体参考《上海证券交易所科创板股票交易特别规定》。

②交易机制和交易方式。跟现有的A股一样，科创板也实行(T+1)日交割，但具体交易方式有所不同。

③涨跌幅限制。科创板涨跌幅限制为±20%，和主板的±10%有差异，其中首次公开发行上市的股票，上市后前5个交易日不设价格涨跌幅限制。

④交易时间。科创板开盘集合竞价时间为9：15—9：25，连续竞价时间为9：30—11：30和13：00—15：00。增加的盘后固定价格交易方面，申报时间为9：30—11：30和13：00—15：30。

⑤申报数量。科创板实行限价申报，单笔申报数量不小于200股，且不超过10万股；市价申报，单笔申报数量不小于200股，且不超过5万股。卖出时，余额不足200股的部分，应当一次性申报卖出。

3. 北京证券交易所规则

①交易方式。北交所股票可以采取竞价交易、大宗交易、协议转让等交易方式。其中，竞价交易和大宗交易的相关规定在《交易规则》中予以明确；协议转让的具体要求由北交所另行规定。考虑到市场流动性以及公募基金等机构投资者的交易需要，北交所也为今后引入混合交易和盘后固定价格交易预留制度空间。

②涨跌幅限制及申报有效价格范围。考虑到中小企业股票估值特点，为有效促进交易，北交所竞价交易涨跌幅限制比例为前收盘价的 ±30%，上市首日不设涨跌幅限制。此外，为促进盘中价格收敛，增强价格连续性，连续竞价阶段设置基准价格 ±5%（或 10 个最小价格变动单位）的申报有效价格范围。

③竞价交易的申报规则。北交所竞价交易单笔申报应不低于 100 股，每笔申报可以 1 股为单位递增，卖出股票时余额不足 100 股的部分应当一次性申报卖出。竞价交易申报类型为限价申报和市价申报，市价申报包括本方最优申报、对手方最优申报、最优 5 档即时成交剩余撤销申报、最优 5 档即时成交剩余转限价申报。市价申报仅适用于有价格涨跌幅限制的股票连续竞价期间，同时对市价申报实施限价保护措施。

④竞价交易的临时停牌机制。北交所上市首日不设涨跌幅限制，为了减少投资者的非理性交易，针对不设涨跌幅限制的股票实施临时停牌机制，当股票盘中成交价格较开盘价首次上涨或下跌达到 30%、60% 时，实施临时停牌，每次停牌 10 分钟，复牌时采取集合竞价，复牌后继续当日交易。

⑤大宗交易规则。大宗交易为协议交易，需满足单笔申报数量不低于 10 万股，或交易金额不低于 100 万元的要求，申报时间为每个交易日的 9：15—11：30、13：00—15：30，成交确认时间为 15：00—15：30。大宗交易的成交价格范围与其价格涨跌幅限制保持一致。

（四）交易指令

开通账户后，投资者登录股票交易软件，输入股票代码进行委托，系统会自动根据委托指令撮合成交，实现股票买卖。交易指令主要包含了两种形式，即市价指令和限价指令。

市价指令是指不指定价格，投资者按当前市场价格执行指令。优点：成交效率高；缺点：投资者不能控制成交价格。

限价指令是指指定一个价格，投资者按指定价格或更有利的价格执行指令。优点：投资者可以控制成交价格；缺点：有可能不会成交。

普通投资者最常用的是限价指令，市价指令用得比较少。

（五）申购新股

2016 年 1 月 1 日，证监会取消了投资者申购新股时就全额缴纳申购资金的规定，投资者可在申购日输入准确的申购代码，申购时不缴款，中签后再支付。

1. 申购新股的条件及流程

新股申购的投资者在 T-2 日至前 20 个交易日日均持有市值在人民币 1 万元以上，1 万元可申购 1 000 股，2 万元可以申购 2 000 股，以此类推。沪深两个市场是分开计算，如表 5-1 和表 5-2 所示。

表 5-1　沪深市新股申购规则

申购起点	1万元非限售A股	例，某客户在X证券公司的深证账户持有A股市值5 000元，在Y证券公司的深证账户持有A股市值10 000元，该客户参与新股申购时，可对应申购新股1 500股
计算标准	申购前第22天（交易日）至申购前2天的平均值	
额度计算	沪市：1万元=2个申购单位=500股×2 深市：1万元=2个申购单位=500股×2	
顶格申购	单个账户申购数≤1‰	
备注	沪深市值不能合并计算 普通账户、信用账户市值合并计算	

表 5-2　沪深市新股申购流程

T-2日	计算沪深市值
T-1日	发行人与主承销商刊登网上发行公告，中国结算深圳、上海分公司向各证券公司发送可申购额度
T日	投资者根据额度申购新股，无需缴款；新股配号
T+1日	主承销商公布中签率，组织摇号抽签
T+2日	投资者可查询中签结果，中签投资者应确保账户有足额资金（16：00点前）
T+3日	认购资金划入主承销商资金交收账户
T+4日	主承销商将认购资金扣除承销费用后划给发行人

2. 主板新股交易规则

①实行注册制规则后。主板新股定价将遵循"市场化询价"，网上申购的投资者们需要更理性"打新"。

②网上申购时，每一申购单位的新股数量由之前的1 000股调整为500股，对应市值调整为5 000元。

③注册制实施后，沪深主板新股前五日不设涨跌幅限制。第六个交易日开始，恢复每日10%的涨跌幅限制。

④无论投资者使用多账户同时申购一只新股，还是单一账户多次申购同一新股，均为第一笔申购有效，其余申购无效。

⑤主板注册制新股上市首日在股票简称前加标识"N"，上市次日至第五个交易日，将在简称前新增标识"C"。

（六）股票指数

股票指数（股指）是由证券交易所或金融服务机构编制的表明股票行市变动的一种供参数字，是反映股票市场表现的晴雨表。股票指数涨，说明这个股指代表的一系列股票总体上涨；股票指数跌，说明这个股指代表的一系列股票总体下跌。

国际上主要的股票指数包括美国的道琼斯工业平均指数、标准普尔500指数、纳斯达克指数，香港恒生指数，日经225指数，伦敦金融时报指数等。

我国股票指数主要是上证综指、深证综指、上证180指数、上证50指数、沪深300指数、中证500指数、科创50指数、创业50指数等。

上证综指是上海第 1 个反映市场整体走势的旗舰型指数，也是中国资本市场影响力最大的指数，包含 A 股、B 股等上交所全部上市股票，综合反映上海证券市场上市股票的价格表现。

上证 180 指数选择总市值和成交金额排名靠前的股票，按照中证一级行业的自由流通市值比例，分配和选取 180 只固定样本，以自由流通股本为权重加权计算。这些公司核心竞争力强、资产规模大、经营业绩好、品牌广为人知，是上海证券市场上最具代表性的大型蓝筹股票指数，是投资评价尺度和金融衍生产品标的的基础指数。

上证 50 指数是在上证 180 指数的样本股中挑选规模最大、流动性最好的 50 只股票，其反映最具市场影响力的一批龙头企业的状况。

沪深 300 指数是对最近一年的日均成交金额从高到低进行排序，先剔除掉后 50% 的股票，对剩下股票再按日均总市值从高到低进行排序，选取排名靠前的 300 支股票作为样本股。沪深 300 指数覆盖的股票比较多，综合反映中国 A 股市场上市股票价格的整体表现，被称为市场走势的"晴雨表"，是大盘走势的表现。

中证 500 指数是由全部 A 股中剔除沪深 300 指数成分股及总市值排名前 300 名的股票后，总市值排名靠前的 500 只股票组成，综合反映中国 A 股市场中小市值公司的股票价格表现。中证 500 指数反映沪深中小市值股票的整体状态，与沪深 300 完全没有重合。

(七) 股票分析方法

股票市场中，常见的分析股票的方法主要分为基本面分析和技术分析两大类。

1. 基本面分析方法

基本面分析方法是指对宏观经济、行业前景、企业价值等决定着股票内在价值的基本因素进行分析，以此来分析股票的价值、衡量股价高低的分析方法。基本面分析方法适用于分析预测价格的中长期走势。

2. 技术分析方法

与基本面分析方法正好相反，技术分析方法直接关注市场交投行为本身，侧重从"多空双方"力量转变情况来分析并预测价格走势，可以较为准确地预测股市及个股的中短期走势。技术分析注重的是价格和交易量的分析，市场交投行为可以通过很多不同的角度得以呈现，如股价走势(用 K 线来表示)、成交量变化、盘口分时图形态，也可以通过数字量化的技术指标来呈现。所有的技术分析的理论基础都是建立在以下三个合理的假设中。

(1) 市场行为包容消化一切信息。

市场行为包容消化一切信息构成了技术分析的基础，技术派认为能够影响某种商品期货价格的因素包括基础的、政治的、心理的或者其他方面的，这些因素实际上都是反映在了价格之中，由此推断研究价格变化。

(2) 价格以趋势方式波动。

趋势的概念是技术分析的一个核心。研究价格图表的全部意义就是在这个趋势发生发展的早期，及时准确地将它揭示出来，从而达到顺着趋势交易的目的。

从"价格以趋势方式演变"可以推断：对一个既成趋势来说，下一步常常是沿着现存趋势方向继续演变，而掉头反向的可能性要小得多。坚定不移地顺应一个既成趋势，直至有反向征兆为止，这就是趋势顺应理论的源头。

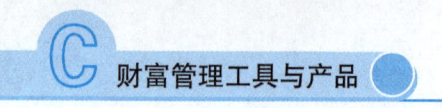

(3) 历史会重演。

技术分析和市场行为学与人类心理学有千丝万缕的联系。例如，价格形态通过一些特定的价格图表形状表示出来，而这些图表表示人们对某市场看好或者不看好的心理。但投资者要清楚：历史会重演，但是不会简单地重复。

第二节　存托凭证与其投资实务

一、存托凭证概述

存托凭证（Depository Receipts，DR），又称存券收据或存股证，指在一国证券市场流通的代表外国公司有价证券的可转让凭证。每份 DR 代表一定数量的境外公司发行的基础证券（通常为股票），境内投资者通过购买 DR，得以持有境外的股票。存托凭证在外国市场上与股票一样进行交易，因此可以像股票一样为投资者带来经营性收益（如股利）和资本收益（如买卖差价）。

根据发行或交易地点的不同，DR 被冠以不同的名称，如华泰证券发行的 GDR 就是全球存托凭证，此外还有 ADR（美国存托凭证）、EDR（欧洲存托凭证）等，在中国发行的存托凭证被称为 CDR。

1927 年，J.P. 摩根发明了存托凭证，让英国的股票得以进入美国资本市场，后被迅速推广。存托凭证的业务模式是某国某公司的股票要在外国流通，就将一定数额的股票委托给一个中间机构（一般是保管银行）保管，由保管银行通知外国的存托凭证，从而让存托凭证可以在外国的证券交易所进行交易。

二、发行 CDR 的条件

国务院办公厅 2018 年 3 月发布的《关于开展创新企业境内发行股票或存托凭证试点的若干意见》明确规定了在中国境内发行 CDR 需满足的条件，具体如下：

基本要求：符合国家战略、掌握核心技术、市场认可度高。

行业要求：属于互联网、大数据、云计算、人工智能、软件和集成电路、高端装备制造、生物医药等高新技术产业和战略性新兴产业，且达到相当规模的创新企业。

已在境外上市的大型红筹企业，市值不低于人民币 2 000 亿元。

若尚未在境外上市的创新企业，最近一年营业收入不低于人民币 30 亿元且估值不低于人民币 200 亿元或者营业收入快速增长，企业拥有自主研发、国际领先技术，在同行业竞争中处于相对优势地位。

三、沪伦通

沪伦通是指上海证券交易所与伦敦证券交易所互联互通机制，符合条件的两地上市公司，可以发行存托凭证并在对方市场上市交易。沪伦通业务允许存托凭证与基础股票按既定比例相互转换，实现了上海和伦敦两地市场互联互通。具体来讲，伦交所上市公司的基础股票可以通过跨境转换等方式，转换成中国存托凭证(CDR)在上交所交易；上交所上市公司可以把股票转换成全球存托凭证(GDR)在伦交所交易。

机构投资者和符合条件的个人投资者可以参与沪伦通下 CDR 的投资。个人投资者需要满足证券和资金账户在申请权限开通前 20 个交易日的日均交易额不低于 300 万元，不存在严重的不良诚信记录。

第三节　股票型基金与其投资实务

一、股票型基金概述

股票型基金是指以股票为主要投资对象的基金。股票型基金在各类基金中历史最为悠久，也是各国(地区)广泛采用的一种基金类型。根据中国证监会对基金类别的分类标准，基金资产 80% 以上投资于股票的为股票型基金。

股票型基金以追求长期的资本增值为目标，比较适合长期投资。与其他类型的基金相比，股票型基金的风险较高，但预期收益也较高。股票型基金提供了一种长期的投资增值性，可供投资者用来满足教育支出、退休支出等远期支出的需要。

二、股票型基金投资分析

(一)基金业绩

反映基金经营业绩的指标主要包括基金分红、已实现收益、净值增长率，其中净值增长率是最主要的分析指标，能全面反映基金的经营成果。

(二)基金规模

基金的规模在 5 亿至 100 亿元之间比较合适。如果基金的规模比较小，资金量不够，不能充分分散风险，一旦重仓的股票出现波动，容易导致基金净值暴涨暴跌，波动加大；如果基金规模连续 20 个交易日出现基金份额持有人不满 200 人，或基金资产净值低于 5 000 万元，基金可能会清盘。如果基金规模太大，在买入小盘股时，受规则影响，没法在单一股票上投入过多的资金，在调仓换股时会比较被动。

(三)成立时间

基金成立时间最好大于 7 年，越长越好，时间既是基金实力的体现，也便于投资者分析基金过往表现。

(四)基金持仓或投资风格

通过对基金所投资股票的平均市值分析，可以判断其偏好大盘股、中盘股还是小盘股。通过对基金所持股票的平均市盈率、平均市净率分析，可以判断基金倾向于投资价值型股票还是成长型股票。如果基金的平均市盈率、市净率小于市场指数的市盈率和市净率，可将该股票基金归为价值型基金；反之，该股票基金可归为成长型基金。

价值型基金：风险最小，收益也较低。价值型基金采取的是"低买高卖"的投资策略，

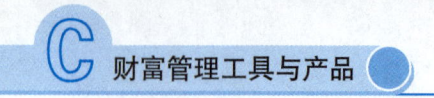

因此价值型投资的第一步就是寻找"价格低廉"的股票。衡量股票是否"价格低廉"有两种方法：一种是用公式计算股票的"内在价值"，如果股票的市场价值比内在价值低，则为值得买入的"低价股"。另一种是将股票的市盈率（市价/每股收益）等价格倍数指标，与股票历史水平或行业平均水平进行纵向和横向比较。价值型投资风格的基金经理往往钟情于公共事业、金融、工业原材料等较稳定的行业。

成长型基金：适合愿意承担较大风险的投资者。成长型投资风格的基金经理通常更注重公司的长期成长性，而较少考虑购买股票的价格，他们较少投资已进入成熟期的周期性行业，而青睐具有成长潜力的行业，如网络科技、生物制药等类型的公司。

平衡型基金：属于中等风险的基金。在投资策略上一部分投资于股价被低估的股票，另一部分投资于处于成长型行业上市公司的股票。

（五）基金经理

股票型基金对基金经理的依赖要强于对基金公司的依赖，投资者应分析基金经理管理过的历届产品走势如何，是否能普遍跑赢大盘及股票型基金平均水平，其投资理念是否符合当下的趋势。

（六）标准差和夏普比率

标准差反映基金收益率的波动程度，即衡量总风险。标准差越小，基金的历史阶段收益越稳定；反之，风险越大。

夏普比率反映基金承担单位风险所能获得的超过无风险收益的超额收益。夏普比率越大，基金的历史阶段表现越佳。

（七）费用

基金申购费用分为前端收费和后端收费两种模式。前端收费是申购基金时就要缴纳申购费用，赎回基金时缴纳赎回费用；后端收费是申购基金时不缴纳费用，赎回基金时缴纳申购费和赎回费两笔费用。

(1) 申购份额的计算。

2007年3月，证监会发布10号文，即《关于统一规范证券投资基金认（申）购费用及认（申）购份额计算方法有关问题的通知》，要求各基金公司在该文发布后的3个月内将计算方法调整为外扣法，具体如下：

申购费用＝申购金额－净申购金额

净申购金额＝申购金额÷（1＋申购费率）

申购份额＝净申购金额÷基金单位净值

例：某客户购买平安大华安心保本混合基金，申购金额10 000元，申购费率1.2%，当日基金单位净值1.028 0元。

解析：申购份额＝申购金额/(1＋购费率)/基金单位净值＝10 000/(1＋1.2%)/1.028 0＝9 612.28(份)

(2) 赎回份额的计算。

申购时为前端收费：

赎回总额＝赎回份额×基金单位净值

赎回费用＝赎回总额×赎回费率

赎回金额＝赎回总额−赎回费用

申购时为后端收费：

赎回总额＝赎回份额×基金单位净值

后端申购费用＝赎回份额×申购日基金份额净值×后端申购费率

赎回费用＝赎回总额×赎回费率

赎回金额＝赎回总额−后端申购费用−赎回费用

例：假设某客户购买平安大华安心保本混合基金 40 天后赎回该基金，赎回费率是 0.5%，赎回当日净值为 1.050。

解析：赎回总额＝9 612.28×1.050＝10 092.89（元）

赎回费用＝10 092.89×0.5%＝50.45（元）

赎回金额＝10 092.89−50.45＝10 042.44（元）。

一般情况下，基金代码后面会标明前端或后端收费；若没有标明，为前端收费。

第四节　混合型基金与其投资实务

一、混合型基金的概述

(一)混合型基金的概念

混合型基金是指投资于股票、债券、货币市场工具或其他基金份额，且投资股票和债券的比例都不超过 80%。混合型基金的收益高于债券型基金，低于股票型基金；风险低于股票型基金，高于债券型基金。

(二)混合型基金的类别

混合型基金包括偏股型基金、偏债型基金、股债平衡型基金和灵活配置型基金，各类型基金股票及债券的配置比例如下：

①偏股型基金：股票的配置比例一般在 50%～70%，债券的配置比例一般在 20%～40%。

②偏债型基金：偏债型基金则与偏股型基金正好相反，债券的比例较高，股票的比例较低。

③股债平衡型基金：股票和债券的配置比例较为均衡，二者比例大致在 40%～60%。

④灵活配置型基金：基金经理根据市场变化情况随时调整组合比例，有时股票的比例较高，有时债券的比例较高，有时较多投资货币市场工具。灵活配置型基金的股票投资比例区间主要有 30%～80%、0～95% 两档。

二、混合型基金投资分析

投资者可根据以下指标分析筛选基金：

①基金的业绩，基金评级三星以上，过往业绩越高越好。

②基金规模，5亿~100亿元。

③成立时间，最好大于7年，越长越好。

④基金持仓，了解基金的股票和债券占比情况，投资风险和收益主要取决于债券和股票的配置比例，股票占比越高，风险和收益率就越高；债券占比越高，风险和收益率就越低。

⑤基金公司盈利能力，查看基金公司在"同类排名"与"沪深排名"的收益和规模。

⑥基金经理，了解管理基金的基金经理的"任职回报""同类平均""同类排名"等信息，对同一支基金而言基金经理更换频率越少越好。

⑦手续费越低越好，长期投资选后端收费方式。

⑧标准差和夏普比率。

第五节　特殊类型基金与其投资实务

一、特殊类型基金的概述

特殊类型基金是指与传统类型基金相对不同，或存在特殊用途的基金类型。特殊类型基金包含基金中的基金、交易型开放式指数基金、上市开放式基金等。

1. 基金中基金（Fund of Funds，FOF）

这是一种专门投资于其他投资基金的基金，80%以上的基金资产投资于其他基金份额。与普通基金投资债券、股票不同，FOF并不直接投资股票或债券，而是投资基金，通过持有其他证券投资基金而间接持有股票、债券等证券资产，它是结合基金产品创新和销售渠道创新的基金新品种。由于多了一层嵌套，FOF基金的交易成本较高，但它风险也低一些，更适合追求偏稳健收益的投资者。

2016年9月23日，证监会发布并实施了《公募证券投资基金运作指引第2号——基金中基金指引》，进一步明确指出FOF不得投资分级基金，从一定程度上控制了风险。

2. 交易型开放式指数基金（Exchange Traded Funds，ETF）

这是一种在交易所上市交易、基金份额可变的开放式基金。以某一选定的指数所包含的成分证券为投资对象，根据构成指数的股票种类和比例，采取完全复制或抽样复制的方式，进行被动投资的指数基金。投资者买卖一只ETF，就等同于买卖它所跟踪的指数包含的多只股票，可取得与该指数基本一致的收益，ETF兼具了股票、开放式基金和封闭式基金的优势和特点，是一种十分高效的指数化投资工具。

3. 上市开放式基金（Listed Open-Ended Fund，LOF）

上市开放式基金发行结束后，投资者既可以在指定网点申购与赎回基金份额，也可以在交易所买卖该基金。LOF是中国本土创造的基金形式，在深圳证券交易所交易。LOF与ETF有些相似，但它相对灵活一点，因为它既可以被动跟踪指数，也可以主动选择股票，二者的区别如表 5-3 所示。

表 5-3　ETF 和 LOF 的区别

	ETF	LOF
产品类型	本质上是指数型基金、被动式管理	多样(指数、股票、债券型基金)
管理费用	低，0.3%~0.5%	高，我国内地现有积极管理型股票基金费率，一般为 1%~1.5%
投资透明度	高，每日公告	低，每季度公告持股前 10 名
申购赎回	实物申购赎回机制	现金申购赎回方式
申购赎回费用	低，不超过 0.5%	高，我国内地现有股票基金一般申购费为 1.5%，赎回费为 0.5%
净值报价	15 秒提供一次	一天一次
连续交易渠道间的联通	套利交易当日即可完成	转托管需要 2 个交易日

二、特殊类型基金的投资技巧

如果没有时间进行市场研究，投资者可通过长期持有 ETF，获取市场长期平均收益。从长期来看，主动型投资策略很难超越指数、战胜市场，因此投资者可以将 ETF 作为一个较好的中长期资产配置工具，定期定额投资是不错的方法。

定额定期投资，即每隔一段固定的时间(如一个月或两周)以固定的金额购买某种基金。当价格较低时，可以买到较多的基金份额，而当价格较高时，只能买到较少的基金份额，长此以往可以降低所购买基金的单位平均成本。这种投资方式要求投资者持之以恒并具有长期稳定的资金来源。

基金定投的基本规律可以用定投微笑曲线表示，如图 5-1 所示。对于定投，投资者最关心的三个问题是定投什么时候买，定投买什么，定投什么时候卖。

图 5-1　季 K 线"微笑曲线"图

(1) 定投什么时候买?

从 K 线图中，我们选取了历史上三轮行情的最高点(2009 年 7 月 27 日、2015 年 6 月 8

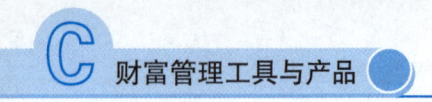

日，2017 年 6 月 1 日）和牛市行情中的随机点位进行定投，测算结果可参考表 5-4。

表 5-4　定投时间及对应的收益率

起始日期	终止日期	总期数	绝对收益/%	年化收益/%	总时间/年
2007.10.16	2009.7.27	22	26.77	13.81	1.83
2002.9.3	2009.7.27	23	24.33	12.03	1.92
2007.8.1	2009.7.27	24	22.71	10.78	2.00
2007.7.2	2009.7.27	25	21.66	9.87	2.08
2007.5.8	2009.7.27	27	19.89	8.40	2.25
2006.12.29	2009.7.27	31	22.06	8.02	2.58
2009.7.27	2015.6.8	72	83.36	10.73	6.00
2007.10.16	2015.6.8	93	78.44	7.76	7.75
2015.6.8	2017.6.1	24	9.48	4.63	2.00

（2）定投买什么？

基金定投建议选择波动比较大的基金，可选择的标的可以是股票型基金、混合型基金和指数型基金。

定投最大的好处在于投资者可分批进场、摊平投资成本，分散可能买高的风险，再利用相对高点获利，达到低买高卖的效果。因此，要找高点离场，投资者要选择波动幅度较大的股票型基金。债券型基金做定投效果很差，如果投资一只很平稳的基金，过程很舒服，也许期间不会出现多少负收益，但结果也很一般。

（3）定投什么时候卖？

①目标收益率法。目标收益率法是当定投账户的累计收益率或者年化收益率达到某个特定值后，投资者就进行纪律性卖出，将定投的收益落袋为安。采用这种方式的好处和坏处也非常明显。好处就是简单、容易理解和执行，坏处就是到底要设定多少的目标值，而且这个目标值应该是一个合理的数值，而不是一个无法实现的目标。

如果没有明确的止盈目标，有一个公式可供投资者参考：收益率＝定投年限×（产品预期年化收益率+通胀年均涨幅）。

②估值水平法。估值是一个用于评价产品市场高估还是低估的重要指标，目前比较常见的用来判断指数估值水平的是 PE 和 PE 百分位，当市场指数估值百分位到了某个特定区间后，投资者结束定投，卖出账户资产。

当然，采用估值水平法的一个不足之处在于，投资者无法把握高估或低估的信号，参考以往的经验，0~20%属于超低估区间，80%~100%属于超高估区间。

但每一轮牛市的高估程度不一样，指数也有创新高的可能，如果采用这种方法做止盈，投资者也要做好一定的心理准备——卖早了。

第六节　信托与其投资实务

一、信托概述

（一）信托概念

根据我国《信托法》的规定，信托是指委托人基于对受托人的信任，将其财产权委托给受托人，由受托人按委托人的意愿以自己的名义，为受益人的利益或特点目的，进行管理或处分的行为。

信托理财产品是由信托公司发行，根据信托合同约定将所募集资金投资于金融或非金融产品，并将取得的投资收益分配给受益人的一种金融投资工具。信托理财产品具有以下几个特点。

①设计灵活，投资范围广泛，运作机制灵活多样。
②不承诺保本和最低收益，具有较高的投资风险，通常对投资者有一定限制。
③信托财产具有独立性，不受当事人财务状况影响，一般情况下，信托财产不能被强制执行。

委托人对受托人的信任是信托关系建立的前提。

信托须遵守"一法三规"，"一法"指《中华人民共和国信托法》，"三规"指《信托公司管理办法》《信托公司集合资金信托计划管理办法》和《信托公司净资本管理办法》。

（二）信托类别

信托具有高度的灵活性，产品十分丰富，根据不同的分类标准有不同的分类方法。

1. 根据信托产品的财产性质，信托可分为资金信托、动产与不动产信托、有价证券信托和财产权信托

大部分信托产品都是资金信托，委托人将自己的银行存款、现金类资金财产交给信托机构管理，后三类信托是根据委托人要求代办特定资产的经济事项，信托机构扣足手续费后，剩余的经营收益全部归委托人所有，如代办汽车、飞机、设备器械等动产的出租或出售，房屋、土地等不动产的租赁、买卖、保险金支付、过户和纳税，管理债券、股票等有价证券买卖、登记发行、转让过户、出租、抵押，以及管理处分债权、股票表决权、专利权等。

2. 根据委托人数，信托可分为单一资金信托和集合资金信托

单一资金信托是信托机构受单个委托人委托管理信托财产，集合资金信托则由很多人共同出资委托信托机构代理财产。

信托产品名称的后缀都会写明是单一还是集合资金信托，如"华冠278号集合资金信托计划"和"华晟系列·华融投资单一资金信托"，信托产品包含的主要要素如表5-5所示。

表5-5　信托产品要素图

产品名称	平安信托佳园116号集合资金信托计划
产品规模	总规模不超过11亿元

续表

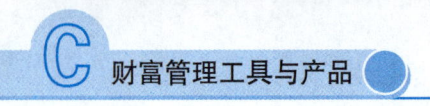

产品存续期限	2年。从信托成立日起满1年、1.5年，每次还本金额1亿元、2亿元，到期一次性归还剩余全部本息。信托成立日期满1年、1.5年，融资人有权提前偿还全部本金
产品业绩比较基准	第1期信托单位为12个月，业绩比较基准[ ]%/年；第2期信托单位为18个月，业绩比较基准[ ]%/年；第3期信托单位为24个月，业绩比较基准[ ]%/年。本信托设定的业绩比较基准仅为信托收益计算和方便而设，并不代表受托人或其他任何第三方对信托收益的承诺或保证
还款来源	项目销售回款
还本付息方式	按季付息，信托成立日起满1年时还本1亿元，满1.5年时还本2亿元。在信托成立日起满1年、1.5年时可全额提前偿还信托贷款本息。利随本清
资金用途	用于项目开发建设（常州西太湖揽月湾西侧地块、星河丹堤三期地块）

3. 根据信托功能，信托可分为融资类信托、投资类信托、事务管理类信托

在我国，前两类信托比较常见，通常通过发行信托产品的方式运作。事务管理类信托是根据客户需求订制的信托计划，主要包括家族信托、保险信托、离岸信托等。梅艳芳就曾设立遗产信托，信托基金每月支付7万港元生活费给她的母亲直到其母去世。

①家族信托。根据我国现行《信托法》的规定，家族信托是指委托人以家族财富的管理、传承和保护为目的，依托家族财富成立一定规模的信托资产，委托给专业的金融机构，由金融机构以自己的名义按委托人的意愿，根据商事活动的一般规则进行管理与处分，并将所得信托收益分配给家族成员的一种制度安排。家族信托将资产所有权和收益权相分离，受托人将代为持有并管理财产，产生的收益会根据委托人的意愿进行分配，从而实现财富的管理和传承。基于此家族信托已成为实现财富转移、遗产规划、税务策划、婚姻财富管理、子女教育、家族治理和慈善事业等各种高净值人士需求的重要工具。

家族信托在财富管理和财富传承中功能显著：

第一，降低家族资产风险。"富不过三代"是一句谚语，说明很多继承人对于所拥有的财富都没有充分的管理能力，由此会逐渐丧失对管理权的控制，更有甚者最终导致了家族财产的损失。由专业谨慎的受托人管理家族财富可以避免财富被缺乏管理能力的受益人控制并为受益人提供长期稳定的收入。财富所有权与控制权从家族信托中得以分离，从而确保财产的损失降到最低程度。此外，家族信托还可以将信托财产从死亡、离婚、破产等诸多不确定事件中剥离出来，实现了财产的风险隔离。

第二，"家族信托"隐闭性很强。由于"家族信托"依托受托人，所以在合同的制约之下，受托人就必须要为委托人的相关信托资料保密。例如，家族财富分配给了谁，谁获得了多少的配额、获得配额的人是否为婚生女子，都将保密。没有委托人的允许，这些内容受托人不可以对外公布。这在很大程度上避免了家族成员之间因为财富分配的不均引发的其他不必要的矛盾。

第三，家族财产税务规划。家族信托最初就是为了规避封建附属义务，如高昂的财产继承税。家族信托也能协助开展正确的纳税筹划，税务筹划主要体现在家族信托能实现合理避税，信托资产所有权已经转移给受托人，在法律上已经不归委托人所有，因此不用缴纳遗产税。但是在税务筹划的过程中，必须遵守国家法律，合理避税和恶意逃税有明显区别，作为纳税人还是须尽到自己的义务。

第四，家族财富传承。信托计划可以有一定期限，也可以永续存在。为了保证家业，很多高净值客户愿意通过精密的连续受益人安排，设立永续的家族信托。在运行过程中，每一个继承人均可作为受益人，股权则作为信托财产的所有权，每一继承人只有享有利益的权利而不能控制家族股权。

②保险信托。保险信托是家族财富管理服务工具的一种，是委托人以财富的保护、传承和管理为目的，将人身保险合同的相关权利，如身故受益权、生存受益权、分红领取权等及对应的利益，如身故理赔金、生存金、保单分红和资金等作为信托财产，当保险合同约定的给付条件发生时，保险公司将按保险约定直接将对应资金划付至对应信托专户。

信托公司根据与委托人签订的信托合同管理、运用、处分信托财产，实现对委托人意志的延续和履行。保险信托是将保险与信托事务管理服务相结合的一种跨领域的信托服务，不是一款理财产品。保险信托一般有两种运行模式。

模式一：投保人设立信托，并且以为自己购买保险，将保险合同的受益人设定为所设立的信托，如图5-2所示。

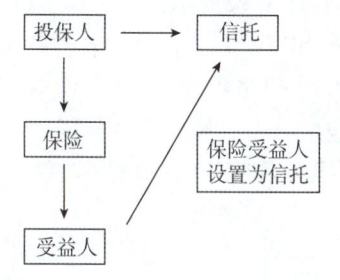

图5-2 保险信托结构图（模式一）

模式二：委托人设立信托，信托公司同时作为投保人和保单受益人，委托人作为保单被保险人。信托公司代受托人交保费并管理保单，当委托人（即保单被保险人）离世后，信托公司为委托人管理理赔金。在这种模式下，委托人提前将一部分财产装入信托，产生债务隔离的效果。若委托人日后出现债务风险，已经列入信托的资产不会被用于偿债（前提是信托设立合法，没有恶意避债的现象），避免了因资产用于偿债而导致的保费断缴，如图5-3所示。

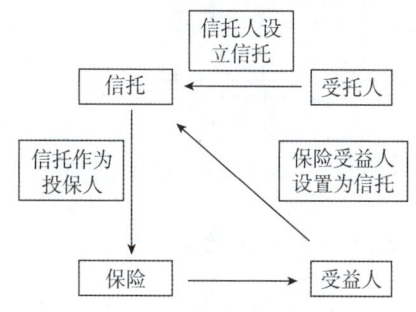

图5-3 保险信托结构图（模式二）

保险信托有其独特的优势：

具有财富杠杆效应，所谓杠杆，即以小博大。传统家族信托虽能实现分批传承、限制后代挥霍等功能，却缺乏杠杆效应。而寿险等保险自带杠杆效应，许多保险的回报与投入比可达几十倍，这是信托投资收益所无法比拟的。若被保险人不幸身故，能留给后代的，

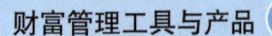

不仅是他生前努力奋斗的成果,还有一笔大额的保险赔偿金。

门槛比信托低,家族信托虽好,但动辄千万的设立门槛却让许多人望而却步。而保险信托由于具有杠杆作用,少量保费能撬动较多的保额。客户只需要投入相对较低的保费,就可将巨额保额设立信托,因而门槛比传统家族信托低很多,更加亲民。

③离岸信托。离岸信托通常也被称作跨境信托,一般是由本国居民作为委托人设立信托,其日常经营管理活动在境外进行,且该信托全部或大部分受托人不在本国居住或不在本国习惯性居住。

对于离岸信托,无论多复杂,信托的基本要素是相同的,关键区别在于信托财产需要设立一个SPV(特殊目的公司),来间接持有境内资产,实现资产所有权的转移。

海底捞离岸信托

张勇舒萍夫妇持海底捞公司股份的62.70%(全球发售前),全部是通过"离岸家族信托+BVI公司"持有的,总价值约1 000亿元。

与此同时,1 000亿元的信托又一分为二:张勇的家族信托Apple Trust,以及舒萍的家族信托Rose Trust。两个信托都是全权信托,都设在BVI管辖区,两个信托又分别通过两个BVI公司——ZY NP Ltd. 和SP NP Ltd.,最终分别持有海底捞的股票。其中,张勇的家族信托Apple Trust,持有海底捞47.84%的股份,Apple Trust是以张勇作为信托的委托人和保护人,以张勇和舒萍作为受益人。舒萍的家族信托Rose Trust,持有海底捞14.85%的股份,Rose Trust是以舒萍作为信托的委托人和保护人,以舒萍和张勇作为受益人,如图5-4所示。

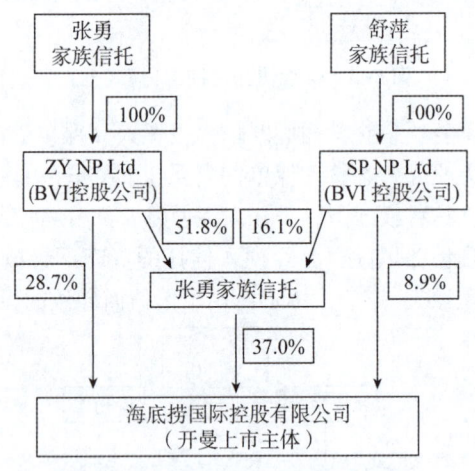

图5-4 海底捞离岸信托架构图

4. 根据收益确定性,信托可分为固定收益类信托、浮动收益类信托和固定+浮动收益类信托

固定收益类信托是收益率固定的信托产品,如"天启33号"产品收益率根据投资金额分为7.1%、7.4%和7.6%三档年化利率,投资期限均为6个月,到期后按约定利率支取本息收益。浮动收益类信托的收益率根据信托财产的运营情况上下浮动,有出现投资失败甚至亏损本金的可能,如"稳益6号"就是浮动收益的产品,最后亏损了37.87%,投资者还没来得及补充资金就被强制平仓。固定+浮动收益类信托的收益率以固定收益率保底,若获得超额营收则收益率会上浮,但不会下降,如"红珊瑚新三板投资基金 1 号集合资金信托计划"的综合收益由 12.4%的保底收益加超额收益部分 37.5%的浮动收益构成。

信托产品投资期限一般为 1~3 年,常见的是 1 年期和 2 年期,较适合通过中长期投资获得稳定收益的投资者。在信托存续期间,信托不能赎回,只能在信托存续期到期后获得信托本金和收益。

二、信托机构的筛选

1. 信托机构评估

信托机构是"受人之托,代人理财",信托财产进入信托计划后就与委托人隔离,信托机构的理财能力决定了信托财产的收益和风险。虽然我国信托业有严格的准入标准,2007 年后没再发放信托牌照,68 家信托机构都是背景强大的老字号,但是在信托违约常态化下,优中选优是保证安全的基础。

截至 2022 年年底,我国有 68 家在运营的信托机构,从控股股东看,有 17 家由国务院、国资委控股,有 7 家由财政部控股,有 26 家由国企控股,有 15 家由民营企业控股,有 3 家暂时没有实际控制人,如表 5-6 所示。

表 5-6 信托机构股东背景

股东背景	机构名称	股东背景	机构名称	股东背景	机构名称
国务院	中粮信托	财政部	交银信托	国企	陕国投信托
国务院	中建投信托	国企	陆家嘴信托	国企	西部信托
国务院	建信信托	国企	杭州工商信托	国企	财信信托
国务院	光大信托	国企	苏州信托	国企	华宸信托
国务院国资委	中海信托	国企	国联信托	民营	安信信托
国务院国资委	中铁信托	国企	紫金信托	民营	爱建信托
国务院国资委	中航信托	国企	国通信托	民营	华澳信托
国务院国资委	华润信托	国企	厦门信托	民营	雪松信托
国务院国资委	华宝信托	国企	东莞信托	民营	中融信托
国务院国资委	华能信托	国企	北京信托	民营	渤海信托
国务院国资委	华鑫信托	国企	上海信托	民营	民生信托
国务院国资委	国投泰康信托	国企	天津信托	民营	四川信托
国务院国资委	英大信托	国企	北方信托	民营	国民信托
国务院国资委	外贸信托	国企	粤财信托	民营	万向信托
国务院国资委	百瑞信托	国企	江苏信托	民营	华信信托
国务院国资委	五矿信托	国企	浙金信托	民营	云南信托
国务院国资委	昆仑信托	国企	中原信托	民营	新华信托
财政部	大业信托	国企	山东信托	民营	新时代信托

续表

股东背景	机构名称	股东背景	机构名称	股东背景	机构名称
财政部	长城信托	国企	国元信托	民营	平安信托
财政部	华融信托	国企	兴业信托	无实控人	中泰信托
财政部	金谷信托	国企	山西信托	无实控人	长安信托
财政部	中信信托	国企	吉林信托	无实控人	重庆信托
财政部	中诚信托	国企	西藏信托	—	—

2. 风险承受能力

投资者主要从三个维度对信托单位的风险承受能力进行评估，一是平台规模和背景，包括股东背景、累计发行信托规模、注册资本、实收资本等，平台规模足够大才有实力对违约项目兜底兑付，净资本规模越大的机构兜底能力越强且刚兑速度越快。二是不良资产率，不良资产率根据风险项目占比计算，风险资产是指收益率不确定甚至可能招致损失的资产，信托公司每年都要上报风险项目，虽然风险项目不代表一定违约，但是风险资产占比过高的公司，危险系数越大。三是风险准备金覆盖率，风险准备金覆盖率越高的机构，对违约的兜底实力越强。

3. 项目历史违约情况

评估信托机构的历史违约情况不能只看公告的违约项目，还要深入了解公司掩盖的违约项目。一方面，信托违约项目多集中爆发在几家信托公司，可集中查阅历史违约率较高的公司，未来爆发风险的可能性大。另一方面，如果这类公司的历史违约项目没有被兜底兑付，未来项目刚兑的可能性也不大，投资时应该避开这类信托公司。

4. 主动管理能力和投资风格

主动管理能力主要通过三方面评估。一是信托资产规模，特别是主动管理类信托的规模。二是管理团队。信托公司跨越的投资领域较广，需要更多复合型人才和专业领域人才，团队结构必须完整，即要有尽调团队、审计团队、风控团队和技术顾问等。三是风险收益率。风险收益率是管理能力最直观的体现，风险收益率越高的机构，在保护信托财产完整的同时，能获得更高的收益。

5. 风控措施

在信托产品设计中，为了保证信托资产的安全，信托公司都会安排不同程度的抵押品或担保方。因此，投资者在选择产品时，对于抵押物价值的稳定性和担保方的信用水平要格外关注。此外，投资者还要关注信托项目的运行状况和还款来源。

三、信托投资误区

1. 一味拒绝中长期产品

目前，投资者对于理财产品的期限，普遍存在短期偏好，但这不适合信托投资。信托涉及的很多业务，都不是一年能完成的，而且购买短期理财产品不利于长期投资理财理念的培养。更关键的是，对于投资者而言，不要拒绝中长期收益产品，要与时间做朋友。

2. 一味挑预期收益率高的产品

高收益必然伴随高风险，融资人信用风险高，才收取高利率作为对风险的补偿。但对投资人而言，安全是第一位的，一味追逐高风险或将面临无法承受的风险。

3. 一味选政信产品

政府通过其融资平台向信托融资，以进行地方基建。由于该类产品有隐形的政府信用，政信类信托迅速壮大并成为客户青睐的投资品种。但近几年出现了很多政信产品延期兑付情况。因此，投资者应转变政信类项目"刚性兑付"的思维，不要认为有政府背景的项目就无风险，应从地区经济状况、政府财政是否雄厚、征信措施是否完善等方面考量项目来源。

习题训练

一、单项选择题

1. （　　）是指股份公司利用自有资金买回发行在外股份的行为。
   A. 股票增发　　　B. 配股　　　C. 股份回购　　　D. 以上都不对
2. 优先股的"优先"体现在（　　）。
   A. 企业破产时对剩余资产的要求优先于所有人
   B. 比相同份额普通股附加有更多的决策权
   C. 股息优先于普通股股息派发
   D. 优先提名和任命公司高级管理人员
3. 在纽约上市的外资股被称为（　　）。
   A. H股　　　B. N股　　　C. S股　　　D. L股
4. 在新加坡上市的外资股被称为（　　）。
   A. H股　　　B. N股　　　C. S股　　　D. L股
5. 注册地在中国内地、上市地在新加坡的境外上市外资股是（　　）。
   A. A股　　　B. S股　　　C. B股　　　D. L股
6. 代销期满，原股东认购股票的数量未达到拟配售数量的比例在（　　）时，发行人应当按照发行价加算银行同期利息返还给已经认购的股东。
   A. 60%　　　B. 65%　　　C. 70%　　　D. 75%
7. 企业首次公开发行股票可简称为（　　）。
   A. PPP　　　B. OTP　　　C. IPO　　　D. CIO
8. 根据《上海证券交易所股票上市规则》，以下不属于可以向证券交易所申请主动退市的情形是（　　）。
   A. 上市公司股东大会决议主动撤回其股票在证券交易所的交易，并决定继续在该交易所交易
   B. 上市公司股东大会决议主动撤回其股票在证券交易所的交易，并转而申请在其他交易场所交易或转让
   C. 上市公司向所有股东发出回购全部股份或部分股份的要约，导致公司股本总额、股权分布等发生变化，不再具备上市条件

D. 中国证监会和证券交易所认可的其他主动终止上市情形

9. 科创板股票竞价交易实行价格涨跌幅限制，涨跌幅比例为( )%，其中，科创板首次公开发行上市的股票，上市后的前5个交易日不设价格涨跌幅限制。
A. 10   B. 15   C. 20   D. 25

10. 证券交易所交易价格由交易双方公开竞价确定，实行的竞价成交原则是( )。
A. 时间优先   B. 价格优先
C. 价格优先、时间优先   D. 时间优先、价格优先

11. 投资者在委托买卖证券时，需要支付的交易费用不包括( )。
A. 增值税   B. 佣金   C. 过户费   D. 印花税

12. 关于股票价格指数编制，说法正确的是( )。
A. 选择样本股时，只能选择具有代表性的这部分股票
B. 股票价格指数的基期就是计算平均股价的当日
C. 计算基期平均股价或市值应当做出必要的修正
D. 指数化时应当将基期平均股价或市值定为100%

13. 关于股票基金的特点，以下表述错误的是( )。
A. 风险较高，但预期收益也较高
B. 以追求长期的资本增值为目标
C. 应对通货膨胀有效的手段
D. 适合短期波段操作，通过买卖价差盈利

14. 下列关于股票基金的说法，错误的是( )。
A. 股票基金的价格在每一个交易日内始终处于变化之中
B. 与其他类型基金相比，股票基金的风险较高，但预期收益也较高
C. 股票基金每天只进行一次净值计算，因此每一交易日只有一个价格
D. 股票型基金80%以上的资产为股票资产

15. ( )以除本国以外的全球股票市场为投资对象，能够分散本国市场外的投资风险。
A. 单一国家型股票基金   B. 区域型股票基金
C. 全球股票基金   D. 国内股票基金

16. 蓝筹股是指规模大、发展成熟、( )公司的股票。
A. 波动大   B. 业绩有望加速增长
C. 高质量   D. 高分红

17. 同时投资于价值型股票与成长型股票的基金被称为( )。
A. 混合型基金   B. 平衡型基金   C. 稳定型基金   D. 封闭式基金

18. 下列关于股票基金行业分类的说法中，错误的是( )。
A. 同一行业内的股票往往表现出类似的特性与价格走势
B. 以某一特定行业或板块为投资对象的基金就是行业股票基金
C. 不同行业在不同经济周期中的表现不同
D. 行业轮换型基金集中于行业投资，投资风险相对较低

19. ETF属于( )。
A. 避险策略基金   B. 主动型基金   C. 基金中的基金   D. 指数基金

20. 关于ETF，下列说法不正确的是（   ）。
   A. 只有资金达到一定规模的投资者才能参与ETF一级市场的实物申购、赎回
   B. ETF实行一级市场与二级市场并存的交易制度
   C. ETF不如传统指数基金纯粹
   D. 与传统指数基金相比，ETF的复制效果更好，成本更低，买卖更为方便

21. 根据中国证监会的规定，ETF联接基金投资于目标ETF的资产不得低于联接基金资产净值的（   ），其余部分应投资于标的指数成分股和备选成分股等。
   A. 30%　　　　B. 50%　　　　C. 80%　　　　D. 90%

22. 以下关于ETF实行一级市场与二级市场并存交易制度的描述，错误的是（   ）。
   A. 中小投资者被排斥在一级市场之外
   B. 二级市场上，ETF与普通股票一样在市场挂牌交易
   C. 无论是资金在一定规模以上的投资者还是中小投资者，均可按市场价格进行ETF份额的交易
   D. 二级市场交易价格可能很大程度地偏离基金份额净值

23. （   ）机制是ETF最大的特色之一。
   A. 现金申购、赎回　　　　　　　B. 实物申购、赎回
   C. 完全复制或抽样复制　　　　　D. 跨系统转登记

24. 在二级市场的净值报价上，（   ）每15秒提供一个基金参考净值报价。
   A. MOM　　　　B. LOF　　　　C. FOF　　　　D. ETF

25. ETF从本质上讲是一种（   ）。
   A. 货币基金　　B. 债券型基金　　C. 指数基金　　D. 股票基金

26. ETF联接基金的管理人不得对ETF联接基金财产中的ETF部分计提（   ）。
   A. 管理费　　　B. 申购费　　　C. 赎回费　　　D. 以上都是

27. 下列关于QDII基金的表述，正确的是（   ）。
   A. QDII可以融资购买证券
   B. QDII可以投资与股权挂钩的结构性投资产品
   C. QDII可以投资贵金属凭证
   D. QDII可以投资房地产抵押按揭

28. 以下（   ）属于基金中基金的特点。
   A. 大部分资产投资于"一篮子"股票
   B. 直接投资金融工具
   C. 分散投资于股票债券
   D. 大部分资产投资于"一篮子"基金

29. 根据相关规定，FOF持有单只基金的市值，不得高于FOF资产净值的（   ），且不得持有其他FOF。
   A. 20%　　　　B. 25%　　　　C. 45%　　　　D. 50%

30. 基金中基金是将大部分资产投资于（   ）。
   A. 母基金　　　　　　　　　B. "一篮子"基金
   C. 单只基金　　　　　　　　D. 以上都是

二、多项选择题

1. 股票发行监管制度包括(   )。
   A. 审批制　　　　　B. 审定制　　　　　C. 核准制　　　　　D. 注册制

2. 上市公司出现(   )情形可以向证券交易所申请退市。
   A. 上市股东大会决议主动撤回其股票在证券交易所的交易，并决定不再在该交易所交易
   B. 上市公司被其他公司实施控股合并
   C. 上市公司股东大会决议公司解散
   D. 除上市公司股东外的其他收购人向所有股东发出收购全部或者部分股份要约，导致公司股本总额、股权分布等发生变化，不再具备上市条件

3. 以下关于价格优先的说法，正确的是(   )。
   A. 较低价格买入申报优先于较高价格买入申报
   B. 较高价格买入申报优先于较低价格买入申报
   C. 较低价格卖出申报优先于较高价格卖出申报
   D. 较高价格卖出申报优先于较低价格卖出申报

4. 在集合竞价交易中，以下说法正确的有(   )。
   A. 所有买方有效委托按委托限价由高到低的顺序排列，限价相同者按照进入证券交易所交易系统电脑主机的时间先后排列
   B. 所有卖方有效委托按照委托限价由低到高的顺序排列，限价相同者也按照进入交易系统电脑主机的时间先后排列
   C. 按照价格优先、同等价格下时间优先的成交顺序依次成交，直至成交条件不满足为止
   D. 开盘集合竞价中未能成交的委托，自动进入连续竞价

5. 委托指令可以根据不同的依据，划分为(   )。
   A. 整数委托和零数委托　　　　　B. 买进委托和卖出委托
   C. 市价委托和限价委托　　　　　D. 定时委托和不定时委托

6. 证券交易所可根据需要对每日股价涨跌幅予以适当的限制，以下(   )委托是无效的。
   A. 高于涨幅限制价格　　　　　B. 高于跌幅限制价格
   C. 低于涨幅限制价格　　　　　D. 低于跌幅限制价格

7. 王某委托买卖股票，则他需要支付(   )。
   A. 佣金　　　　　B. 个人所得税　　　　　C. 过户费　　　　　D. 印花税

8. 关于撤单，以下说法正确的有(   )。
   A. 在委托未成交之前，委托人有权变更委托
   B. 对委托人撤销的委托，证券营业部须在次日将冻结的资金或证券解冻
   C. 委托成交部分不得撤单
   D. 在委托未成交之前，委托人有权撤销委托

9. 集合竞价确定成交价的原则有(   )。
   A. 可实现最大成交量的价格
   B. 高于该价格的买入申报与低于该价格的卖出申报全部成交的价格

C. 与该价格相同的买方或卖方至少有一方全部成交的价格

D. 可实现成交价格的最低价格

10. 股价指数的主要功能包括(　　)。

A. 综合反映一定时期内某一证券市场上股票价格的变动方向和变动程度

B. 为投资者和分析者研究、判断股市动态提供信息，便于其对股票市场大势走向作出判断

C. 作为指数衍生产品和其他金融创新的基础

D. 作为投资业绩评价的标尺，提供一个股市投资的基准回报

11. (　　)指数广泛分布于节能环保、新一代信息技术、生物、高端装备、新能源、新材料、TMT等新兴产业和消费领域。

A. 上证380指数　　　　　　　　B. 上证50指数

C. 上证100指数　　　　　　　　D. 上证150指数

12. 下列(　　)是国外主要股票市场的股票价格指数。

A. 道琼斯工业股价平均数　　　　B. 标准普尔500指数

C. 纳斯达克指数　　　　　　　　D. 金融时报证券交易指数

13. 深圳证券交易所的股价指数包括(　　)。

A. 深证成分指数　　　　　　　　B. 深证综合指数

C. 深证A股指数　　　　　　　　D. 深证500指数

14. 对发行人而言，发行存托凭证能够带来的好处有(　　)。

A. 市场容量大，筹资能力强

B. 避开直接发行股票与债券的法律要求，上市手续简单，发行成本低

C. 以美元交易，且通过投资者熟悉的美国清算公司进行清算

D. 上市交易的ADR须经SEC注册，有助于保障投资者权益

15. 下列说法正确的是(　　)。

A. 股票基金比较适合长期投资

B. 股票基金可供投资者用来满足教育支出、退休支出等远期支出的需要

C. 对股票基金份额净值高低进行合理与否的判断没有意义

D. 股票基金投资风格始终如一

16. 根据2017年中国银河证券基金研究中心最新调整的分类体系，混合基金根据基金资产投资范围与比例及投资策略分为(　　)。

A. 偏股型基金　　　　　　　　　B. 灵活配置型基金

C. 偏债型基金　　　　　　　　　D. 避险策略型基金

17. ETF的特点包括(　　)。

A. 主动操作的指数基金

B. 独特的实物申购、赎回机制

C. 实行一级市场与二级市场并存的交易制度

D. 被动操作的指数基金

三、判断题(正确的请打"√"，错误的请打"×")

1. 当股票的市场价格高于买入价格时，投资者卖出股票就可以赚取差价收益，这种差价收益被称为资本利得。(　　)

2. 蓝筹股是指在中国境外注册、在香港上市，但主要业务在中国内地或者大部分股东权益来自内地公司的股票。（   ）
3. 在境内上市的外资股又被称为B股。（   ）
4. 公开发行股票是指发行人向不特定对象发行股票或向特定对象（累计超100人）发行股票。（   ）
5. 主板上市公司的配股，拟配售股份数量不超过本次配售股份前股本总额的50%。（   ）
6. 主板（中小企业板）上市公司非公开发行股票的发行对象不超过200人。（   ）
7. 上市公司股票在一定期限内累计成交量低于证券交易上市公司连续10个交易日（不含停牌交易日）每日股票收盘价均低于股票面值时，应当被强制退市。（   ）
8. 科创板上市公司的股票终止上市后，不得申请重新上市。（   ）
9. 新《证券法》的颁布标志着垃圾股不可以直接退市，需要经过暂停上市半年。（   ）
10. 证券经纪商接受客户委托后应按时间优先、价格优先的原则进行申报竞价。（   ）
11. 沪深证券交易所对股票交易实行价格涨跌幅限制，涨跌幅比例为10%，其中ST股票价格涨跌幅比例为5%。（   ）
12. 集合竞价下的交易应当遵循价格优先，在同等价格下则时间优先的顺序。（   ）
13. 按照上海证券交易所的规定，暂停上市后恢复上市的股票首个交易日无价格涨跌幅限制。（   ）
14. 存托凭证是指在一国证券市场流通的代表本国公司有价证券的可转让凭证。（   ）

四、实践练习

1. 分享熟悉的白马股与垃圾股。
2. 股票分红对投资者有哪些利弊？
3. A股市场上有哪些公司实行过拆股？
4. 国务院批准设立的全国性交易所有几家？请写出它们的名称。
5. 原股东要不要参与配股？如果不参与配股，会有哪些损失，请查找案例具体说明。
6. 开通同花顺或东方财富模拟炒股账户，尝试模拟买卖股票。
7. 全面注册制下，新股上市的第一天一定是盈利的吗？
8. 哪些公司同时发行了"A股"和"H股"？
9. 结合定投三部曲，分析现在是否适合定投，以及对于已经在定投的投资者来说，是否适合卖出？
10. 分享你熟悉的优秀私募基金。

第六章

另类工具与产品投资实务

教学目标
- 了解另类投资的概念、类型与运作理念
- 熟悉各种另类投资工具和产品的特点
- 掌握贵金属投资、大宗商品投资、房地产投资、海外投资、风险投资的投资方式

本章重点
- 另类投资的含义与类型
- 另类投资与传统投资的区别
- 房地产投资类型及对比
- 私募股权与股权众筹的区别与联系

本章难点
- 虚拟贵金属的投资方式与交易要求
- 各类海外投资产品的投资步骤
- 风险投资的运作模式

20世纪90年代以来,随着金融自由化的不断深化,金融产品层出不穷,金融市场规模呈几何式增长,金融与实体经济的边界也逐步模糊,衔接互动更为直接,机构和少数私人投资者开始涉足另类投资领域,大大丰富了金融资产配置的空间,另类投资已成为投资者的财富管理工具之一。

第一节 另类投资概述

一、另类投资的概念

另类投资也称替代投资,是指投资于除传统的股票、债券和现金之外的金融或实物资

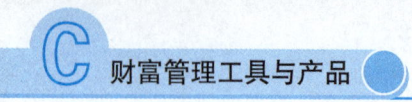

产，如贵金属、大宗商品、房地产、对冲基金、私募股权、证券化资产、艺术品等。我国金融市场上的另类投资已经有一定程度的发展，但所受关注度不高。

二、另类投资的理念

另类投资运作的基本理念是，市场未必一定很有效率，许多资产的价格没有体现其内在价值，而且离公共交易平台越远，价格与价值之间的偏差可能越高，如另类投资的一个重点便放在没有上市但具有包装潜力的企业和项目上，通过购买、重组、包装、套现的系列运作，被收购的企业或项目的价值得以体现，从而为投资者获得收益。

由于不在公共交易平台上运作，另类投资的一大特点便是缺少流动性。从购入一项资产到套现获利通常需要几年时间，另类投资基金一般设有5至10年的锁定期，中途赎回很困难。

三、另类投资的兴起

自1987年成立以来，黑石集团旗舰私人股权基金平均年回报率一度为30.8%，税后并扣除管理费后为22.8%，远高于"非另类"基金的平均回报。另类投资远高于传统基金的回报率和改善之中的透明度，吸引了大量退休基金、大学基金和慈善基金的加入，在过去十年里获得了空前的发展。在中国，最活跃的另类投资是私人股权投资。

从根本上说，技术—经济周期与常态化的流动性政策，是当前传统资产收益下降的主因，投资者转向另类投资，是应对这一局面行之有效的选择。20世纪90年代以来，信息技术革命对经济的推动作用逐步弱化，全球进入技术创新积累期。实体经济缺乏技术推动，而各国政府为维持经济增长，选择加快资本流动性的策略，而且这类政策有成为"常态"的趋势。过多的资金追逐有限的资产，将债市、股市的估值拉高，公共交易平台上的平价商品越来越少，再加上各类不同的结构性问题，导致上游成本上升、物价飞涨，同时，企业经营困难、收益下降。显然，股票（对应企业）与债券（对应物价）已难再具有吸引力，人们需要新的投资选择。

另类投资将是国际金融市场中的一股重要力量，杠杆性加大了它的吸引力。另类投资的价值发现意识，往往对其涉足的行业带来冲击甚至引发革命性转变。同时，另类投资透明度的提升以及上市成功，在某种程度上将私下交易平台推向公众视野，甚至进入公共交易平台。

四、另类投资与传统投资的区别

(一) 投资工具不同

另类投资的投资市场不是股票或债券，多是商品，如能源、黄金、矿产等，房地产、气候型衍生产品，艺术投资及私募型基金等。

(二) 投资理念不同

另类投资运作的根本理念相较传统投资有较大变化，根据有效市场假设，传统投资理念认为市场是有效的，投资取得市场平均收益；而另类投资的根本理念是市场未必有效，其投资重点是在没有上市但是具有包装潜力的企业和项目上，通过购买、重组、包装、套现，将收购的企业或项目的价值体现出来。

(三)收益率与风险不同

另类投资的收益与风险都要高于传统投资。近 20 年来，风险投资、杠杆收购、大宗商品等另类投资品种投资收益率相对传统股票、债券有一定优势，以不同金融资产的最佳收益率为例，美国固定收益产品、股票等传统资产的收益率在 10% 左右，而另类投资的收益率在 15% 左右，部分投资权益接近 30%。同时，同一投资水平下，另类资产的收益波动区间远远大于传统资产，即另类投资的风险高于传统投资，传统资产波动区间一般不超过 5%，固定收益产品仅 0.5%，而另类资产的波动区间普遍在 10% 左右。另类投资的收益与风险都更大，对投资者的专业化以及风险控制方面有更高的要求。

(四)流动性不同

由于不在公共交易平台上运作，另类投资产品的流动性较低。

(五)定价方式不同

1. 债券定价方法

(1)纯贴现债券及其定价基本公式。

纯贴现债券，又称零息债券或贴息债券，是一种以低于面值的贴现方式发行、不支付利息、到期按债券面值偿还的债券，债券发行价格与面值之间的差额就是投资者的利息收入。由于面值是投资者未来唯一的现金流，所以贴现债券的定价公式如下：

$$D = \frac{A}{(1+r)^T} \quad \text{式 6.1}$$

其中，D 代表贴现债券的内在价值，A 代表面值，r 是市场利率，T 是债券到期时间。

(2)附息债券及其定价基本公式。

附息债券，又称直接债券、定期债券或固定利息债券，是一种按照票面金额计算利息额，票面上可附有作为定期支付利息凭证的息票，也可不附息票的债券。投资者不仅可以在债券期满时收回本金(面值)，而且还可以定期获得固定的利息收入，所以投资者未来的现金流包括了两部分：本金和利息。附息债券的定价基本公式如下：

$$D = \frac{C}{(1+r)} + \frac{C}{(1+r)^2} + \frac{C}{(1+r)^3} + \cdots + \frac{C}{(1+r)^T} + \frac{A}{(1+r)^T} \quad \text{式 6.2}$$

其中，C 是债券每期支付的利息，其他变量与式 6.1 相同。

(3)到期一次还本付息债券的定价基本公式。

到期一次还本付息债券只出现一次现金流，即在债券到期日投资者将得到本金和全部利息，到期一次还本付息债券的定价基本公式如下：

$$D = \frac{A(1+iT)}{(1+r)^T} \quad \text{式 6.3}$$

其中，i 是债券票面利率，其他变量与式 6.1 相同。

2. 股票定价方法

(1)优先股的估价。

优先股估价与普通股的定价方法类似，也采用收入资本化方法确定其内在价值。收入资本化的方法是预测有价证券的未来收益流量，并按合理的贴现率和证券的有效期限将其折算成现在的价值，其基本公式如下：

$$V = \frac{C_1}{(1+r)} + \frac{C_2}{(1+r)^2} + \frac{C_3}{(1+r)^3} + \cdots = \sum_{t=1}^{\infty} \frac{C_t}{(1+r)^t}$$ 式6.4

其中，C 表示在时间 t 时证券的预期现金流量，r 表示一定风险程度下合理的贴现率，可理解为必要收益率或同期的市场收益率。

对于优先股来说，每年支付固定的股息，即 $C_1 = C_2 = C_3 = D$，则：

$$P = \frac{D}{1+r} + \frac{D}{(1+r)^2} + \frac{D}{(1+r)^3} + \cdots = \frac{D}{r}$$ 式6.5

可见，优先股的理论价格为每股固定股息除以市场利率。

(2) 普通股的估价。

①股息零增长模型。股票投资的现金流量由每期取得的股息收入和股票出售时的价格两部分组成，零增长模型假设未来的股利按固定数量支付，股利增长率为零。

$$P = \frac{D_1}{1+i_1} + \frac{D_2}{(1+i_1)(1+i_2)} + \cdots + \frac{D_n}{(1+i_1)(1+i_2)\cdots(1+i_n)} + \cdots (n \to \infty)$$ 式6.6

其中，P 表示股票现值，即内在价值，D 表示每股股利，i 表示贴现率，即市场利率。

在零增长模型中，假定每年的股息不变，即 $D_1 = D_2 = \cdots = D_n = D$，贴现率不变，即 $i_1 = i_2 = \cdots = i_n = i$，投资者持有期为永久，即 $n \to \infty$，则：

$$P = \frac{D}{1+i} + \frac{D}{(1+i)^2} + \cdots + \frac{D}{(1+i)^\infty} = \frac{D}{i}$$ 式6.7

可见，零增长模型股票的理论价格为每股股息除以市场利率。

②固定增长模型。

固定增长模型认为大部分公司的盈余和股利年年都有增长，并假设每年的股利收入以一个固定的比例 g 增长；再设上一年的股利收入为 D_0，则第一年的股利收入为 $D_1 = D_0(1+g)$，第二年为 $D_2 = D_0(1+g)^2$，第 t 年的预期股利收入为 $D_t = D_0(1+g)^n$，股票理论价格 P 为每年股利收入的现值之和：

$$P = \sum_{t=1}^{\infty} \frac{D_t}{(1+r)^t} = \sum_{t=1}^{\infty} \frac{D_0(1+g)^t}{(1+i)^t} (n \to \infty) = \frac{\frac{D_0(1+g)}{1+i}}{1 - \frac{1+g}{1+i}}$$ 式6.8

$$= \frac{D_0(1+g)}{i-g} = \frac{D_1}{i-g}$$

可见，固定增长模型股票的理论价格为购买后预期第一年股利额除以市场利率与每股股利增长率之差。使用固定增长模型的前提条件是市场利率大于每股股利增长率。如果一个公司的股利增长率始终高于市场利率，则该股票难买，因为无论定多高的价格都低于该股票的实际价值。

③不定增长模型。

零增长模型、固定增长模型都是股息估价模型的特殊形式，而不定增长模型是更为一般的形式。不定增长模型将股票的股利收入分为两个部分，一部分是从 $t=0$ 到 $t=T$ 时间内，股利为一个不变的量；另一部分是 $t=T$ 以后，股利按不变的增长率 g 增长，相应的，股票的内在价值应该是两部分股利现值的相加。

第一部分是自 $t=0$ 到 $t=T$ 的所有预期股利现值，用 V_{T-} 表示：

$$V_{T-} = \sum_{i=0}^{T} \frac{D_t}{(1+i)^t} \qquad \text{式 6.9}$$

第二部分是 $t=T$ 以后的所有股利在 T 时刻的现值，应用固定增长模型，用 V_T 表示：

$$V_T = D_{T+1} \frac{1}{i-g} \qquad \text{式 6.10}$$

但目前投资者是在时间 $t=0$ 时，而不是在 T 时为股票定价，为确定 $t=0$ 时 V_T 的现值，须将 V_T 再次贴现，用 V_{T+} 表示：

$$V_{T+} = V_T \frac{1}{(1+i)^T} = \frac{D_{T+1}}{(i-g)(1+i)^T} \qquad \text{式 6.11}$$

T 时刻所有股利的现值，以及 T 时刻以后的所有股利现值，加总这两部分现值，即为股票的内在价值，可表为：

$$P = V = V_{T-} + V_{T+} \qquad \text{式 6.12}$$

3. 另类投资定价方法

由于另类投资的多样性，不同工具与产品有不同的定价方法。一般而言，贵金属报价主要由国际市场价格决定。国际大宗商品定价主要有两种方式：一种是通过期货市场首先确定大宗商品的期货合约价格，从而为大宗商品现货贸易提供价格基准。在这种方式下，期货市场成为大宗商品定价的关键。另外一种是大宗商品主要的供需双方通过谈判确定基准价格，在这种方式下，供需双方的市场结构、实力大小，甚至谈判技巧都会影响大宗商品的价格；房地产投资通常采用净现值法、内部收益率法进行估算等，本章后续章节会详细介绍各类另类投资工具与产品的投资方法。

五、另类投资的优势与局限

（一）另类投资的优势

在一定条件下，适度与传统投资构建组合，另类投资可为投资组合带来良好的收益。另类投资的积极作用可从其与传统投资的区别上体现出来。

①另类投资有助于投资者进行多元化资产组合，以降低风险。因为另类投资可分散于各类投资工具和金融产品，以对冲基金为例，它可买入低流通仓盘、受限制股票和债务、衍生期权以及沽空股票等。

②另类投资资产组合与市场相关性较低，能够获得超额收益。大部分另类投资都被做成资产组合，结构与市场趋势和传统模式投资走向的相关性极小，甚至相反。

③另类投资管理结构拥有顶级投资经理人和出色的业绩回报。收益分成机制产生的高收益结构设计，往往能吸引最优秀的投资经理和交易员投身该行业，历史数据表明，最佳业绩回报的投资多来自另类投资业务，另类投资的表现很多时候都优于主要市场指数。

④投资人和投资经理的利益绑定机制降低了投资经理的道德风险行为。另类投资管理方投资经理的报酬，除按受托管理的资产规模收取固定费用外，还有一部分属于浮动收

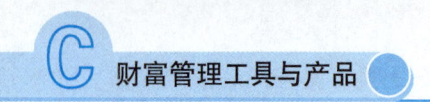

益，这部分报酬根据投资经理管理资产投资业绩确定，以激励投资经理实现更高的回报并降低风险。

（二）另类投资的局限

虽然另类投资有增加回报和降低风险的潜力，但同时也具有一定的局限性。

1. 缺乏监管、信息透明度低

另类投资可投资范围广、发展速度快，在监管上不如股票、债券等传统证券成熟。大部分另类投资的经理人不会将另类投资产品的信息进行公开推广，投资者能够获取的与另类投资产品相关的信息有限。同时，由于另类投资产品流动性较差，获取回报的时间较长，专业管理人通常仅需要以月或季度为单位提供投资报告。因此，另类投资产品市场上存在较严重的信息不对称现象。

2. 流动性较差，杠杆率偏高

大多数另类投资流动性较差，很难在不遭受损失的前提下，将资产快速地出售变现。例如，与出售二级市场上的股票等流动性好的资产相比，出售一块土地或一栋建筑物更加困难，需要花费的时间更长。

有些类型的另类投资产品采取高杠杆模式运作，或者通过结合金融衍生产品进行运营（如大宗商品期货等），如果投资失败，损失非常大。

3. 估值难度大，难以对资产价值进行准确评估

由于另类投资产品变现能力较差，市场难以及时反映其真正价值。例如，初创公司、房地产等，其交易活跃程度远低于证券，难以形成可比价格。因此，大多数另类投资产品的价格基于估价形成，估价是基于一系列假设对一项资产的价格进行评估，如果这些假设与现实不相符，就会导致错误的估价。例如，一个房地产投资项目可能基于其地段、面积和历史成交价格进行估价，而此时如果房地产处于市场下行走势，那么估价时使用的历史成交价就可能过于乐观。

第二节　另类投资工具与产品

一、贵金属

（一）贵金属概述

贵金属属有色金属，包括金、银、铂、钯、铑、铱、锇、钌等，由于在地壳中的含量较少而且勘探开采提炼难度很高，所以被称为贵金属。我们平时所说的贵金属交易主要是指黄金和白银的交易，白银价格走势跟随黄金价格走势，因此，贵金属价格走势以黄金价格走势为主。

（二）贵金属的性质与用途

贵金属一般具有光泽、富有延展性以及容易导电、导热，化学性质稳定，在自然状态

下不易发生化学反应而变质。

贵金属用途广泛，除了可以作为首饰，具备收藏和保值功能之外；在工业领域也被广泛使用，主要包括以下几个领域。

①生物医学领域，以铂及其合金制造的微探针来探索神经系统和修复受损部分，已取得显著成效。

②航空航天材料领域，众所周知航空航天领域对材料要求较高，贵金属因为其优越的性能在某些细分领域具有不可替代性。

③激光技术及信息技术领域，贵金属在集成电路元件的制造过程中扮演着重要角色，尤其是集成电路元器件小型化、片状化等产业，对贵金属的需求猛增。另外，激光技术在彩电、军工等方面的应用，对铂族金属的需求也随之增加。

二、大宗商品

（一）大宗商品概述

大宗商品是指可进入流通领域但非零售环节、具有商品属性、用于工农业生产与消费、大批量买卖的物质商品。在金融投资市场，大宗商品指同质化、可交易、被广泛作为工业基础原材料的商品，包括能源、金属和农副产品三类。

（二）大宗商品特点

①价格波动大。只有商品的价格波动较大，有意回避价格风险的交易者才需要利用远期价格将未来的销售价格确定下来。

②供需量大。期货市场功能的发挥以商品供需双方广泛参加交易为前提，只有现货供需量大的商品才能在大范围内进行充分竞争，形成权威价格。

③易于分级和标准化。期货合约事先规定了交割商品的质量标准，因此，期货品种必须是质量稳定的商品，否则就难以进行标准化。

④易于储存、运输。商品期货一般都是远期交割的商品，这就要求期货商品易于储存，不易变质，便于运输，保证期货实物交割的顺利进行。

三、房地产

（一）房地产概述

房地产是房产与地产的统称，即房屋和土地两种财产的合称，包括建在土地上的各种建筑物、建筑物上不可分离的部分和土地。同时，房地产也指房地产的所有权及其衍生出来的其他权利，例如，房地产的产权人拥有可以通过出租或出售自己的房地产获得一定收益的权利。

（二）房地产的特性

房地产是一种实物资产，即不动产。作为一种投资工具，它具有不可移动性、独一无二性、投资门槛高、流动性较差和保值增值性等特征。

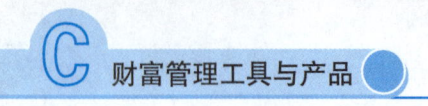

1. 不可移动性

土地和建筑物通常都是不可移动的，因此被称为不动产。这一特性决定了任何一宗房地产只能开发、利用或消费；也使得房地产市场不存在全国性或全球市场，只能是一个地区性市场。

2. 独一无二性

房地产的不可移动性派生出独一无二性。房地产不是标准化的产品，即使是同一小区同一期推出的房产，外观相同地理位置接近，但由于楼层、朝向、景观或内部格局不同，也不是完全相同的。独一无二使得不同房产之间不能实现完全替代，房地产市场不能实现完全竞争，房价交易价格容易受交易者个别行为的影响。因为这一特征，房地产投资者必须到实地考察才能评估交易。

3. 投资门槛高

房地产的投资门槛比其他投资工具高。如我国北上广深以及新一线城市核心区域的房价，政府为了抑制房地产投机采取的限贷措施进一步提高了投资者首付款的门槛，房价越高的城市，投资门槛越高。

4. 流动性较差

与股票、债券、基金和黄金等投资工具相比，投资房地产变现性最差。由于投资门槛高，加上不可移动性和独一无二性，使得同一宗房产的交易频率比较低。

5. 保值增值性

房地产具有保值和增值的特性。保值的特性可以从房产和地产两个方面来看，土地与黄金一样，具有不可毁灭性，是天然的保值工具。此外，建筑物建造完成后，使用期限也长达数十年以上，可以为其占用者带来持续不断的利益。长期持续的实质利益的折现即为房产的实质价值，可以对抗通货膨胀，这也是房地产保值的理论依据。

由于房产寿命的长久性与数量的有限性，随着时间的推移，需求增加导致其稀缺性增加，外部经济条件，如交通条件或周围环境的改善，都会使房地产的价值上升，这都会导致房地产增值。

四、私募股权

（一）私募股权概述

私募股权，即私募股权投资（Private Equity，PE），也称私募股权基金。根据美国联邦银行业监管条例，私募股权基金的业务方向限于投资于金融或非金融公司的股权、资产或者其他所有者权益，并在未来将之出售或以其他方式处置；不直接经营任何商业业务；任何金融控股公司的董事、经理、雇员或者其他股东所持有的股份都不超过25%；最长持续期限不超过15年；并非出于规避金融控股监管条例或者其他商人银行投资条例目的而设立。在中国，私募股权投资是对非上市企业的权益性投资。

(二)私募股权产品分类

私募股权主要包括创业投资基金(也称风险投资基金)、成长资本、并购基金、房地产基金、夹层基金、母基金、破产投资基金、产业投资基金等。

创业投资基金,主投对象为初创阶段的高成长型企业,投资失败的风险很高,但是其预期收益率也很高。投资的行业主要有新能源、新材料、互联网和生物科技等。

成长资本,主投对象为处于高速扩张期的企业,是中国私募股权业当前的主流投资模式,重点投资临近上市阶段的成长企业,并在企业上市股票解禁之后迅速出售股票。投资行业覆盖面广。

并购基金,也称杠杆收购,主投对象为成熟行业,通常寻求目标公司的控制权。通常会以被投资企业的资产为抵押进行大规模举债,行业主要有金融、房地产、食品和制造业等。

房地产基金,主投对象为房地产开发项目的股权、债券或两者的混合。在我国,房地产基金一般会与开发商合作,共同开发特定房地产项目。在合作开发模式下,房地产基金一般会要求开发商对其债权投资提供各种形式的担保。

夹层基金,主投对象为企业的可转债或可转优先股等"夹层"工具。夹层债权一般是低投资级甚至是垃圾债券,用高利率弥补高风险。夹层债权是杠杆收购中重要的债券资本来源,我国企业在海外上市前有时也会进行可转债权投资。

母基金,即基金中的基金,主要向机构和个人投资者募集资金,并分散化投资于私募股权、对冲基金和共同基金等。母基金一方面降低了投资者进入私募股权的门槛,另一方面也帮助投资者实现了不同基金间的风险分散化,但母基金本身收取的费用也成为成本。

破产投资基金,主投对象为处于困境中的企业,这类企业定价通常很低,破产投资基金通过帮助企业脱离困境来实现投资的增值。由于破产重组属于专业性非常强的领域,一般只有少量金融机构会涉足。

产业投资基金、官办私募股权投资基金,一般是经国务院批准,向国有企业或金融机构募资并投资于特定产业或特定地区的基金。通常由地方政府或中央部委发起,募集规模一般是百亿级别。

五、海外资产

(一)海外资产概述

海外资产是指在境外,且以非本币计价的各类资产,我国居民的境外资产多以美元计价,有时也会使用欧元、英镑、日元等货币计价。

境外理财与境内理财最大的不同在于计价币种不同,除此之外,在投资方式上基本类似,大类可以分为股票、基金、保险、房产等。因为海外市场投资历史比较久,可投资的资产类别也会相对比较丰富。

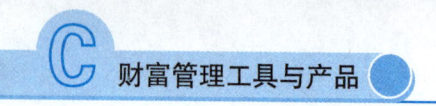

(二)海外资产的类别

①现金类,主要包括美元现钞、现汇等。这类产品流动性比较大,随时可以支配。但是现钞现汇没有任何利息收入,只能坐等汇率波动。如果遇到通货膨胀,还可能贬值。

②海外二级市场产品,目前比较流行的有港股、美股、外汇、沪港通、深港通等,这类产品具有高流动性和高风险性。沪港通、深港通门槛较高,不适合中小型投资者。

③银行理财、银行定存,这类产品安全、流动性好,中资行利息会高些,外资行利息极低,通常需要沉淀资金,如果达不到银行最低存款要求会扣管理费。

④海外房产,这类产品抗通胀能力强,房产的价格上涨通常跑过通胀率。投资者可以获得"租金+房价"上涨的双重收益,现在很多发达地区已经发展出了成熟的房产托管服务。然而,海外房产风险性高且情况相对复杂,如过户后要考虑后续维护、日常管理等费用,必要的税费和额外的支出,这些都会影响投资者在海外购置物业的回报水平。

⑤海外保险,其具有以外币计价,保额不断增长且抗通胀、稳健的特点,但是流动性比较低,通常需要十五至二十年后才能有不错的收益回报。

⑥海外信托,这类产品保密性强,税务规划灵活,可以规避外汇管制。投资者能够充分利用各个国家不同的税收制度,实现信托财产及收益少交、免交税费或者税务递延。

第三节 传统另类投资工具与实务

一、贵金属投资

贵金属投资近年来在国内发展迅猛,有良好的前景,其中以黄金为代表。

(一)贵金属投资的概念

贵金属投资主要源于其自身独特的金融属性,即贵金属具有极好的保值功能和收藏价值,具备天然的投资价值。进入现代社会之后,由于纸币的出现,黄金、白银虽然丧失了作为货币的职能,但其保值、收藏功能却越发凸显。

贵金属投资包括实物投资、电子盘交易以及银行类的纸黄金等方式。

1. 实物投资

实物投资主要是指投资人根据对当前贵金属价格的判断,作出买卖决策从而赚取差价的行为。

2. 电子盘交易

电子盘交易是指投资者运用贵金属行情分析和交易软件,根据贵金属短期或中长期K线走势特征,结合宏观及微观数据或消息作出操作决策的过程。电子盘交易一般存在杠杆,方便投资者用较小的资金获取较大的回报,但与此同时亏损风险也被成倍放大。图6-1所示为黄金概念股K线走势图。

图 6-1 黄金概念股 K 线走势图

3. 银行类的纸黄金

纸黄金是指投资者按照银行报价进行黄金虚拟交易的投资形式，投资者的主要目的是通过高抛低吸赚取波动差价。

（二）贵金属投资方式

1. 实物贵金属

黄金包括金条、金币以及金首饰等，投资者购买实物金主要是为了保值、收藏、馈赠等。实物金投资不能像银行储蓄那样获取利息，也不能和股票一样分派红利，唯一的获利渠道就是"低买高卖"，赚取价差。

实物金条交割要提前几天通知银行，并支付相应的交割费用，金条的保管也需要一笔费用。实物金条交割和保管都要有较高成本。但金价长期来说相对稳定，适合中长期投资。

2. 虚拟贵金属

（1）账户金。

账户贵金属，也叫纸黄金，是一种个人凭证式黄金，投资者按银行报价在账面上买卖虚拟黄金，个人通过把握国际金价走势低吸高抛，赚取黄金价格的波动差价。由于起始门槛较低（最低为 0.1 或 0.01 盎司），较为适合黄金投资的初级投资者。另外，纸黄金免去了实物金条交易中的保管费、储存费、鉴定费、运输费等，降低了额外费用。

投资者的买卖交易记录只在个人预先开立的"黄金存折账户"上体现，不能提取实物黄金，如中国银行的"黄金宝"业务。贵金属电子账户交易细则如表 6-1 所示：

表 6-1 贵金属电子账户交易细则

交易品种		账户黄金	账户铂金	账户钯金	账户白银
交易币种	人民币	交易起点为 1 克，最小递增单位为 0.1 克；按计划金额定投交易起点为 100 元，最小递增单位为 100 元			
	美元	起点为 0.01 盎司，最小递增单位为 0.01 盎司			起点为 1 盎司，最小递增单位为 0.01 盎司
		按计划金额定投交易起点为 10 美元，最小递增单位为 10 美元			
交易类型		先买入后卖出，先卖出后买入			
交易方式		实时交易、挂单交易、转换交易和定投交易			
交易报价		银行买入价、银行卖出价和账户贵金属转换报价			
交易时间		营业网点：周一至周五，各营业网点实际营业时间 电子银行：周一早 7 点~周六早 4 点			
交易账户		资金账户、交易账户、保证金账户			

账户贵金属投资具有以下优势。

①记账式黄金。不仅为投资人省去了存储成本，也为投资人的变现提供了便利。

②与国际金价挂钩，全球各大交易所均有黄金交易通道，采取 24 小时不间断交易模式。

③提供了美元金和人民币金两种交易币种，为外币和人民币的理财都提供了相应的机会。同时，采用 T+0 的交割方式，可多空双向交易，当时购买，当时到账，便于做日内交易。

（2）黄金 ETF。

黄金 ETF 全称为黄金交易型开放式证券投资基金，是指将绝大部分基金财产投资于上海黄金交易所挂盘交易的黄金品种，紧密跟踪黄金价格，使用黄金品种组合或基金合同约定的方式进行申购赎回，并在证券交易所上市交易的开放式基金。根据 World Gold Council 的统计数据，截至 2018 年 3 月 29 日，中国黄金 ETF 的总规模是 25.67 亿美元，占亚洲黄金 ETF 资产总额的 64.59%，是美国黄金 ETF 规模的 5%，世界黄金 ETF 规模的 2.5%。目前我国市场上的黄金 ETF 如表 6-2 所示：

表 6-2 我国市场上主要的黄金 ETF

基金代码	基金简称	基金管理人	交易所
518800	黄金基金	国泰基金管理有限公司	上交所
518880	黄金 ETF	华安基金管理有限公司	上交所
159934	黄金 ETF	易方达基金管理有限公司	深交所
159937	博时黄金	博时基金管理有限公司	深交所

资料来源：上交所和深交所网站，截止时间为 2023 年 8 月。

投资者可以通过上市交易、黄金申赎、黄金现货实盘合约认购三种方式投资黄金 ETF，黄金ETF上市交易后，投资者还可以通过证券账户进行投资。交易规则如表6-3所示。

①申购：申购时间是每交易日9：30—11：30、13：30—15：00，投资者提交申购申请，并备足相应的黄金现货实盘合约金额。投资者可以多种合约品种申购，每种合约的重量必须是该合约最小交易单位的整数倍，全部合约的总重量必须是最小申购赎回重量的整数倍。

②赎回：赎回时间是每交易日9：30—11：30、13：30—15：00，投资者提交赎回申请，赎回的总重量必须是最小申购赎回重量的整数倍。通过赎回获得的黄金实物提货出库后，上金所不开具增值税专用发票。

申购、赎回或者认购时，投资者需要向交易所缴纳过户费，黄金ETF过户费分为认购过户费、申购过户费和赎回过户费。

表6-3 黄金ETF的交易规则

项目	上市交易	现金申赎	黄金现货合约申赎
开立账户	沪深A股账户或基金专用账户	沪深A股账户	沪深A股账户或基金专用账户、黄金账户
交易单位	价格最小变动单位0.001元 涨跌幅限制为10% 买入申报数量为100或其整数倍，不足100份可以卖出	申赎的基金份额需为30万份及其整数倍	
交易时间	集合竞价9：15—9：25 连续竞价9：30—11：30，13：00—15：00 大宗交易15：00—15：30	交易日9：30—11：30，13：30—15：00	

(3) 现货实盘合约。

现货实盘合约在上海黄金交易所交易，国内黄金现货实盘交易包括Au99.5、Au99.95、Au99.99、Au100四个品种，其中Au99.99合约交易量最大、流动性最好，也是最常见的投资品种，其优点是交易成本较低，且支持T+0和双向交易；缺点是交易门槛较高（10克起投），同时还存在撮合交易不成功的风险。投资者需要将交易的全额资金存入交易所指定账户，具体如表6-4、表6-5所示。

表6-4 Au99.99合约

交易品种	Au99.99、Au99.95、Au99.5、Au100g iAu99.5、iAu99.99、iAu100g、Pt99.95、PGC30g
保证金比例	全额交易
涨跌停板	30%
交易时间	日间9：00—15：30，夜间19：50—02：30
参与方式	在上海黄金交易所会员单位处开户并获取交易所客户编码后，通过会员单位提供的交易客户端、手机APP或网上银行等接入交易
手续费率	不超过万分之八

表6-5 黄金现货实盘合约

交易单位	10 克/手
报价单位	元(人民币)/克
最小变动价位	0.01 元/克
每日价格最大波动限制	上一交易日收盘价±30%
最小单笔报价量	1 手
最大单笔报价量	50 000 手
交易时间	上午 9:00—11:30,下午 13:30—15:30,夜间 19:50—次日 02:30
清算方式	钱货两讫
交割品种	标准重量 1 千克,成色不低于 99.99% 的金锭
交割方式	实时交割
交割时间	T+0
质量标准	经交易所认可的可提供标准金锭企业生产的符合交易所金锭 SGEB1-2002 质量标准的实物,及伦敦金银市场协会(LBMA)认定的合格供货商生产的标准实物
交割地点	交易所指定仓库
交易手续费	成交金额的万分之三点五
交割费	0
上市日期	2002 年 10 月 30 日

(4)现货延期交收合约。

现货延期交收合约,即 T+D 合约,是指以保证金的方式进行的一种现货延期交收业务,买卖双方以一定比例的保证金(合约总金额的 10%)确立买卖合约,该合约可以不必实物交收,买卖双方可以根据市场的变化情况,买入或者卖出以平掉持有的合约,在持仓期间将会发生每天合约总金额万分之二的递延费(其支付方向根据当日交收申报的情况确定)。现货延期交易具有以下优势。

①双向交易。可以实现双向获利,上涨时可以低价买入获利,下跌时可以沽空获利,投资者可以根据自己的判断进行交易。

②交易时间长。客户交易时间为上海黄金交易所开市时间,分为日盘和夜盘,具体是上午 9:00—11:30,下午 13:30—15:30 以及晚上 19:50—次日 2:30 三个时间段。

③实行保证金交易。每手交易不需要全额的资金,只需要 10%~30% 的保证金就可以参与交易。

④交割时间比较自由。投资者可以根据市场情况选择持仓时间,即可以选择交易日当天交割,也可以延期交割。

现货延期交收合约的交易规则,如表 6-6 所示。

表 6-6　现货延期交收合约的交易规则

交易品种	Au(T+D)	mAu(T+D)	Au(T+N1)	Au(T+N2)	Ag(T+D)
最低保证金比例	6%				7%
涨跌停板	5%				6%
参与方式	在上海黄金交易所会员单位处开户并获取交易所客户编码后,通过会员单位提供的交易客户端、手机APP或网上银行等接入交易				
交易时间	日间9:00—15:30,夜间19:50—02:30				
手续费率	不超过万分之八				

(5)黄金期货。

黄金期货亦称黄金期货合约,是以黄金为交易对象的期货合同。同一般的期货合约一样,黄金期货合约也载有交易单位、质量等级、期限、最后到期日、报价方式、交割方法、价格变动的最小幅度、每日价格变动的限度等内容。

如同股票投资要到证券公司开户一样,黄金期货交易要到期货公司开立期货账户。国内只有上海交易所推出了黄金期货合约,和黄金T+D一样,沪金期货合约也分日盘和夜盘交易。黄金期货交易有以下特点:

①黄金期货交易采取的是多空双向交易机制。

②黄金期货交易的产品要符合国标GB/T 4134—2003规定,含金量不低于99.95%,2008年上海交易所规定,每手黄金期货为1 000克。

③与股票投资实行T+1交易不同的是,黄金期货实行的是T+0交易,当天买进当天就可以卖出。

④黄金期货标准合约的交易单位为每手1 000克,交割单位为每一仓单标准重量(纯重)3 000克,交割应当以每一仓单的整数倍进行。

黄金期货标准合约文本,可参考表6-7。

表 6-7　黄金期货标准合约

交易品种	黄金
交易单位	1 000克/手
报价单位	元(人民币)/克
最小变动价位	0.05元/克
涨跌停板幅度	上一交易日结算价±3%
合约月份 交易时间	最近三个连续月份的合约以及最近13个月以内的双月合约 上午9:00—11:30,下午1:30—3:00和交易所规定的其他交易时间
最后交易日 交割日期	合约月份的15日(遇国家法定节假日顺延,春节月份等最后交易日交易所可另行调整并通知) 最后交易日后连续五个工作日
交割品级	金含量不小于99.95%的国产金锭,经交易所认可的伦敦金银市场协会(LBMA)认定的合格供应商或精炼厂生产的标准金锭(具体质量规定见附件)
交割地点	交易所指定交割金库

续表

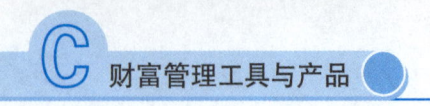

最低交易保证金	合约价格的 4%
交割方式	实物交割
交割单位	3 000 克
交易代码	AU
上市交易所	上海期货交易所

黄金期货的优点，双向交易，可以买涨，也可以买跌。实行 T+0 制度，在交易时间内，随时可以买卖。以小博大，只需要很小的资金就可以买卖全额的黄金。价格公开、公正，与国际联动，不容易被操纵。套期保值作用，即利用买卖同样数量和价格的期货合约来抵补黄金价格波动带来的损失，也称"对冲"。

黄金期货的缺点，黄金期货合约在上市运行的不同阶段，交易保证金收取标准不同。入市的时点决定保证金比例的高低，投资者在操作时如果不注意追加保证金，很容易被平仓。如果在到期前不选择平仓，则到期时必须交割实物黄金。硬性规定自然人不能进行黄金实物交割，如果在交割月份，自然人客户持仓不为 0，则由交易所在进入交割月份的第一个交易日起执行强行平仓，因强行平仓产生的盈利按照国家有关规定处理，强行平仓发生的亏损由责任人承担。

总的来看，黄金期货、黄金 T+D 等带杠杆的产品高收益高风险，适合专业投资者；而实物金、纸黄金、黄金 ETF、现货黄金等无杠杆的产品则适合普通投资者。

(三) 贵金属交易方法

贵金属交易要在证券公司开设贵金属账户，贵金属开户分为现货账户和通用账户，现货账户仅可以交易现货实盘合约，通用账户除可以交易实盘合约外还可以交易现货延期交收合约。

(四) 黄金投资

1. 黄金市场及其主要参与者

(1) 主要黄金市场。

目前，全球黄金市场主要包括伦敦、苏黎世、纽约和芝加哥、中国香港四大市场。

①伦敦黄金市场，早期荷兰阿姆斯特丹是全球黄金交易中心，但在 19 世纪初被伦敦取代，伦敦金市自 1919 年正式成立后，便一直有个传统，即每天上午和下午各进行一次黄金定盘价，价格由几大黄金交易行"定出"，对全球金价影响极大。伦敦现货黄金交易没有实际交易场所，其交易通过各大金商联网完成。

②苏黎世黄金市场，主要包括瑞士三大银行，即瑞士银行、瑞士信贷银行和瑞士联合银行，瑞士特殊的银行体系和辅助性黄金交易服务体系，为黄金买卖提供了一个既自由又保密的环境。苏黎世黄金市场在国际现货黄金市场的地位仅次于伦敦金市，但其无金价定盘制度。

③纽约和芝加哥黄金市场，该市场是在尼克松政府宣布废除承兑制后形成的，它们目前是世界黄金交易中心。

④中国黄金市场，与其他国家或地区相比，我国的黄金市场起步较晚，尤其是黄金期货 2009 年才在上海期货交易所挂牌上市。但我国的黄金市场发展速度快，产品种类也相

对丰富。我国黄金市场由场内和场外两部分组成。场内黄金交易市场包括上海黄金交易所和上海期货交易所，前者以黄金现货交易为主，后者则进行黄金期货交易。场外黄金交易市场主要涉及五大类交易，包括由商业银行代理的实物金条销售业务、纸黄金业务、黄金寄售和租赁业务，产金、用金企业之间进行的非标准化黄金交易，以及黄金投资或咨询公司开办的黄金保证金交易。

(2) 黄金市场的参与者。

黄金市场的参与者主要有国际金商、银行、对冲基金、法人机构和私人投资者，以及在黄金期货交易中起很大作用的黄金经纪公司。

①国际金商，又称黄金做市商，最典型的就是伦敦黄金市场上的五大金商，由于与世界上各大金矿和许多金商有广泛的联系，它们会根据自身掌握的情况不断报出黄金的买价和卖价。黄金做市商要承担金价波动的风险。

②银行，在黄金市场上的银行可分为两类，一类以苏黎世的三大银行为代表，它们仅仅为客户代行买卖和结算，其自身并不参加黄金买卖。另一类银行会自营业务，如在新加坡黄金交易所里，就有很多自营商业银行。

③对冲基金，近年来，国际对冲基金，尤其是美国的对冲基金活跃在国际金融市场的各个角落，在黄金市场上，黄金的几乎每次大跌都与对冲基金借入短期黄金在即期黄金市场抛售或在纽约商品交易所黄金期货交易市场大量空仓有关。一些规模庞大的对冲基金利用与各国政治、工商和金融界千丝万缕的联系，往往较先捕捉到经济基本面的变化信息，利用其管理的庞大资金进行买空和卖空，加速黄金市场价格的变化，进而从中渔利。

④法人机构和私人投资者，包括专门出售黄金的公司，如各大金矿、黄金生产商、专门购买黄金消费的黄金制品商、首饰行以及私人购金收藏者，也包括专门从事黄金买卖业务的投资公司、个人投资者等，前者希望回避风险，将市场价格波动的风险降到最低，后者希望从黄金价格涨跌中获取利益。

⑤黄金经纪公司，专门代理非交易所会员进行黄金交易，它们本身并不占有黄金或进行黄金买卖，只是派其代表在交易厅内代理客户进行黄金买卖，并以此收取客户佣金。

2. 黄金投资的优势和劣势

(1) 黄金投资的优势。

与其他投资产品相比较，黄金投资具有独特的优势，具体如下：

①税收优势，在我国，购买投资性金条、金币比购买黄金消费品在税收方面少缴增值税、消费税等税种。

②产权转移便利，黄金不像房地产，当转让人向受让人转移产权时，要经过复杂烦琐的产权过户手续，缴纳大笔过户税，如果是遗产，还须缴纳大笔遗产税及律师费，黄金可以公开买卖及自由转让。

③对抗通货膨胀及政治经济动荡。近几十年来，通货膨胀愈演愈烈，导致各国货币大量缩水，给以存款为主要投资方式的投资者财产带来巨大的损失。而黄金价格会随通货膨胀相应上涨，有助于对抗通货膨胀。另外，国际地缘政治局势动荡不安，中东战争、国际恐怖主义造成相关国家货币信用崩塌，黄金也成为这些地区人们管理财产的避险工具。

④市场不易被操纵。任何地区性股票市场都有可能被人为操纵，但黄金市场作为全球性的投资市场，不易被操纵。

⑤无时间限制，可随时交易。一方面，从时间上看，伦敦、纽约、香港、上海等全球黄金市场交易时间连成一体，构成了一个24小时无间断的投资交易系统。另一方面，世界性公开的黄金市场不设停板和停市，使黄金市场投资更有保障。

（2）黄金投资的劣势。

①历史价格波动幅度大。黄金非货币化30多年来，世界黄金市场包括现货市场和衍生品市场，都得到了长足的发展。但是，伴随黄金非货币化，各种影响投资的因素也大大增加，使黄金价格波动剧烈。

②政府控制，如美国政府直至1975年还禁止美国公民买卖和拥有黄金。

③直接投资不会产生当期收益，投资黄金只能获得期初期末的买卖差价。

④产生储藏成本，运输、保险、储藏都会产生较高费用。

⑤分析和化验成本较高。

3. 影响黄金价格的主要因素

①美元走势，黄金市场一般以美元标价，美元指数坚挺会一定程度削弱黄金作为储备和保值功能的地位，两者走势有很强的负相关性。

②特殊事件。国际战争、政治大事件、经济危机都会引发投资者的避险需求，导致金价上涨。

③通货膨胀。黄金作为唯一的非信用货币，自身价值非常高。如果物价稳定，货币购买力就稳定；如果通货膨胀越严重，货币购买力就越弱，黄金便备受青睐，价格也会上涨。

④利率变化。投资黄金不会获得利息，其获利全凭价格上升。在利率偏低时，投资黄金会有一定的益处；利率升高时，无利息黄金的投资价值就会下降，投资黄金的机会成本升高，投资者会转而选择在银行存款收取利息。

⑤金融体系的稳定性。当美国等西方大国的金融体系出现不稳定的迹象时，世界资金便会投向黄金，导致黄金需求增加，金价上涨。而在金融体系稳定的情况下，投资者对黄金的信心减弱，选择将黄金卖出，从而造成金价下跌。

二、大宗商品投资

（一）大宗商品投资概念

大宗商品投资受全球经济因素、供求关系等影响较大，在通货膨胀时价格随之上涨，具有天然的通胀保护功能，近几年，全球大宗商品和股票市场表现呈正相关关系。

（二）大宗商品投资方式

大宗商品的投资方式主要包括现货投资和期货投资。

现货市场是依法设立的，由买卖双方进行公开的、经常性的或定期性的商品现货交易活动，具有信息、物流等配套服务功能的场所或互联网交易平台。交易对象是实物商品和以实物商品为标的的仓单、可转让提单等提货凭证。

现货投资一般是内盘交易，即在内地的大宗商品交易平台，以人民币计价，资金由银行第三方托管，本金基本没有风险，手续费相对外盘较高。

大宗商品期货在交易所交易，逐日盯市，一般在到期前平仓，不进行实物交割。

中国国内主要有四家期货交易所，分别是郑州期货交易所、上海期货交易所和大连期货交易所三家商品期货交易所，以及中国金融期货交易所，各交易所交易品种如表6-8所示。

表6-8 中国期货交易所及交易品种

类别	成立日期	交易品种	
郑州期货交易所	1990年10月12日	农产品	强麦、普麦、棉花、白糖、早籼稻、晚籼稻、粳稻、菜籽、菜粕、菜籽油、面纱、苹果
		非农产品	动力煤、PTA、甲醇、玻璃、硅铁、锰硅
		期权	白糖
上海期货交易所	1990年11月26日	金属	铜、铝、锌、铅、镍、锡、黄金、白银、螺纹钢、线材、热轧卷板
		能源化工	原油、燃料油、沥青、天然橡胶、纸浆
		期权	铜
大连期货交易所	1993年2月28日	农产品	玉米、玉米淀粉、黄大豆1号、黄大豆2号、豆粕、豆油、棕榈油、纤维板、胶合板、鸡蛋
		工业品	聚丙烯、聚氯乙烯、聚丙烯、焦炭、焦煤、铁矿石、乙二醇
		期权	豆粕
中国金融期货交易所	2006年9月8日	股指期货、国债期货	

资料来源：根据相关期货交易所公开资料整理。

由于影响大宗商品价格的因素很多，所以它的价格波动也很大，如某年玉米的收成非常棒，供给量比较大，那么该年玉米的价格就会相对较低。正因大宗商品的供给与需求变化非常频繁，所以价格波动会比股票、债券以及其他资产类别更大。

(三) 大宗商品投资的优势和劣势

1. 优势

①大宗商品流动性较高，与其他另类投资的资产类别相比，大宗商品期货合约以及投资大宗商品的公司都有比较好的流动性。

②大宗商品与股票和债券的相关性较低，投资者如将投资组合局限在股票以及债券中，组合风险会比较高，大宗商品恰好能为投资者提供多样的组合，分散风险。

③大宗商品具有良好的抗通胀作用，商品属于实物资产，它们与通胀的相关性高，能有效对抗通货膨胀。

2. 劣势

长期来看，大宗商品的收益比股票和债券低；大宗商品的周期较长，波动较大；技术进步提高了商品产量，但同时也会进一步打压价格。

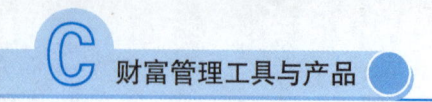

三、房地产投资

(一)房地产投资的概念

房地产投资是指人们为实现某种收益目标,直接或间接地对房地产的开发、经营、管理、服务和消费进行的投资活动。房地产投资所涉及的领域包括土地开发、旧城改造、房屋建设、置业投资及其相关金融产品等。

(二)房地产投资的收益与风险

1. 房地产投资的收益

房地产收益包括两部分,即房租收入和房价增值。房价总收入扣除所有相关费用等于房租的净收入。如果房子始终处于出租状态,房租净收入是一种稳定的现金流。相比于房地产投资的买卖差,房租收益的稳定性较高。房租水平通常会随着通货膨胀率在续约时做调整,起到保值的作用。在我国,近二十年房价涨幅大,但房租大涨却是近几年来的新鲜事。房租的涨幅相比房价的涨幅仍是小巫见大巫,但也比消费者物价指数的涨幅高很多。

对于以房养老者来说,房租能带来稳定的净收入。如果投资者手里有很多套房,退休后可以把房产当成一种养老工具。

买卖房产的差额收入,也就是房产投资的资本利得部分,是房地产投资者更重视的部分。一般来讲,因为房地产的投资门槛高,不易变现,所以房地产投资的风险溢价(对风险的补偿)和必要收益率较高。单靠房租收入并不能达到投资房产的必要收益率,还需要资本利得的收益。买卖差价的净收益应该是资本利得再扣除相关税费和房租折旧成本之后的差额。

2. 房地产投资的风险

房地产投资风险分为一般风险和个别风险。房地产投资的一般风险即一般意义上的系统风险,主要包括流动性风险、市场风险、利率风险和政策风险;个别风险即一般意义上的非系统风险,主要包括环境变化风险、建筑物品质风险和意外风险。

(1)房地产投资的一般风险。

流动性风险,即变现差所导致的流动不确定性高,如果投资者短期内有流动性需求,一般不建议投资房地产。长期而言,房地产投资虽然具有保值增值的特性,但是房地产市场仍受经济、供求关系和政策的影响,并非只涨不跌,当房价处于高泡沫化时,市场风险也累积升高。

利率风险是房地产市场风险的一部分,存贷利率的变化会影响房价,一般利率与房价呈反向关系。政策风险也是市场风险的一部分,投资房地产可能面临其他政策限制的风险,如可能全面实施的房产税。

(2)房地产投资的个别风险。

因为住房的不可移动性和独一无二性,使其面临一些个别风险,这些风险包括环境变化风险、建筑物品质风险、意外风险。

环境变化风险,是指房地产投资标的的周围环境变差,也包括出现嫌恶设施,如电塔、垃圾场、公墓等,治安恶化或交通瘫痪等,房价多会下跌。

建筑物品质风险,是指投资标的建筑物品质不良,如发生海沙房、辐射钢筋房等情况时,房价不但会下跌,还会难以脱手出售。

意外风险,是指房地产投资可能遭受自然灾害或人们意外过失所带来的风险,如地震、火灾、飓风、洪水等。不过,此部分风险可由投保房地产保险来转移。

(三)房地产投资相关金融产品

(1)房地产投资信托基金。

房地产投资信托(Real Estate Investment Trusts,REITs),是一种以发行收益凭证的方式汇集特定多数投资房地产者的资金,由专门投资机构进行房地产投资经营、投资管理,并将投资综合收益按比例分配给投资者的一种信托基金。2015年,国内首只公募REITs基金——鹏华前海万科REITs成功发行。

REITs的收益主要来源于租金收入和房地产升值,并且收益大部分用于分红。除此以外,该产品长期回报率与直接投资房地产的收益率相近,与股市、债市的相关性较低。与直接投资房地产相比,投资门槛较低,流动性较高,有专业机构管理且能分散投资单一房地产的风险。

(2)有限合伙制私募房地产投资基金。

与REITs不同,房地产私募基金的门槛高,风险与预期报酬率都较高,适合对房地产投资有兴趣的高净值人士。

(3)房贷证券化产品。

房贷证券化,即住房抵押贷款证券化(Mortgage Backed Securities,MBS),指住房抵押贷款的发放机构将其所持有的抵押贷款资产汇集重组成抵押贷款组群,经过担保或信用增级,以证券的形式出售给投资者的融资过程。2005年12月,建行发行国内首个"个人住房抵押贷款支持证券"(RMBS)产品;2015年12月,全国银行间市场首单公积金个人住房贷款资产证券化项目在上海落地。

(四)各类房地产投资分析

目前,我国房地产投资类别主要包括公寓投资、商铺投资、写字楼投资、学区房投资,各类投资的对此如表6-9所示。

表6-9 各类房地产投资类型对比

类型	优点	缺点	收益来源	用途
公寓投资	不限购、户型小、总价低、投资性强	购买限制,限售时间长,部分费用高	租金、经营收入和中介费等	出租、民宿、中介托管服务等
商铺投资	租金利润高,资金成本回收期短	部分商铺难租赁,大城市盈利难,投资者机会少	租金	租赁
写字楼投资	租金利润高,资金成本回收期短	易受市场经济影响	租金	租赁
学区房投资	短期稀缺性、刚需性	政策变动风险、范围变动风险	租金	租赁、转卖

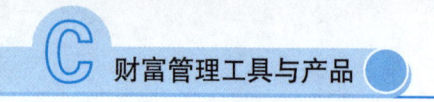

四、私募股权投资

(一)私募股权投资的发展历程

1. 私募股权投资发展历程

私募股权基金起源于美国。19世纪末,不少富有的私人银行家通过律师、会计师的介绍,将资金投资于风险较大的石油、钢铁、铁路等新兴产业,这类投资完全由投资者个人决策,没有专门的机构进行组织,这就是私募股权基金的雏形。国际PE产业先后经历了4个重要时期的发展。

1946—1981年,是PE发展初期,一些小型的私人资产投资以及小型企业的参与,使PE起步发展。

1982—1993年,是PE发展的第二个时期,这一时期出现了一股大量以垃圾债券为资金杠杆的收购浪潮,在几乎崩溃的杠杆收购产业环境下,投资者仍疯狂购买美国食品烟草公司雷诺纳贝斯克。

1992—2002年,PE在第二次经济循环中得到洗涤,进入第三个时期,这一时期出现了更多制度化的私募股权投资企业,并在1999—2000年的互联网泡沫时期达到高潮。

2003—2007年,是PE发展的第四个重要时期,全球经济由之前的互联网泡沫逐步走弱,杠杆收购也达到了空前的规模,私募企业的制度化得到了空前的发展。

国际私募股权投资基金经过50多年的发展,成为仅次于银行贷款和IPO的重要融资手段。国际私募股权投资基金规模庞大,领域广阔,资金来源广泛,参与机构多样。西方国家私募股权投资基金占其GDP的份额已达到4%~5%。迄今为止,全球已有数千家私募股权投资公司,黑石、KKR、凯雷、贝恩、阿波罗、德州太平洋、高盛、美林等机构是其中的佼佼者。

2. 中国PE发展历程

我国股权投资基金的发展大体可分为三个阶段,且每个阶段都有其独特的市场背景和特点。

(1)行业发展初期阶段,形成全新投资概念。

1999年,国际金融公司入股上海银行,标志着私募股权投资的模式开始进入中国。首批成立的PE公司主要还是外资投资基金,以风险投资模式为主。受当时全球IT行业蓬勃发展的影响,外资对中国的IT业发展较为认可,投资项目也主要集中在IT行业。

(2)行业快速发展阶段,内资股权基金迅猛发展。

2006年,"G"股标识正式告别沪深股市,股市也就真正进入了"全流通"时代,股票市场开始步入正轨。我国股权投资基金进入了快速发展的阶段,此阶段上市公司股权分置改革基本完成,股权投资基金的退出渠道畅通,内资股权投资基金发展迅猛;人民币升值预期强烈;政策开始限制外资基金。

(3)行业发展过热。

从2009年下半年开始,一级股票市场持续高温,远远偏离了市场理性。在这一阶段,几乎每周都有新的人民币股权投资基金成立,内资股权投资基金数量快速增加,基金规模不断放大。但由于人民币不断升值,限制企业海外上市的政策没有任何松动,外资基金在中国市场上持续低迷。

(二) 私募股权投资的主要参与者

私募股权投资的主要参与者包括投资者、基金管理公司、被投资企业、中介服务机构。

1. 投资者

只有具备私募股权基金的投资者,才能顺利募集资金成立基金。私募股权投资通常有较高的门槛,投资者主要是机构,也有少部分的富有个人。在美国,公共养老基金和企业养老基金是私募股权基金的主要投资者,两者的投资额占基金总额的30%~40%。机构投资者通常对基金管理公司承诺一定的投资额度,但资金不是一次到位,而是分批注入。

2. 基金管理公司

基金管理公司设立不同的基金募集资金后,交由不同的管理人进行投资运作。基金经理人和管理人是基金管理公司的核心成员,通常由具有丰富行业投资经验的专业人士担任,针对某些特定的行业以及处于特定发展阶段的企业,他们经过调查和研究后,凭借敏锐的眼光将基金投资于若干企业的股权,以求日后退出并取得资本利得。

3. 被投资企业

被投资企业都有一个重要的特性——需要资金和战略投资者。企业在不同的发展阶段需要不同规模和用途的资金:创业期的企业需要启动资金,成长期的企业需要筹措用于规模扩张及改善生产能力所必需的资金,改制或重组中的企业需要并购、改制资金的注入,面临财务危机的企业需要相应的周转资金渡过难关,相对成熟的企业上市前需要一定的资本注入以达到证券交易市场的相应要求,即使是已经上市的企业仍可能根据需要进行各种形式的再融资。

4. 中介服务机构

随着私募股权基金的发展和成熟,各类中介服务机构也随之成长和壮大,中介服务机构包括专业顾问,融资代理商,市场营销、公共关系、数据以及调查机构,人力资源顾问,股票经纪人和其他专业服务机构6种类型。中介服务机构在私募股权投资市场中的作用越来越重要,它们帮助私募股权基金募集资金、为需要资金的企业和基金牵线搭桥,还帮助投资者对私募股权基金的表现进行评估,中介服务机构的存在降低了私募股权基金相关各方的信息成本。

第四节 新型另类投资工具实务

一、海外投资

(一) 海外投资的概念

海外投资即为境外投资,也称海外资产配置,是投资主体通过投入货币、有价证券、实物、知识产权或技术、股权、债权等资产和权益或提供担保,获得境外资产的所有权、经营管理权及其他相关权益的活动。

进行境外投资的主体主要包括两类：一是中国境内的各类法人，包括各类工商企业、国家投资机构和部门、事业单位等，这些机构属于中国境内的法人机构，受中国内地法律的管辖约束。二是由国内投资主体控股的境外企业或机构，通过这类境外企业或机构对境外进行投资。这些境外企业或机构不属于中国内地的法人机构，不受内地相关法律的制约，但境内机构通过这些境外机构向境外进行投资时，仍需要按照国内有关企业投资项目核准的政策规定，履行相应的核准手续。与国际惯例相同，在国内具有投资资格的自然人也可在境外投资。

加入WTO后，中国进入了全球资产配置的爆发性阶段。很多私营企业或个人通过对外投资完成了部分财富积累，尤其是中概股在海外上市，股权激励计划在阿里巴巴、腾讯、小米等公司的实施，进一步带动了很多头部公司的员工涉足海外投资，进行海外资产配置。

(二) 个人投资者进行海外投资的原因

近年来，越来越多的个人投资者布局海外资产，原因如下：

1. 生活质量的提高和消费场景的国际化

随着中国人生活质量的提高，吃喝玩乐、衣食住行、子女教育等消费场景逐渐国际化，中国居民对海外资产配置的需求也逐渐加大。高净值人群选择做海外配置的动因主要为实现资产分散化、规避风险和财富传承的目的。

①资产分散化是为了实现财富的保值增值，以多元配置的方式实现最大化收益风险比，还可以适当提高资产的安全性和私密性。

②规避风险，通过不同地区的资产配置对冲汇率风险、防范政治经济波动等。

③财富传承，通过资产配置来实现财富的长期保值增值，从而满足海外置业、子女教育、身份管理等多样性的需求。

2. 中国货币供应量不断增速

货币供应量不断增速，2019年年底M2增速为8.7%，2020年M2增速为11.1%，货币超发导致货币贬值，通胀压力加大。

过去，中国投资者把房产作为抗通胀的投资品，前些年房地产投资成为很多中国家庭财富增长的支柱。但近几年，国家出台了一系列的限购/限贷等调控政策，很多二三线城市的房价也开始回落。相比国内市场而言，海外部分资产投资风险要更低，市场潜力更大。

目前由于中美贸易摩擦，人民币兑美元汇率持续走低，汇率影响人民币综合购买力，持单一货币资产的风险增大，因此，越来越多人更愿意进行全球资产配置。

3. 中国不可逆的国际化进程

世界高净值人群的海外资产配置比例在24%，而中国的高净值人群配置比例只有5%。随着人民生活质量的提高，全球资产配置的观念也越来越流行，我国居民逐渐放宽视野，去海外寻求高质量的资产做投资。

(三)海外投资的分类与投资方式

1. 海外股票投资

中国互联网巨头,如阿里巴巴、腾讯、美团等都在美国或香港上市,作为中国内地的投资者,需要在世界科技发展中分一杯羹,最好的方式之一就是进行海外股票市场投资。相比国内股票市场,境外资本市场成熟、交易品种更多。国内投资者投资的海外股票主要以港股和美股为主。

(1)香港股票市场。

香港股票市场主要包括主板和创业板两个市场,主板市场交易的是股票、权证、债券、单位信托及互惠基金、牛熊证和挂钩票据;创业板交易的只有股票和权证。

香港股票市场针对不同的市场、行业、规模设定了不同的指数,主要包括主板市场的恒生指数、香港创业板指数、恒生国企指数、恒生大盘股指数等。投资港股首先需要了解香港股票市场的交易规则,这与内地股票市场的交易规则有较大区别,主要表现在以下几个方面:

①交易时间不同,香港股票比内地股票竞价时间要早,具体如下:

竞价时段:9:00—9:30(可以用竞价盘、竞价限价盘等方式进行交易)。

早市交易时段:9:30—12:00。

延续早市交易时段:12:00—13:00(早市收市后,此时段内也可进行交易,但会在午市开市后才会成交)。

午后(下午)交易时段:13:00—16:00。

②交易规则不同,香港股票采用T+0交易、T+2交收制度。

T+0回转交易制度指投资者当天买入的股份当天可以卖出。T+2交收制度指股票和资金的交收时间为交易日后的第二个工作日下午3:45前。而A股是T+1交易,即当天买入的股票第二天才能卖出。相比A股有±10%涨跌停的限制,港股没有涨跌停限制,所以港股的波动性往往比A股大。

此外,交易单位也不同,港股上市公司可以自行确定一手为50股或者200股;A股均为100股一手。

(2)美国股票市场。

美股有五个交易市场,分别是纽约证券交易所、纳斯达克证券市场、美国证券交易所、纽约证券交易所高增长板以及场外交易市场,其中纽交所和纳斯达克是久负盛名的两个美国交易所。

纽交所位于美国纽约,是美国上市公司总市值排名第一、IPO数量及市值第一、交易量第二的交易所,至今已有200多年的历史,上市股票超过3 500只。

纳斯达克是美国上市公司最多,交易量最大的交易所,大约有5 400家公司在此挂牌上市。在纳斯达克挂牌上市的公司以高科技公司为主,包括微软、苹果、英特尔、戴尔、思科、Facebook等。

我们熟知的中概股都以上两家交易所上市,如国内互联网巨头阿里巴巴在纽交所上市,而新浪、网易、携程、微博、百度等在纳斯达克上市。

①美股交易时间,以北京时间来计算,美国东部时间:周一至周五9:30—16:00,午间不休市。美国夏令时,北京时间21:30—次日4:00交易;美国冬令时,北京时间

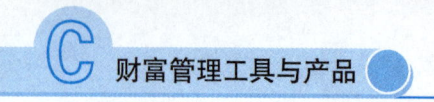

22：30—次日 5：00 交易。

②美股交易规则。美股有"熔断机制"，即对市场实行三级熔断机制，以标准普尔 500 指数为例，当指数下跌 7% 时，将停盘 15 分钟；当股指下跌 13% 时，将停盘 1 小时；当股指出现 20% 的暴跌时，将会关闭股市 1 天。2020 年 3 月 18 日，美股因标准普尔 500 指数盘下跌超 7%，再次触发熔断机制，暂停交易 15 分钟，为美股史上第五次熔断，也是 2020 年 3 月以来的第四次熔断，此前四次美股熔断分别发生于 1997 年 10 月 27 日以及 2020 年 3 月 9 日、3 月 12 日、3 月 16 日。

美股最小交易单位是 1 股，没有"手"的概念。

美股采用 T+0 交易、T+2 交割制度。其中 T 是买入日期，如果买入股票持有超过 2 个交易日再卖出，资金在卖出后可以立刻使用。如果持有股票不到 2 个交易日，卖出后要等 2 个交易日后资金才能使用。

2. 海外基金投资

（1）海外基金的概念。

海外基金市场主要包含共同基金市场和私募基金市场。

共同基金就是汇集许多"小钱"凑成"大钱"，交给专人或专业机构管理以获取利润的一种集资式的投资工具，与股票投资相比，共同基金具有分散投资风险、专业操作、变现灵活和小额资金即可投资全球的优势。

私募基金指以非公开方式向特定投资者募集资金，并以特定目标为投资对象的证券投资基金。广义的私募基金包括证券投资基金和私募股权基金，两者的区别在于是否面向一般大众集资，资金所有权是否发生转移。如果募集人数超过 50 人，并转移至个人账户，则定为非法集资，非法集资是极严重经济犯罪。

（2）海外基金投资的途径。

目前，中国境内投资者参与海外基金投资主要有以下三种途径：

第一，投资者直接到香港等境外市场开户。在香港，投资基金主要通过四类机构：基金公司、银行、保险公司及独立理财顾问公司开展，投资者可以直接去基金公司开户，也可以通过银行、保险公司及独立理财顾问公司间接开立股票账户。

第二，通过境内证券营业部和银行间接开户。

第三，到具备境外证券经纪资格的互联网券商处在线开户。

另外，境内投资者还可以通过投资 QDII 基金和沪港深基金投资境外市场。

（3）合格境内机构投资者基金。

①合格境内机构投资者基金（Qualified Domestic Institutional Investor，QDII），是国内公募基金发行用于投资境外市场的基金产品，使国内投资者不出国门便能进行全球资产投资，QDII 投资门槛低、交易便利，产品份额比较紧俏。

目前全市场共计 290 多只 QDII 基金，产品覆盖全球主要经济体和市场。

②QDII 基金交易。QDII 基金根据交易通道不同分为场内基金和场外基金两类。

场内基金主要有 ETF 和 LOF 两种类型，它可以和股票一样交易，有别于个股的是，QDII 场内基金具有 T+0 交易制度，也就是日内可随买随卖。

场外基金申赎和普通基金是一致的，但要注意的是，QDII 基金的净值公布要比普通基金慢一天，T 日 15：00 之前申购的份额，T+2 日才能确认；此外，基金的份额赎回到账时间通常大于 3 天。

根据国家规定，QDII 基金由国家外汇管理局进行额度审批。图 6-2 是外汇局发布的 2011—2020 年 QDII 投资额度，这些额度会根据规定分配到 QDII 机构，具体数据可在外汇管理局查询。

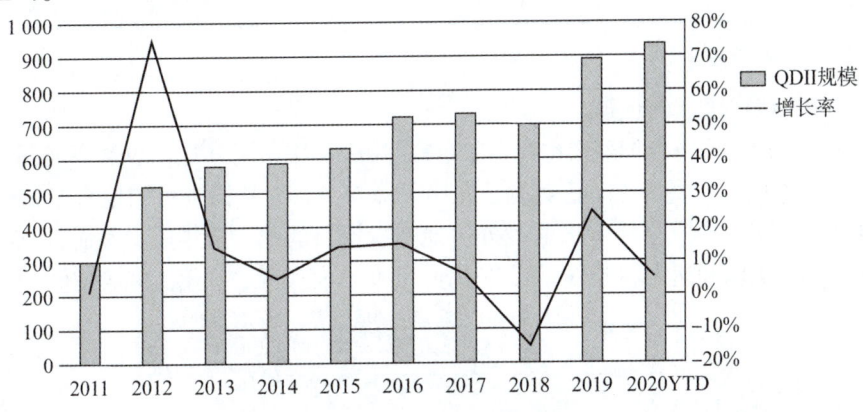

图 6-2　2011—2020 年 QDII 规模与增长率

QDII 基金投资风险包括市场风险、行业风险、利率风险、汇率风险等，投资者要理性选择，可参考以下几点：

第一，确定投资目标市场。QDII 产品中有些是投资于全球资本市场的，有些则侧重于投资某一区域。在购买 QDII 产品时，应了解该产品主要投资哪些市场，分析这些市场的大致走势以及汇率走势等。

第二，了解投资管理者的水平。管理人及境外顾问的全球投资和管理水平是决定 QDII 产品投资收益的关键因素。购买 QDII 产品时，投资者要挑选境外投资水平较高的管理人，可以从以往的投资业绩等来判断。

第三，了解产品的投资标的和投资业绩。不同类型的 QDII 可投资的金融工具范围不同。基金 QDII 的投资范围较广，包括股票、债券、可转换公司债券、存托凭证、资产支持证券等在内的资本市场工具，短期政府债券、可转让存单、银行承兑汇票、商业票据、回购协议等在内的货币市场工具，金融远期合约、金融互换、权证、结构性产品等金融衍生工具。

（4）沪港深基金。

沪港深基金是指可以同时投资于 A 股市场和通过港股通渠道投资于港股市场的一类基金。沪港深基金与 QDII 基金有一定的差别的，如表 6-10 所示。

表 6-10　沪港深基金与 QDII 基金对比

类别	沪港深基金	QDII 基金
外汇管制	不需要申请外汇制度	需要申请外汇制度
境外托管	不需要境外交易及托管费，成本较低	需要境外交易及托管费，成本较高
赎回周期	赎回周期短	赎回周期长
投资范围	沪深股市及港股通标的	全球海外市场
规模差异	规模较小	规模庞大

续表

类别	沪港深基金	QDII 基金
分类差异	种类相对贫乏	种类相对丰富
管理能力	团队经验相对不足	团队经验相对丰富

3. 海外房地产投资

(1) 海外房地产市场的选择。

全球著名房地产服务咨询商戴德梁行发布的《2019年中国境外地产投资意向调查》显示，2018年中国境外地产投资为157亿美元，同比下降63%。但从投资目的地看，如图6-3所示，2018年香港仍为内资企业首选的境外房地产投资目的地，全年成交额总计95亿美元，同比下降20%；美国和澳大利亚分别以23亿美元和13亿美元位列第二和第三位。

从投资目的地看：
- 香港：仍为内资企业首选的境外房地产投资目的地，全年成交额总计95亿美元，同比下降20%
- 美国：23亿美元 第二位；澳大利亚：13亿美元 第三位
- 其他热门地区：新加坡、英国、加拿大……

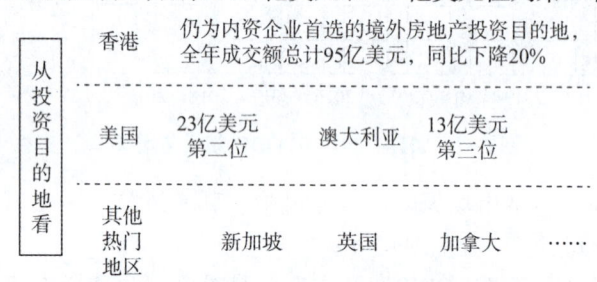

图6-3 2018年海外房地产投资目的地

投资者投资海外房地产，主要是为了实现财富的保值和增值。

从保值的投资角度出发，可选择抗通胀的市场以及保值的市场。

抗通胀的市场，即在历史上出现重大危机时，房价没有下跌或下跌后又迅速反弹的市场。一个典型的例子是伦敦房价，在2008年和2009年该地房价下跌20%，但反弹仅用了一年的时间。其原因是伦敦房产，特别是一区、二区房产，具有很强的稀缺性，外加先天的地理优势，其购买者比纽约房产市场的更优；伦敦房产对外国人购买并不多加抵制，房产流动性更强。

保值的市场，则意味着该国或地区的房屋价格稳定，不太受到经济、政策等因素的影响。

从增值的角度出发，最值得看的是新兴市场，如泰国、菲律宾。前几年在旅游业的带动以及开放性政策的支持下，国人在泰国与菲律宾置业的现象异常火爆，当地房价也随之上涨。但新冠疫情后，旅游业进入冰点，一些当地开发商正通过打折等手段去尾盘库存，"在线看房业务"使市场出现新一轮上涨的动力。作为投资型置业，现在的新兴市场有不少极具性价比的机会。

海外房地产投资需要关注房产租赁机会与收益、开发商背景、外国人购房政策、该国家是否具有避险属性等。

海外房产投资是投资者重要的投资与避险手段之一，其附加价值，如全球通行、资产配置、事业发展、财富传承、子女教育、全球置业等是其他一般投资产品不可比拟的。

(2) 海外房地产投资信托基金。

海外房地产投资信托基金（Real Estate Investment Trusts，REITs），其投资标的是房地产，与直接进行房地产投资有一定相似性，但REITs的收益主要来源于分红和价格变动，这与股票投资也有较多共同点。

戴德梁行2019年发布《亚洲房地产投资信托基金(REITs)研究报告》显示，截至2019年年底，亚洲市场上活跃的REITs共计178支，总市值达2 924亿美元，同比增长约25%，其中日本、新加坡和中国香港三地REITs市值合计占比达93%，如图6-4所示。

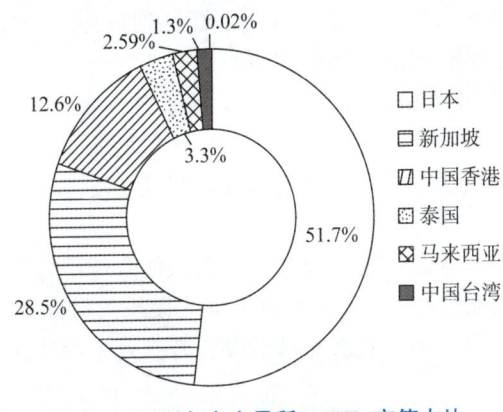

图6-4　亚洲各大交易所REITs市值占比

4. 海外保险投资

在胡润研究院首次发布的《2020中国高净值人群出国需求与趋势白皮书》中，近五成的高净值人士表示会继续增加海外金融配置，当前海外金融投资约占他们投资资产的16%，海外保险占海外资产比达45%。对于高净值人士而言，选择配置海外资产，通常会考虑到资产保密、财富传承、规避风险等诸多事项，海外保险可以满足以上需求。

境内投保人购买海外保险主要是香港保险和美国保险。香港保险费率低，收益高，覆盖广，加之香港金融业连通中西方市场，经济制度完善，因此购买香港保险成为很多人进行海外资产配置的选择之一。

(1)海外保险与境内保险的区别。

海外保险与境内保险在种类上并没有太大区别，但在历史、法规监管、产品设计、浮存金的管理等方面还是有一定的区别。

境内外保险是在不同的法律监管和司法体系下运行的。一家保险公司的注册地无论在哪里，只要在境外某个地方经营，就要符合当地的法律监管要求。以香港为例，只要在香港设计并销售的保险产品，其在宣传广告和合同条款一定会注明"产品只限于香港地区销售和投保"。同样，内地保险公司或在内地经营的外资保险公司，其产品大多情况下也仅限于内地销售和投保。

(2)海外保险产品。

香港保险类型主要包括重疾保险、大额人寿保险、高端医疗险、万用寿险等。

①重疾保险。香港重疾险保障病种为100种左右，远高于国内的50种左右；由于香港人口寿命长、病发率低，同样保额的香港重疾一般比国内同类险种保费低20%~30%；国内的重疾产品一般没有分红，香港的重疾产品年化收益率可达5%以上，无论是理赔或退保，香港重疾险取回资金都比较理想。

每个人都应该尽早配置重疾险，重疾产品的保费高低和能否通过核保，与投保者年龄大小、健康状况紧密相关，投资者应在健康时尽早配置。很多家庭会选择全家一起投保，孩子的保费仅为成年人的1/3。

②美金储蓄分红险。美金储蓄分红险是中长期的高收益美元投资，年复利收益7%～9%；孩子的教育金，想投资美元资产的投资者，年轻人未来的家庭置业和养老金都可选择此类资产投资。香港保险公司会将实际分红跟保单上的预期分红做检视，让客户非常清楚分红的实际情况。香港各家公司都非常重视分红达到目标，一般年度都是100%或者略高，只有大的经济危机年份有可能低于预期值。

③大额人寿保险。海外大额人寿保险具有高保额、高收益率、保费比国内便宜的特征。

香港人寿保险的身故赔偿非常高，收益率也非常有竞争力，平均年复利率可达到5%以上，可兼得保障和投资。

④高端医疗险。投保高端医疗险的投保人可以入住全球最好的私立医院，住院和手术相关费用全部受保，终身赔偿限额高达4 000万元人民币，可以选择不同的地域和垫底费。

需要高品质的医疗保障和国外就医需求的投资者；计划给家人几年就交清终身环球医疗+储蓄的投资者可考虑。

香港高端医疗险可以搭配储蓄保险，只付几年就可以买断终身的最高级全球医疗保障，未来退保还能连本带利收回现金。如果一年一年买，高端医疗在中年以后的保费会高达每年数万元；而搭配储蓄的方式可以用几十万的总投入换来几千万元的终身医疗加高达千万的未来退保价值。这一独特优势吸引了很多投资者。

⑤万用寿险。香港万用寿险可以搭配保费融资，香港的融资成本低，私人银行保费融资年息仅2%左右，而保险公司的万用寿险总收益一般在年息的4%左右。高净值客户如果已经是香港私人银行的客户，还可以用在私人银行的抵押保单融资。

这一保险适合有投融资需求的商业人士。万用寿险相当于定期寿险和投资保险的组合，缴费灵活，可以一次性付款也可以不定期付款；保障灵活，保额可以在保险公司核定区间调整；领取灵活，保单价值可以根据需要随时领取。

(3) 海外保险的配置。

投资者在选择海外保险产品时，应充分了解某类产品的特点，结合自身需求进行匹配。在海外保险配置过程中，建议找专业机构或人士对现有保单进行"查漏"，再进行类型、产品、公司的选择。

(4) 购买香港保险的步骤。

第一步：选定一个正规的保险代理人，可以是个人代理人，也可以是保险中介。

第二步：向代理人提出需求，获得保险方案，了解方案及背后的产品。请保险代理量身打造适合的方案，根据投保人的年龄、缴费年期、保额、预期保费等设置出合适的保险方案，并对方案进行细致复核。

第三步：预约赴港。香港的保险不能随到随买，均采用预约制，一般需要提前几天至一周预约。预约一般需要填写一份预约信息表、提交身份证正反面电子版，约定好签约时间。

第四步：签约。按照预约的时间抵达目的地，在签单员指引下，填投保申请书；然后进入核对保单信息的验证和付款两个环节。保险公司有专人根据投资者在预约单上填写的信息当场进行逐条核对确认，信息无误就付款。

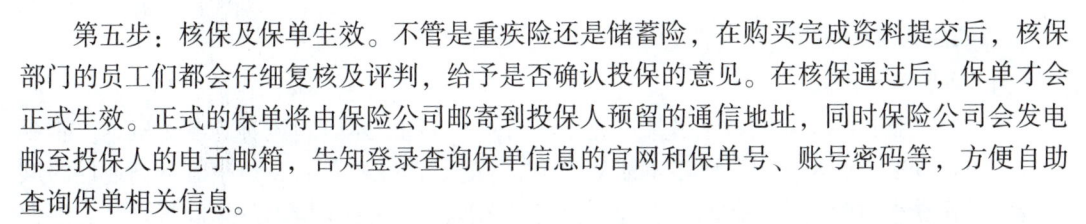

第五步：核保及保单生效。不管是重疾险还是储蓄险，在购买完成资料提交后，核保部门的员工们都会仔细复核及评判，给予是否确认投保的意见。在核保通过后，保单才会正式生效。正式的保单将由保险公司邮寄到投保人预留的通信地址，同时保险公司会发电邮至投保人的电子邮箱，告知登录查询保单信息的官网和保单号、账号密码等，方便自助查询保单相关信息。

5. 海外固收类产品投资

稳健投资是大多数高净值客户的基本需求，海外固收类和固收+产品的种类较多，如国债、市政债券、公司债、资产证券化产品等。

在专业型海外资产配置方案中，海外债券、海外股票、海外房产等都具有高风险性，而且对投资者有很强的专业性要求，非专业人士很难参与其中。而大众型的海外资产配置，如海外银行美元定存、海外理财信托等，门槛低，风险性低，比较适合大众投资者。尤其是海外信托，有专门的投资人员运作，风险小，省时省力，且由于其离岸的属性，海外信托可以在实现财富的保值、传承的同时，达到税收优化的作用。

就投资方式而言，中国高净值人群的海外资产配置，固定收益和地产项目成为最热门投资领域，其次是保险和基金。

就机构选择而言，随着对境外投资风险和复杂度的认识加深，高净值人群更看重财富管理机构在产品选择和资产配置方面的专业性。

就投资需求而言，中国的高净值人群已经逐渐从最初追逐高收益转向风险控制，资产的保值增值比单纯的快速增长更加重要。

每个家庭的实际需求、可投资金、风险喜好等不尽相同，选择适合的投资方式很重要。更多高净值人士从自己直接进行投资和财富管理，转向寻求专业的服务机构进行系统的、目光长远的资产配置。另外，跨境投资往往面临复杂的法律、汇率、税务、政策等风险，因此，进行海外投资之前一定要先咨询了解。投资者在自身风险承受范围内，可以多尝试不同的海外资产组合，但前提一定是保证本金安全。

二、风险投资

（一）风险投资的概念与类型

1. 风险投资的概念

风险投资又叫创业投资，主要是指投资人向初创企业提供资金支持并取得该公司股份的一种融资方式，因此，风险投资属于权益融资。

风险投资的投资人通常将风险资本投资于具有发展潜力的初创高新技术公司，在承担很大风险的基础上，为融资人提供长期股权投资和增值服务，培育企业快速成长，数年后再通过上市、兼并或其他股权转让方式退出投资，从而取得高额投资回报。从投资行为来看，风险投资是把资本投向有较大风险的高新技术及其产品的研究开发，促使高新技术成果尽快商品化、产业化，以取得高资本收益。从运作方式来看，风险投资是在专业化人才管理下，向具有潜能的高新技术企业投入风险资本的过程，也是协调投资者与融资者利益共享、风险共担的一种投资方式，风险投资对于中小高科技企业的发展起着重要的推动作用。

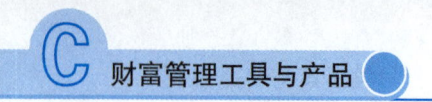

2. 风险投资的类型

(1) 种子资本。

种子资本是指在企业的技术成果产业化前期就投入的资本，也被称为种子资金。企业在缺乏可抵押财产的情况下，既不可能从传统的银行部门获取信贷，也很难从商业性的风险投资公司获得风险资本。此时，企业就会将目光投向提供种子资本的风险投资基金。种子资本主要是为处于产品开发阶段的企业提供小笔融资，而这类企业在很长一段时期内（一年以上）都难以提供具有商业前景的产品，所以投资风险极大，但潜在收益也相对较高。对种子资本具有强烈需求的往往是一些高科技公司，如生物技术公司。从科技成果产业化的角度看，正是由于种子基金的出现，才使许多科技成果能够迅速实现产业化，有更大的发展。一般来说，目前国内外常见的种子资本主要有四种类型，分别是政府种子基金、风险投资机构种子基金、天使基金和孵化基金。

(2) 导入资本。

有了较明确的市场前景后，由于资金短缺，企业便可寻求导入资本以支持企业的产品中试和市场试销。但由于技术风险和市场风险的存在，企业要想激发风险投资人的投资热情，除本身达到一定的规模外，对导入资本的需求也应该达到相应的额度。因为从交易成本来看，投资方投资较大公司比投资较小公司更具有投资的规模效应，而且小公司抵御市场风险的能力也相对较弱，即便经过几年的显著增长，也未必能达到股票市场上市的标准，这意味着投资人要求回报的压力会比较大。

(3) 发展资本。

企业扩张期风投机构投入的发展资本，在欧洲已成为风险投资业的主要部分。以英国为例，目前"发展资本"已占风险投资总额的 30%，这类资本的一个重要作用就是协助私人企业突破杠杆比率和再投资利润的限制，巩固这些企业在行业中的地位，为它们进一步在市场获得权益融资打下基础。尽管该阶段的风险投资回报并不太高，但对于风险投资人而言却具有很大的吸引力，因为所投资的风险企业已经进入成熟期，包括市场风险、技术风险和管理风险等已经大大降低，企业能够提供一个相对稳定和可预见性的现金流，而且，企业管理层也具备良好的业绩记录，可以减少风险投资人介入风险企业的成本。

(4) 风险并购资本。

风险并购资本一般适用于较为成熟、规模较大和具有巨大市场潜力的企业。与一般杠杆并购的区别在于，风险并购的资金不是来自银行贷款或发行垃圾债券，而是来自风险投资基金，即收购方通过融入风险资本并购目标公司的产权。以管理层并购为例，由于风险资本的介入，并购所产生的营运协力效果（指并购后反映在营运现金流量上的效果）也就更加明显。目前，管理层并购所涉及的风险资本数额越来越大，在英国已占到风险投资总量的 2/3，但交易数量却少得多，因为这种类型的交易规模比其他类型的风险投资要大得多。

(二) 风险投资的发展历程

1. 风险投资的起源

风险投资的起源可以追溯到 19 世纪末期，当时美国一些私人银行通过对钢铁、石油和铁路等新兴行业进行投资，获得了高额回报。1946 年，美国哈佛大学教授乔治·多威特和一批新英格兰企业家成立了第一家具有现代意义的风险投资公司——美国研究发展公司,开创了现代风险投资业的先河。但是,由于条件限制,风险投资在20世纪50年代前发展比较缓慢,真正兴起于20世纪70年代后。1973年,随着大量小型合伙制风险投资公司的出现,全美风险投资协会宣告成立,为美国风险投资业的蓬勃发展注入了新的活力。目前,美国的风险投资机构已接近2 000家,投资规模高达600多亿美元,每年约有10 000个高科技项目得到风险资本的支持。

2. 风险投资的发展

风险投资在美国兴起后,很快在世界范围内产生了巨大影响。1945年,英国诞生了全欧洲第一家风险投资公司——工商金融公司。但英国风险投资业起步虽早,发展却很缓慢,直至20世纪80年代英国政府采取了一系列鼓励风险投资业发展的政策和措施后,风险投资业在英国才得以迅速发展。其他一些国家如加拿大、法国、德国的风险投资业随着新技术的发展和政府管制的放松,也在80年代有了相当程度的发展。同一时期,日本的风险投资业也如火如荼,到1996年,日本的风险投资机构就有100多家,投资额高达150亿日元以上。但与美国不同的是,日本的风险投资机构中有相当一部分是由政府成立的,这些投资机构大多也不从事股权投资,而是向高技术产业或中小企业提供无息贷款或贷款担保。

3. 我国风险投资的发展

我国的风险投资业在20世纪80年代起步,1985年1月11日,我国第一家专营新技术风险投资的全国性金融企业——中国新技术企业投资公司在北京成立,同时,通过火炬计划,我国又创立了96家创业中心、近30家大学科技园和海外留学人员科技园,它们都为我国的风险投资事业做出了巨大贡献。1986年,政协"一号提案"为我国的高科技产业和风险投资发展指明了道路,掀开了我国风险投资业新的一页。1985年,中共中央在《关于科学技术体制改革的决定》中指出:"对于变化迅速、风险较大的高技术开发工作,可以设立创业投资给以支持。"这一决定使我国高技术风险投资的发展有了政策上的依据和保证。同年9月,国务院批准成立了我国第一家风险投资公司——中国新技术创业投资公司(以下简称"中创"),这是一家专营风险投资的全国性金融机构,它的成立被视为我国风险投资业起步的标志。此后,我国又成立了中国高科技风险投资有限公司、广州技术创业公司、江苏省高新技术风险投资公司等,形成了我国风险投资的早期局面,其业务主要为投资、贷款、租赁、担保、咨询等,这一阶段我国风险投资的资金规模约为30亿元。

1991年3月6日,国务院在《国家高新技术产业开发区若干政策的暂行规定》第六条中指出,有关部门可以在高新技术产业开发区建立风险投资基金,用于风险较大的高新技术产业开发。条件成熟的高新技术开发区可创办风险投资公司。这标志着风险投资在我国已受到政府的高度重视。

20世纪90年代中期前后,一批海外基金和风险投资公司开始涌入中国,为中国风险投资业注入新的资金,并带来西方全新的管理与规范化的运作机制;与此同时,一些投资银行、信托投资公司等金融机构也纷纷开设风险投资部,涉足刚刚兴起的风险投资业,中国风险投资业开始进入试探性发展阶段。

1998年"两会"期间,中国民主建国会中央委员会提交了《关于尽快发展我国风险投资事业》的提案;1999年,国务院办公厅批转国家七部委《关于建立风险投资机制的若干意见》，推动了中国风险投资事业以前所未有的速度发展。国务院办公厅于 1999 年转发了科技部、国家计委、国家经贸委、财政部、中国人民银行、税务总局、中国证监会制定的《关于建立风险投资机制若干意见的通知》，该通知对于我国建立风险投资机制的意义、基本原则、风险投资撤出机制、中介服务机构体系、政策和法规体系等都做了明确的说明和规定。2000 年国家经贸委颁布了《关于鼓励和促进中小型企业发展的若干政策意见》，其中提出"鼓励社会和民间投资，探索建立中小企业风险投资公司；探索风险投资基金的管理模式和撤出机制；充分发挥政府对风险投资的导向作用"。2001 年 8 月，国家对外贸易经济合作部、国家科学技术部、国家工商行政管理总局颁布了《关于设立外商投资创业投资企业等暂行规定》，使外商参与中国的创业投资有规可循。

近年来，中国的风险投资无论是投资机构总数、筹集的风险资本金总额、投资项目总量，还是风险投资及基金管理机构的从业人员等，都有大幅度的增加。中国风险投资机构的区域分布与当地的科技、经济发达程度、信息交通、配套资源的健全，以及当地政府的政策支持密切相关。当前风险投资机构最为集中的地区为北京、上海和深圳，其次是南京、杭州、天津、广州、成都、武汉、西安等中心城市。2005 年下半年，中国风险投资业翘首以盼的十部委联合制定的《创业投资企业管理暂行办法》正式颁布实施，建立政府引导基金、融资优惠和税收优惠等政策；股权分置全面推进，中小企业板将率先实现全流通，为创业企业开辟通道，为并购提供便利；《公司法》《证券法》修改完成，企业上市门槛降低，也为建设创业板提供了法律依据。

（三）风险投资的运作模式

1. 风险资本的形成

在不同的国家，风险资本的来源不同，主要包括政府、大公司、民间的私人资本等。

①个人。个人风险投资者主要有两类，一是具有风险投资经验或实力的投资人；二是创业企业家。

②政府。出于对产业政策以及宏观经济发展规划的统筹，政府会对风险投资给予支持，主要包括财政拨款、政府直接投资、政府担保的银行贷款等。

③企业。企业是风险投资的主要参与者，企业介入风险投资主要出于发展战略目标的考虑，为企业寻找到新的利润增长点，甚至是二次创业。在美国，企业的风险投资资本占风险投资基金来源的 30%。

④机构投资者。机构投资者主要是保险公司、慈善基金、养老基金和信托投资公司。

⑤商业银行。这主要是指商业银行的控股公司提供资金或者是从银行员工管理的资金池中取得资金进行风险投资，由于银行的天生谨慎，因此不可能成为风险资金的主要提供者。

2. 风险投资的步骤

风险资本募集以后，风险投资就开始进入投资运作阶段，投资过程一般分为以下步骤。

（1）搜寻投资项目。

建立风险投资基金后，投资方下一步的重要工作就是寻找投资项目。寻找投资项目是一个双向的过程，企业可以主动向风险投资机构提交项目投资申请，再由风险投资机构进行评审遴选。风险投资机构也可以主动寻找投资项目。

(2)项目筛选。

由于资金与风险的因素,风险投资公司并不是对所有项目都进行投资,而是要对申请的投资项目进行最初的甄别和筛选。一般来说,获得风险投资机构青睐的企业项目必须具有以下特点。

①巨大的市场潜力。该项目产品必须既有巨大的市场潜力,包括会被未来的市场普遍认同,并能够接受其价格。

②先进的技术。公司拥有的技术必须是先进的甚至是革命性的、独一无二的,通常是一国或多国的专利技术,或获得了行政保护、被定为商业秘密的技术等。

③持久的竞争优势。该产品的成本、性能、质量必须具有持久的竞争优势,起码在企业上市之前或上市之后的几年间,具备这种优势。

(3)项目评价。

一旦某一项目通过了最初的筛选,风险投资人就会对该项目进行更详细的评估。评估项目是一个复杂的综合评价过程,它涉及项目的技术水平、市场潜力、资金跟进、经营管理团队的素质乃至政策、法律等因素,需要由各方面专家一同完成。

(4)谈判阶段。

当项目通过评价或认为是可行后,风险投资方和潜在的风险企业就会在投资数量、投资形式和价格等方面进行谈判,确定投资项目的一些具体条件。

风险投资公司和风险企业作为两个独立的实体,各自追求自身利益的最大化,因此,谈判阶段要确定相互协作的机制,平衡各自的权益。一般来说,风险投资公司关注的问题是:在一定风险情况下投资回报的可能性;对企业运行机制的直接参与和影响;保障投入资金一定程度的流动性;在企业经营绩效不好时对企业管理进行直接干预,甚至控制。而风险企业关注的则是:保障一定的利润回报;基本上可以控制和领导企业;货币资本能够满足企业运转的要求。因此,谈判阶段所要解决的问题是确定一种权益安排,以使双方互惠互利,风险共担,收益共享。

谈判的最终结果,即未来的操作安排及利益分享机制,体现在双方商定并共同形成的契约上,契约条款一般包括投资总量;资金投入方式及组合,包括证券种类、红利、股息、利息及可转债的转换价格;企业商标、专利租赁等协议;投资者监督和考察企业权力的确认;关于企业经营范围、商业计划、企业资产、兼并收购等方面的条件确认;雇员招聘及薪酬确定;最终利润分配方案。

(5)投资生效后的监管。

风险投资公司和风险企业之间达成某种协议以后,风险投资人就要承担合伙人和合作者的任务。风险投资的一个重要特点就是其"参与性",这种参与性不仅表现在对风险企业的日常运营进行监督管理,还表现在风险投资者对风险企业经营战略、形象设计、组织结构调整等高层次重大问题的决策上。风险投资机构对风险企业的监管主要通过以下方式进行。

①委派在行业中经验丰富的经营管理专家加入董事会,参与企业重大事项的决策及经营方针、战略和长期规划的制定。

②定期审阅公司的财务报表。

③向风险企业推荐高水平的营销、财务等专业管理人员。

④向风险企业提供行业发展分析报告。

⑤协同企业寻求进一步发展所需的资金支持,并为公开上市创造条件,进行准备。

(6)风险资本的退出。

风险投资人对风险企业进行风险投资不是为了对风险企业的占有和控制,而是为了获得高额收益,因此风险投资人会在适当的时机变现退出。

习题训练

一、单项选择题

1. 另类投资的投资对象通常不包括(　　)。
   A. 房产与商铺　　　　　　　　　B. 国债
   C. 未上市公司股权　　　　　　　D. 艺术品

2. 另类投资的局限性不包括(　　)。
   A. 缺乏监管和信息透明度
   B. 流动性较差,杠杆率偏高
   C. 估值难度大,难以对资产价值进行准确评估
   D. 难以分散风险

3. 以下不属于另类投资的是(　　)。
   A. 不动产投资　　　　　　　　　B. 私募股权投资
   C. 固定收益投资　　　　　　　　D. 大宗商品投资

4. 在通常情况下,下列哪种投资标的的流动性最差(　　)。
   A. 短期国债　　　　　　　　　　B. 非上市公司股权
   C. 沪深300ETF　　　　　　　　　D. 交易所隔夜回购

5. 关于风险投资,下列表述错误的是(　　)。
   A. 风险投资一般采用股权形式将资金投入具有创新性的专门产品或服务的初创型企业
   B. 风险投资是投资于企业的创新性技术和产品
   C. 风险投资的收益来自企业成熟壮大之后的股权转让
   D. 风险资本的主要目的是取得对企业的长久控制权以及获得企业的利润分配

6. 关于有限合伙制,下列表述错误的是(　　)。
   A. 有限合伙制最早产生于美国费城
   B. 成为私募股权投资基金最主要的运作方式
   C. 其合伙人由有限合伙人和普通合伙人构成
   D. 在有限合伙制当中,有限合伙人负责出资,并以其出资额为限,承担连带责任

7. 私募股权投资基金将其持有的项目在私募股权二级市场出售的行为属于(　　)。
   A. 管理层回购　　B. 二次出售　　C. 破产清算　　D. 借壳上市

8. 每一项不动产在地理位置、产权类型、用途和使用率等方面而言都是独特的,这体现了不动产投资特点的(　　)。
   A. 异质性　　　　B. 不可分性　　C. 低流动性　　D. 低风险性

9. 投资于写字楼、零售房地产等设施的不动产投资为(　　)。
   A. 地产投资　　　　　　　　　　B. 商业房地产投资
   C. 工业用地投资　　　　　　　　D. 酒店投资

10. 房地产投资信托是一种( )产品。
A. 资产证券化　　B. 现金证券化　　C. 信贷证券化　　D. 债券组合证券化
11. 最近几年,全球大宗商品和股票市场表现呈现出( )。
A. 正相关关系　　　　　　　　B. 负相关关系
C. 线性相关关系　　　　　　　D. 非线性相关关系
12. 关于贵金属类产品的表述,错误的是( )。
A. 黄金是贵金属类大宗商品的典型代表
B. 国际上可交易的贵金属类主要包括白金、白银、铂金
C. 被认为是个人资产投资和保值的工具之一
D. 通常具备相对较好的物理属性、高度的延展性和稀少的特点
13. 关于大宗商品投资方式的表述,错误的是( )。
A. 结构化产品主要用金融工程的方法创造新的证券,并将其收益挂钩于其他资产,以满足投资者需求
B. 购买资源或者购买大宗商品相关股票,是最直接也是最简明的大宗商品投资方式
C. 对单一商品或商品价格指数采用衍生产品合约形式进行投资,是大多数大宗商品投资者常用的投资方式
D. 直接购买大宗商品进行投资会产生很大的运输成本和储存成本,投资者很少采用这样的方式

二、论述题

1. 请结合生活实例,论述传统投资与另类投资的区别与联系。
2. 请论述我国风险投资的运作模式。

三、案例分析题

某投资者购买了杭州市区某专业市场中的商铺一间,具体情况如下。
(一)基础数据
(1)商铺使用年限:2003年11月至2043年11月。
(2)建筑面积:31.33 m²。
(3)商铺市场价格:13 700元/m²,总价:429 221元;但由于该投资者接受了开发商提供的打折条件,实际支付总价:339 085元,实际单价为:10 823元/m²。
(4)按揭贷款数据:首付:16万元,贷款年限:2006—2016年,月利率:5.1%,等额本息支付,保险费、公证费、物业维修基金等费用总计3 500元。
(二)该投资者与开发商签订的买卖回租合同主要内容
(1)回租期限:租赁期限为7年(不含市场开业之日起前六个月的市场预热免租期),双方同意自市场开业之日(2006年12月30日)起的第七个月为租赁期的起算日。
(2)回租价格与支付方式:按甲方购买的商铺总价计算年租金。其中前3年(不包含开业后的前六个月预热期)按购房总价的7%计算,由于乙方对甲方购买的商铺已经给予了优惠的价格,因此,乙方对前3年的租金不再支付。第4年租金按购房总价的8%计算,第5年按购房总价的8.5%计算,第6年按购房总价的9%计算,第7年按购房总价的9.5%计算。第4年至第7年每半年支付一次,每次支付的时间为每半年的第一个月,乙方每次支付甲方租金时均按国家税务政策规定代扣税金。

问题:请根据以上信息,对该商铺投资的风险进行分析。

第七章

企业财富管理实务

第一节 企业财富管理概述

企业财富管理是指企业进行的财富规划和资产管理,主要包括投资与融资活动管理,其目的是实现企业的资产增值。

(一)投资管理

投资管理是指企业根据自身战略发展规划,以企业价值最大化为目标,将资金投入到某个营运项目或者将资产让渡给其他单位以获得另一项资产的管理活动,也是企业将自己拥有的货币资金转化为资本的行为过程,是当期投入一定数额的资金而期望在未来获得回报,所得回报应该能补偿投资资金被占用的时间、预期的通货膨胀率及未来收益的不确定性。根据不同的维度,可将企业投资进行不同的划分。

1. 根据投资的资产形态的不同,企业投资可分为实物投资、资本投资和证券投资

实物投资是以货币投入企业,通过生产经营活动取得一定利润。资本投资和证券投资是以货币购买企业发行的股票和公司债券,间接参与企业的利润分配。

2. 根据投资方向和范围的不同,企业投资可分为对内投资和对外投资

对内投资是指把资金投放在企业内部,为扩大再生产购置各种生产经营资产,即购建固定资产、无形资产和其他长期资产。对外投资是指企业以现金、实物、无形资产等方式或者以购买股票、债券等有价证券方式向其他单位的投资,是对外扩张行为。

3. 根据生产经营关系的不同,企业投资可分为直接投资和间接投资

直接投资是指把资金投放于生产经营环节中,以期获取利益。间接投资又称证券投资,是指把资金投放于证券等金融性资产以期获得股利或利息收入。直接投资在非金融性企业中所占比重较大,但随着中国证券市场的完善和多渠道筹资的形成,间接投资也越来越广泛。

多元化投资是当前中国企业成长发展的主要路径,但在企业投资获得投资收益的同时,也并存着风险。一般来说,企业投资的成败是关系到企业生死存亡的大事,而企业管理层的投资决策也体现了企业的价值取向。

(二)融资管理

融资管理是指企业为实现既定的战略目标，在风险匹配的原则下，通过一定的融资方式和渠道筹集资金。企业融资的规模、期限、结构等应与经营活动、投资活动等匹配。

根据不同的标准，企业融资也可以进行不同的划分。

1. 根据融资属性不同，企业融资可分为债务性融资和权益性融资

债务性融资包括银行贷款、发行债券和应付票据、应付账款等，债务性融资构成负债，企业要按期偿还约定的本息，债权人一般不参与企业的经营决策，对资金的运用也没有决策权。权益性融资主要指股票融资，权益性融资成为企业的自有资金，投资者有权参与企业的经营决策，有权获得企业的红利，但无权撤回资金。

2. 根据融资方式不同，企业融资可分为直接融资和间接融资

直接融资借助融资工具，如股票、企业债券、融资租赁、国库券、商业票据等。间接融资借助间接融资工具，如银行贷款、银行承兑、银行债券、可转让大额存单和保险单等。

如果将一家企业的生命周期细分为种子期、初创期、成长期、扩张期、成熟期、衰退期，与各阶段对应的直接融资形式有种子轮、天使轮、A轮、B轮、C轮、D轮、E轮、F轮、IPO。

种子轮，公司初创阶段，公司只有创意却没有具体的产品或服务，创业者在这一阶段寻找投资时，基本靠概念吸引和"承诺"。

天使轮，公司有了产品雏形，商业模式也已初步形成，同时积累了一部分的核心用户。资金来源一般是天使投资人、天使投资机构，投资量级较小。

A轮融资，公司产品开始成熟，有了完整详细的商业及盈利模式，在行业内拥有一定地位和口碑。此时，公司可能依旧处于亏损状态，资金来源一般是专业的风险投资机构，投资量级一般在1 000万元人民币到1亿元人民币。

B轮融资，公司经过一轮发展后，获得较大发展，一些公司已经开始盈利，商业模式、盈利模式基本没有问题，需要推出新业务、拓展新领域，因此需要更多的资金流。此阶段资金来源大多是上一轮的风险投资机构跟投、新的风投机构加入、私募股权投资机构等，投资量级在2亿元人民币以上。

C轮融资，公司已经发展到非常成熟的阶段，开始盈利，离上市不远，这轮融资除了拓展新业务，也有补全商业闭环、准备上市的需要。资金来源主要是私募股权投资，之前的风险投资机构可能会选择跟投，投资量级在10亿元人民币以上。

C轮融资后，效益好的企业即可完成上市，进行股票市场融资。但如果无法完成上市，就会有D、E、F轮融资，甚至更多轮的融资。

IPO即为首次公开募股，也就是"上市"。只有IPO完成后，公司才可以到股票交易市场向公众发行股票进行融资。

中国上市公司可选择的国内股票交易市场主要有主板、新三板、创业板、科创板。除此之外，中国境内企业还可选择香港证券交易所，纽约证券交易所、纳斯达克证券交易所进行融资。根据选择上市的交易所不同，发行的股票有A股、B股、H股、N股、NDX股等。

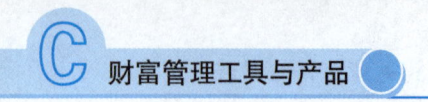

企业运营中的投融资管理就是企业的财富管理，企业财富管理应遵循以下原则。

①价值创造原则，投融资管理应以持续创造企业价值为核心。

②战略导向原则，投融资管理应符合企业发展战略与规划，与企业战略布局和结构调整方向相一致。

③风险匹配原则，投融资管理应确保投融资对象的风险状况与企业的风险综合承受能力匹配。

第二节　企业投资实务

一、企业直接投资和间接投资

(一) 直接投资

直接投资也叫生产性投资，是指企业把资金直接投放于生产经营性资产，以便获取利润的投资，如购置设备、兴建厂房、开办商店等。直接投资除获利之外，还有扩大生产规模、增加市场占有率等方面的规划。

1. 直接投资的特点

(1) 对企业的长远发展有直接影响。

企业进行直接投资除获利之外，还有增加企业的产量和销售量等影响，从而扩大市场份额提高自己的竞争力。因此，企业的直接投资和企业的长远发展战略是联系在一起的。企业为了提高产品的质量，降低产品生产成本，就会投资采用更先进的生产工艺和生产设备。因此，企业的直接投资决策，关系到企业的长远发展，甚至影响企业的命运。

(2) 投资大，周期长。

企业直接投资的金额一般都较大，其考虑的是长期利益。另外，企业购买的固定资产要在很长时间内才能收回投资，因此，直接投资的周期也较长。

(3) 投资风险大。

企业直接投资面临着很多不确定的因素，如需要增加多少流动资金、能够生产多少产品、产品的销售价格是多少等因素都可能是未知的。因此，直接投资能否取得理想的效果取决于企业对未来各方面预测的准确程度，而预测是无法做到百分之百准确的，而不确定因素使企业的直接投资面临很大的风险。

(4) 投资的流动性差。

企业的直接投资主要是对厂房、机器设备进行投资，这些资产单位价值较大，且难以应用于其他场合，一旦购入就很难保值出售，资产的流动性较差。

2. 企业直接投资的原则

(1) 要明确企业的优势和劣势。

企业的直接投资是一项周期长、风险较大的活动。在投资前要评估企业前一段时期的经营绩效，如销售收入、净利润、投资报酬率等；还要衡量企业的财务状况、经营情况等。

(2) 要和企业实力匹配。

企业在进行直接投资决策时应该对影响其成功的各种因素进行深入分析，尤其应关注以下几个方面。

第一，企业主营业务发展水平。企业主营业务的发展水平决定着企业的投资方向和投资规模，即决定企业是否应该扩大原有的生产规模，扩大后的规模应该多大，还是应该采取多元化扩张战略，对其他市场领域进行投资，以获得新的利润增长点。

第二，资本实力。企业直接投资的投资量大，不仅要考虑初期的投入，而且还要考虑正常运转中需追加的周转资本。企业所需资本可通过内部积累与外部融资取得，内部积累不仅包括企业的现有资产，还包括未来的盈利状况。企业自有资金不足时需借款，这时需要考虑企业的融资能力、资本结构、能否顺利筹措所需资金、可承受多大风险等因素。

第三，人力资源水平。企业的人才结构应随着企业规模的扩张进行调整，根据企业的需要配合相应的生产管理人才、市场销售人才、科研开发人才及熟练的技术人才等。企业的人力资源水平是企业在投资决策时必须考虑的因素之一。

第四，企业在进行投资之前应该从其组织能力、决策能力、资源配置能力、成本控制能力、管理人员的层次结构等方面对企业的管理控制能力进行评价。评价的结果可以作为内涵发展的基础，也可以作为判定能否从容应对新经营领域中将出现的问题的参考，以及决定是否进行外延发展的重要依据。

(二) 间接投资

间接投资又称证券投资，是指把资金投放于金融性资产，以获得股利或者利息收入，如购买政府公债、企业债券和企业股票等。间接投资的主要目的是获取利润，企业采用的间接投资方式主要有以下几种：

①投资于金融企业，开办或参股银行、保险公司。民生银行、华夏银行等股份制银行、城市合作银行、地方发展银行中相当一批战略投资者来自企业，这类投资是真正的产业投资。

②投资于股票、债券等金融资产。我国每年的股票、债券投资规模以千亿元计，来自企业的比重较高。这类投资具有"中间投资"的色彩，对于出资人来说，投资行为已经完成，实现了货币到资本的转化，但从融资主体来看，真正的投资可能尚未开始。

③投资于产权市场，通过产权交易和企业并购，获得产业能力。一大批企业通过参与国有企业并购重组，在不进行项目建设的情况下实现了资本扩张和产业扩张。

这三种投资方式都不直接进行固定资产投资，它们介于投资行为和储蓄行为之间，具有某种"中间性"，且有的方式更接近于储蓄行为。

二、企业内部投资管理

(一) 企业内部类别

1. 技术内部投资类别

技术投资是一项适应社会主义市场经济发展需要的重要投资方式，随着我国加入世贸组织，我国经济与世界经济联系愈加紧密，技术投资对于增强企业的国际竞争力具有重要的现实意义。技术投资指企业用于研究与开发、引进技术等方面的投资，是企业运用基础研究、应用研究的成果,为开发新产品、新材料、新设备、新工艺或是更新完善老产品、老设备、老工艺而进行的投资。通过研究与开发投资,新技术得以通过试生产进入批量生产,投资性质也由技术投资转变为固定资产投资。引进技术投资是指企业购买、消化现成的技术成果,如购买特许权、专利、专有技术等知识产权等,其比研究与开发投资的成本低、风险小,但在选择销售市场和销售时机等方面则可能会受到转让方一定的制约。

一般而言,企业处于研究与开发力量较弱的阶段时,引进技术对于企业在较短时间内以较低的风险和成本缩短与先进企业的差距有积极作用,但企业要进一步发展,仅仅将引进技术作为唯一的投资手段是不够的,必须加强研究与开发投资,实施适度的超前发展战略,才能在市场竞争中取得主动权。

根据对技术创新的程度不同,企业技术投资可以分为技术引进(转让)、技术模仿、技术改良和技术创新。其中,国外技术引进称为技术引进,国内技术引进称为技术转让。上述四种投资方式均可由企业单独或联合实施。

企业进行技术投资,应从技术的适用性、独创性和经济性等多方面进行评估,以确定投资方向。

2. 产权投资

产权投资是投资者为取得企业产权而进行的投资活动。作为投资对象的产权,既可以是企业的所有产权,也可以是其部分产权,如所有权、使用权等。产权投资实质上是对资产存量进行重新调整和配置。我国企业巨额资产存量中,有相当高的比例属于闲置资产或低效资产,加上可用资金短缺,进行建设投资周期较长,使产权投资有较大的潜力。产权投资可以根据投资者与被投资者各自的需求,确定相适应的投资方式,常见的有企业兼并、企业合并、企业承包或租赁、企业联合等。

3. 股票投资

股票是股份制公司(企业)为筹集资金而发给其股东,作为股东持股凭证并以此取得股息和红利的有价证券。

中小企业可通过两种方式进行股票投资,一是直接购入某一类或若干类股票,这需要对绩优股、成长股等不同表现的股票进行适当组合,在分散投资风险的前提下取得较好的收益。另一种方式则是通过认购投资基金进行投资,投资基金又称证券投资信托,一般由专门机构管理,由个人投资者和一部分机构投资者认购,基金投向债券、股票和其他方面,根据投资收益确定分红方案,能较好地分散风险。

4. 债券投资

债券是政府或企业为筹借资金而向投资者提供的一种债权凭证,一般事先规定偿还期限,计息付息,到期归还本金。

中小企业选择将债券作为投资对象时,应遵循兼顾安全性、流动性和收益性的原则。一般可选择国库券、金融债券和信用状况良好的企业债券、融资券作为投资对象。国库券、金融债券因发行主体信誉高、发行量大,且易于变现,可作为投资的首选目标。此外,在购买债券时,应注意分析利率走势,如果预计近期利率将上升,则可购买浮动利率债券。

(二)企业项目投资

企业在分析某个投资项目是否可行时,要依次分析考察人、市场、技术和风险四个因素。

1. 分析考察人

即考察被投资项目和企业的创业者,这是投资分析考察的主要因素,考察其创业素质、奋斗精神、经营能力、管理能力、敬业精神和诚信度等。

2. 分析考察市场

任何一项技术和产品如果没有巨大的市场潜力,就不能达到投资所追求的目的,实现企业由无到有、由小到大、由弱到强的成长目标。因此中小企业在进行投资时,必须根据自己的经验和对市场的认识,分析判断其投资项目和技术的市场前景。

3. 分析考察技术水平

如项目技术的超前性和突破性,生产工艺的复杂程度、生产投资、生产成本、原材料供应状况,技术优势等。

4. 分析考察风险

企业必须考虑所投资的产品和技术在成长发展过程各阶段存在的风险,综合判断哪些风险是可以控制的,哪些是难以控制的,哪些是可以回避的,哪些是不可以回避的。如果是进行风险投资,风险投资种子期风险最大,除非十分看好并有足够资金,一般很少在这一阶段投资。

企业在考察投资项目时,要利用冰山原理进行尽职调查,尽职调查的主要内容大体分为三类,这些内容好比浮出水面的冰山,其底层有更丰富、更应深入考察的类别,如图7-1所示。

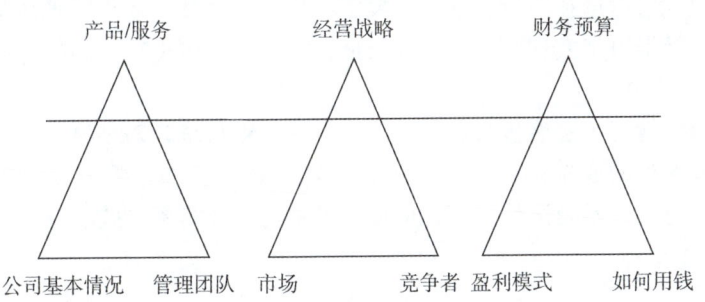

图7-1 项目考察"冰山"示意图

(三)企业投资项目流程

1. 市场调查分析与预测

市场调查分析预测是指在投资项目进行之前,对投资项目的资金、原材料、产品、技术、劳务等市场的容量、饱和程度、竞争性及其未来趋势的分析预测。市场调查与预测能够帮助企业准确把握投资项目的可行性和未来趋势,降低企业面临的风险和不确定性,从而有效地控制投资成本。

2. 设计初步的项目方案

经过市场调查与预测之后,投资人应当初步拟定投资项目建设规模、产品方案、设备选择、工艺路线、投资预算、资金来源途径、预期财务效益及可能存在的投资风险,为投

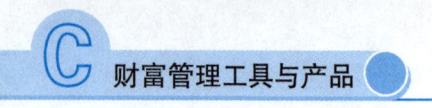

资行为奠定指导基础。

初步的项目方案内容主要涉及项目背景、方案设计理念、土地利用、规模概况和资金估算等方面。通过初步的项目方案，投资企业可以对整个项目的可行性进行一个初步论证，使项目操作的各个部门对该项目有一个基本的认识，并协调各部门资源进行统筹配置和统一管理。

3. 全面系统的技术要素分析

投资行为实质上是一个要素配置过程，企业要在投资项目启动之前，对各类技术要素进行全面分析，包括土建规划与设计方案、设备选择、国外引进设备或国产设备的型号、数量、价格及其适用性、可操作性、工艺流程和工艺路线、设备安装调试、辅助配套调节监控系统、技术方案等方面。同时，投资企业应对投资项目建设、建设期利息、流动资金等也要进行较准确的分析估算。

4. 资金投入计划及建设进度安排

在投资行为中，资金分配是一个非常关键的问题，要做到资金投入的数量和时间与建设进度匹配。如果再投资行为当中出现资金链断裂的情况，损失将是十分惨重的，但建立巨大的资金储备成本又太高。所以，资金投入计划应与建设进度匹配。

5. 资金筹措

（1）资金的筹措渠道和方式。

企业可以通过各类渠道筹措资金，在实际业务中可以根据企业自身的状况进行选择。如企业的投资项目收益情况预期较高，企业又不愿意把利润分割出去，同时具备一定的抗风险能力，企业就可以选择银行贷款；如投资项目风险较高企业想降低风险，则可以通过引进战略投资者等渠道来实现筹资。企业根据自身状况亦可进行不同的选择。

（2）资金成本分析。

任何资金筹措的行为必然包含着一定的成本，如银行贷款需要利息，发行债券需要筹措费用等，这一系列的成本都依靠投资项目的收益补偿，如果投资项目难以补偿这些成本，则这些筹资方式是不合适的，因此应慎重评估与选择筹资方式。

6. 财务效益分析

企业投资的目的是获得利润，但具体获得多少利润，在投资项目策划时就应进行预测，主要包括测算投资利润率、财务内部收益率、借贷偿还期、投资回收期等。

7. 投资项目风险分析

投资项目风险分析主要指项目盈亏平衡状况、与项目效益密切相关的因素变化对项目的影响程度、风险因素定性分析预测等。

三、企业投资风险管理

(一)企业投资存在的风险

1. 利率风险

利率风险是指由于利率变化导致中小企业投资损失的可能性。随着国家的金融政策和宏观政策以及市场行情等因素的变化，利率会波动，导致中小企业投资收益不稳定。

2. 汇率风险

汇率风险是指由于币种之间的汇率变化导致中小企业投资损失的可能性。中小企业在对跨币种结构性外汇理财产品进行投资时，应该时刻警惕汇率风险。例如，以澳元投资美元的理财产品，银行在运作过程中一般需要先将澳元兑换成美元，待产品到期后，再将运作本金和收益兑换回澳元。在没有风险对冲措施的情况下，两次汇兑的时间错配便可能引发汇率风险。

3. 购买力风险

购买力风险是指由于货币购买力下降导致中小企业投资损失的可能性。在高通货膨胀时期，货币会贬值，同等价值货币的购买力会减少。通货膨胀一旦在中小企业投资到期之前发生，就会造成中小企业投资所获的现金购买力下降。

4. 政策风险

政策风险是指国家宏观经济政策的变化导致中小企业投资损失的可能性。例如，一些中小企业由于没有考虑到国家某些政策限制而盲目地进行可能违背国家政策的投资，可能在没有获得投资回报时被投资国要求停产。因此，中小企业在规划对外投资时，应先对目标投资国的相关政策进行认真的研究。

5. 市场风险

市场风险是指由于市场供求变化导致中小企业投资损失的可能性。一些中小企业看见市场上某种产品获利很好，于是就跟风对这种产品进行投资，最后导致这种产品供过于求，在产品价格下降的同时，生产该产品的原料由于这种产品的大肆生产而供不应求，价格上升。这样，一方面原料价格上升，一方面产品价格下降，导致投资这种产品的中小企业的利润下降，一些企业甚至很难收回自己的投资。

6. 技术风险

技术风险具体包括两方面的含义：一是技术的成熟度和可靠性经不起市场的检验，导致收益下降；二是围绕这个技术投资的收益预先难以确定。

7. 经营管理风险

由于中小企业管理问题以及企业决策者的自身素质较低，导致中小企业在进行投资时会因决策失误导致企业投资损失。例如，中小企业不注重自身商标的保护，导致最后丧失自己的商标使用权；原材料供应出现问题、组织生产不合理、新技术试验失败、贷款回收不及时、产品推销不力等，都会导致中小企业的利润不确定。中小企业决策者管理水平低，缺乏财务、管理知识，会增加中小企业的投资风险。

8. 财务风险

财务风险是指由于中小企业举债经营造成企业财务的不确定性。举债经营是企业在一定量的自有资金基础上为了扩大再生产，通过向外筹集资金，如发行长期债券、向银行长期借款等，以保证企业扩大生产经营活动对资金的需要。企业的举债经营会对自由资金的盈利能力造成影响，还有可能导致中小企业自身陷入财务困境，面临破产的风险。中小企业的举债经营伴随着财务风险。

(二)企业投资风险管理环节

中小企业投资风险管理的内容包括风险识别、风险估计、风险评价、风险决策、风险处理、风险管理后评价六个环节。

1. 风险识别

在风险事故发生之前,企业运用各种方法系统地、连续地认识所面临的各种风险及其发生的潜在原因。只有全面、正确地识别投资面临的各种风险,才能有的放矢,针对风险进行估计、评价、决策,使风险管理建立在良好的基础之上。

风险识别方法,可以分为宏观领域中的决策分析(可行性分析、投入产出分析等)和微观领域的具体分析(资产负债分析、损失清单分析等)。常见的方法如下。

①生产流程分析法,又称流程图法,该种方法强调根据不同的流程,对每一阶段和环节,逐个进行调查分析,找出风险存在的原因。

②风险专家调查列举法,由风险管理人员将该企业、单位可能面临的风险逐一列出,并根据不同的标准进行分类,在此基础上有针对性地进行控制。

③资产财务状况分析法,即根据企业的资产负债表及损益表、财产目录等的财务资料,风险管理人员对企业财务状况进行分析,发现其潜在风险。

④分解分析法,指将一复杂的事物分解为多个简单的事物,将大系统分解为具体的组成要素,从中分析可能存在的风险及潜在的威胁。

此外,风险的识别还有其他方法,如环境分析、保险调查、事故分析等。企业在识别风险时,应该交互使用各种方法。

2. 风险估计

风险估计是对投资中的风险进行量化,据以确定风险大小和高低。风险估计要解决两个问题:一是确定风险事件发生的可能性(损失概率);二是确定风险事件导致损失后果的严重程度(损失程度)。

3. 风险评价

风险评价是依据风险估计确定的风险大小或高低,评价风险对企业工程项目投资目标的影响程度。

风险评价的方法在很大程度上取决于企业管理者的主观因素,不同的企业管理者对同样货币金额的风险有不同的评价方法。常用的风险评价方法如下。

①成本效益分析法,研究在采取某种措施的情况下需要付出多大的代价,以及可以取得多大的成果。

②权衡分析法,将各项风险所致的后果进行量化比较,评价研究各项风险的存在与发生可能造成的影响。

③风险效益分析法,在采取某种措施的情况下,取得一定的效果需要承担多大的风险。

④综合分析法,利用统计分析的方法,将风险的构成要素划分为若干具体的项目,由专人对各项目进行调查统计评出分值,然后根据分值及权数计算出各要素的实际评分值与最大可能值之比,作为风险程度评价的依据。

4. 风险决策

风险决策是在风险评价的基础上，针对各种风险的影响程度，制定相应的风险管理措施，拟定多种风险管理方案，统筹考虑项目投资现状和长远目标，选择最佳方案、最佳风险管理措施或措施组合。

5. 风险处理

风险处理是根据风险管理决策的要求，针对不同类型、不同规模、不同概率的风险，采取相应的对策、措施或方法，使风险损失对企业生产经营活动的影响降到最低。风险处理的方法主要有风险规避、风险分散、风险转嫁、风险抑制和风险补偿等。

风险规避是指中小企业在经营过程中拒绝或退出有明显风险的经营活动，是一种避重就轻的消极处理方式，意味着要放弃某项活动。通常在两种情况下采取这种方式，一是某特定风险所致损失频率和损失额度相当高，二是处理风险的成本大于其产生的效益。

风险分散一般是通过实现资产结构多样化，尽可能选择多样的、彼此不相关或负相关的资产进行搭配，以降低整个资产组合的风险程度。

风险转嫁指利用合法的交易方式和业务手段，将风险全部或部分地转移给他人的行为，如采用担保或保险的方法。

风险抑制是指企业承担风险后，当风险无法转嫁出去时，则要在企业自身的经营过程中予以消除或缩小，加强对风险的监督，发现问题及时处理，争取在损失发生之前阻止情况恶化或提前采取措施减少风险造成的损失。

风险补偿是采取各种措施对风险可能造成的损失加以弥补，常用的风险补偿方法包括合同补偿，即在订立合同时就将风险因素考虑在内，如将风险可能造成的损失计入价格之中，订立抵押条款和担保条款等；保险补偿，即通过保险制度来减少企业风险；法律补偿，即利用法律手段对造成企业风险损失的法律责任者提起诉讼，尽可能挽回一部分损失。

6. 风险管理后评价

风险管理后评价是分析、比较已实施的风险管理方法的结果与预期目标的契合程度，以此来评判管理方案的科学性、适应性和收益性。在投资过程中，企业风险管理者应不断监督检查上述五个环节尤其是风险处理的情况，协调影响投资的内外力量，对风险管理效果进行分析，进而规避后续可能出现的类似风险。

第三节　企业融资实务

一、企业债权融资

债权融资是指企业作为债务人，从金融机构或其他企业获得资金的融资方式的总称，具体包括银行贷款、债券融资、融资租赁。

（一）银行贷款

企业如果需要一种风险低、成本小的资金，银行贷款是最合适的选择。在多数国家，银行贷款在企业融资总额中所占的比重最高,即使在美国这个股权市场和债券市场最发达的国家,银行贷款也是债券、股票融资的两倍。所以,中小企业合理利用银行贷款是企业解决资金困难、取得经营成功的重要手段。

1. 银行贷款类型

按资金性质分,银行贷款可以分为三类:

①流动资金贷款,它是银行为解决企业短期流动资金需要而发放的贷款,是企业流动资金来源的重要组成部分,也是整个银行贷款的主要部分,在各类贷款中占有重要的地位。流动资金贷款期限一般在1年以内,有特殊要求时可以申请1~3年的中期流动资金贷款。银行发放这类贷款时一般会要求企业提供比较详尽的经营状况资料及相关财务报表。

②固定资产贷款,它是银行对企业基本建设投资、技术改造等固定资金需求所发的贷款,以补充企业固定资金不足,有利于企业再生产的顺利进行。它包括技术改造贷款、基建投资贷款和其他贷款。

③专项贷款,包括扶贫专项贴息贷款、星火计划贷款、专项储备贷款、农业机械贷款等,这类贷款通常是国家为了鼓励和照顾特定地区有特定用途的贷款,其利率一般比较优惠。

此外,交通、能源企业还可申请大修理贷款;城建开发公司、房屋建设开发公司等城市房地产综合开发经营的单位还可申请土地开发、商品房开发贷款等。

按照贷款归还期限的长短不同,贷款分为短期贷款、中期贷款和长期贷款三类:

①短期贷款指贷款期限在1年以内(含1年)的贷款,目前主要有6个月、1年等期限档次的短期贷款。这种贷款称为流动资金贷款,在整个贷款业务中所占比重很大,是金融机构主要的业务之一。

②中期贷款指贷款期限在1年以上5年以下(含5年)的贷款。

③长期贷款指贷款期限在5年以上的贷款。

在我国,中长期贷款主要是固定资产贷款,包括基本建设贷款和技术改造贷款,还包括房地产贷款、车船飞机购置贷款等。多年来,我国对固定资产贷款一直实行指令性计划管理。我国固定资产投资总规模由国家发改委根据经济增长速度、国民经济和社会发展宏观目标,综合平衡各地区、各部门投资需求后确定,报国务院批准。固定资产贷款规模根据固定资产投资总规模和信贷总规模,经中国人民银行和国家发改委协调平衡后,报国务院批准实行。各银行必须根据中国人民银行批准的固定资产贷款计划发放。

按照发放贷款时有无担保等条件,贷款分为信用贷款、担保贷款和票据贴现贷款等,具体如下:

①信用贷款是指以借款人信誉为依据的贷款。

②担保贷款包括保证贷款、抵押贷款和质押贷款。

③票据贴现是指贷款人以购买借款人未到期商业票据的方式发放的贷款。

2. 银行贷款程序

企业向银行贷款的主要程序包括借款人提出贷款申请—银行审批—签订借款合同—贷款发放—银行贷后检查—贷款的收回与延期。

(二)债券融资

债券是债务人发行的,定期向债券持有人支付利息,并在债券到期后归还本金的一种债务凭证。债券可以在证券市场上自由流通与转让。企业用发行债券的方式筹集资金，通常要比通过银行融资更加稳定，融资期限更长。企业通过发行债券筹集的资金一般可以自由使用，不受债权人的具体限制；而银行贷款有许多限制性条款，如限制资金的使用范围，限制借入其他债务，要求保持一定的流动比率、资产负债率等。总的来说，债券所筹集的资金期限较长，资金使用自由，且债券投资者无权干涉企业的经营决策，现有企业股东对企业所有权不变。从这一角度看，发行债券在一定程度上弥补了股票融资和向银行贷款的不足。

1. 企业发行债券的资格

根据《企业债券管理条例》要求，发行债券的企业必须符合下列条件：企业规模达到国家规定的要求；企业财务会计制度符合国家规定；具有偿债能力；企业经济效益良好，发行企业债券前连续3年盈利；所筹资金用途符合国家产业政策。

《公司法》中规定，企业发行公司债券，必须符合下列条件：股份有限公司的净资产额不低于人民币3 000万元，有限责任公司的净资产额不低于6 000万元；累计债券总额不超过公司净资产额的40%，最近3年平均可分配利润足以支付公司债券1年的利息；筹集资金的用途符合国家产业政策；债券的利率高于国务院限定的利率水平；国务院规定的其他条件。

同时，发行公司债券所筹集的资金，必须用于审批机关批准的用途，不得用于弥补亏损和非生产性支出，不得用于股票、房地产、期货买卖等与本企业生产经营无关的风险性投资。若用于固定资产投资，还须经有关部门批准。

凡有下列情形之一的，不得再发行公司债券：

①前一次发行的公司债券尚未募足的。

②对已发行的公司债券或其债券有违约或者延迟付本息的事实，且目前仍处于继续状态的。

2. 企业发行债券的操作程序

我国企业债券的发行实行"统一管理，分级审批制度"。根据《企业债券管理条例》的规定，企业发行企业债券必须控制在国家计划的年度发行规模之内，并必须按照条例的规定进行审批；未经批准的，不得擅自发行或变相发行企业债券。按照《公司法》规定，企业债券的发行规模由国务院规定。国务院证券管理部门审批公司债券的发行，不得超过国务院确定的规模。

(1)配额审核和发行审核需经过下列环节。

①企业向其行业主管部门提出申请，只有在行业主管部门推荐的前提下，才能申请发行债券。

②该企业主管部门向省、自治区、直辖市或计划单列市的中国人民银行分行申报发行配额。

③省、自治区、直辖市或计划单列市的中国人民银行分行、发改委共同编制全国企业债券年度发行计划，并报中国人民银行总行和国家发改委审核。

④中国人民银行总行、国家发改委综合各地申报的发行计划，共同编制全国企业债券年度发行计划，并报国务院批准。

⑤全国企业债券年度发行计划被批准之后，由中国人民银行总行、国家发改委联合将

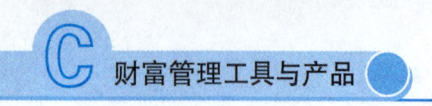

发行配额分给各省、自治区、直辖市和计划单列市。

⑥各省、自治区、直辖市和计划单列市中国人民银行分行与发改委共同将发行配额分给企业或主管部门，企业获得发行配额后，需得到中国人民银行各省、自治区、直辖市和计划单列市分行发放的《发行企业债券申请表》，企业填写并提交审核后，可发放企业债券。

发行债券所筹的资金如果用于固定资产的投资，还必须列入我国的固定资产投资规模之中。

（2）企业债券发行准备。

企业在向国家证券管理机关申请发行企业债券之前，应准备好企业债券财务审计报告，债券发行条件的确定和债券信用证明，债券发行前的文件等相关资料。

（3）发行及审批。

根据《公司债券发行试点办法》规定，申请发行公司债券，应当由公司董事会制定方案，由股东会或股东大会对发行债券的数量、期限等事项作出决议，由保荐人保荐，并向中国证监会申报。保荐人应当按照中国证监会的有关规定编制和报送募集说明书和发行申请文件。

公司全体董事、监事、高级管理人员应当在债券募集说明书上签字，保证不存在虚假记载、误导性陈述或者重大遗漏，并声明承担个别和连带的法律责任。保荐人应当对债券募集说明书的内容进行尽职调查，并由相关责任人签字，确认不存在虚假记载、误导性陈述或者重大遗漏，并声明承担相应的法律责任。

另外，债券募集说明书所引用的审计报告、资产评估报告、资信评级报告，应当由有资格的证券服务机构出具，并由至少两名有从业资格的人员签署。为债券发行出具专项文件的注册会计师、资产评估人员、资信评级人员、律师及其所在机构，应按照业务规则、行业公认的业务标准和道德规范出具文件，并声明对所出具文件的真实性、准确性和完整性承担责任。债券募集说明书所引用的法律意见书，应当由律师事务所出具，并由至少两名经办律师签署。

中国证监会负责审核发行公司债券的申请。证监会在收到申请文件后，在五个工作日内决定是否受理。证监会按照《中国证券监督管理委员会发行审核委员会办法》规定的特别程序审核申请文件，做出核准或者不予核准的决定。

发行公司债券，可以申请一次核准，分期发行。自中国证监会核准发行之日起，公司应在6个月内首期发行，剩余数量应当在24个月内发行完毕。超过核准文件限定的时效未发行的，须重新经中国证监会核准后方可发行。

首期发行数量应当不少于总发行数量的50%，剩余各期发行的数量由公司自行确定，每期发行完毕后5个工作日内报中国证监会备案。公司应当在发行公司债券前的2~5个工作日内，将经中国证监会核准的债券募集说明书摘要刊登在至少一种中国证监会指定的报刊上，同时将其全文刊登在中国证监会指定的互联网网站。

（三）融资租赁

融资租赁是指设备需求者（承租人）在需要添置技术设备而又缺乏资金时，由出租人代其购进或租进所需设备并出租给承租人使用，按期收取租金，待租赁期满，承租人可选择退回、续租或者以象征性的价款购买租进设备的一种租赁方式。融资租赁是企业在分期付款的基础上,根据出租业务中所有权和使用权分离的特性,租赁结束后将所有权低价有偿或无偿转移给承租人的现代融资方式。通俗来说,融资租赁就是要企业"借鸡下蛋、卖蛋买鸡"。它拉动了大型设备制造企业的销售,解决了中小企业需使用设备但企业融资困难的问题。此外融资租赁还兼有理财、资产管理、盘活闲置资产等多种功能。

中小企业在进行融资租赁时,首先要熟悉融资租赁项目评估的程序,充分熟悉融资的业务流程,并掌握融资租赁合同的关键要素,进行综合评估,并按流程履行手续。

融资租赁属于引进投资。通常,在启动融资租赁项目前,租赁公司要对项目建议书和可行性报告进行综合评估。租赁项目评估基本程序如下。

融资租赁项目的评估应与项目的立项同步进行,在评估过程中对项目可行性和租赁条件进行调整,从而减少风险。通常,融资租赁评估需要经过初评、实地评估和项目审批等阶段,具体如下:

①双向选择合作伙伴。在融资租赁项目立项初期,企业应与多家租赁公司联系,了解融资租赁条件和费用,选择成本低、服务好、资信可靠的租赁公司。租赁公司则应选择经济实力强、资信好、债务负担轻、有营销能力和还款能力的企业合作。双方在互相信任的基础上,才能对项目进行实事求是的评估鉴定。

②项目初评。租赁公司根据企业提供的立项报告、项目建议书及其他相关资料,通过当面洽谈,摸清项目的基本情况,将调查数据与同类项目的经验数据比较,对项目进行初评。若租赁公司认为项目可行,企业可以进一步编制可行性报告,办理项目审批手续。

③企业实地考察。融资租赁项目通过初评后,租赁公司须深入企业进行实地考察,全面了解企业的经营能力、生产能力及其相应的技术水平和管理水平,了解项目所在地的工作环境和社会环境、财务状况,对核心指标要素必须取得第一手资料。企业为了项目获得通过后的顺利运转,应提供真实的材料并积极配合。

④项目审批。租赁公司根据企业提供的各种资料和实地考察报告,结合企业立项的可行性报告,全面评价项目的风险和可行性,决定项目的取舍,并确定给企业的风险利差。如果项目可行,风险在合理可控的范围内,即可编制项目评估报告,办理内部立项审批手续。

⑤合同签约。项目被批准后,租赁公司接受企业的租赁项目委托,就可办理租赁标的物购置手续,签订购货合同和租赁合同,合同的价格条款和租赁条件都不应离可行性报告的分析数据太远,否则对项目要重新评估。签约后项目评估的结论应为项目的优化管理提供参考依据。

⑥项目后管理。项目后管理对租金的安全回收起着重要作用。在租赁项目执行过程中,承租人应经常将实际经营状况与可行性报告进行比较,随时调整经营策略,力求达到预期经营目标。出租人则应经常将承租人的经营状况与评估报告的主要内容进行比较,发现问题及时采取措施,保证租金回收的安全运作。

⑦融资设备处理。租赁合同到期,通常设备的折旧已经基本提完。按照《融资租赁合同》的约定,可由双方事先协商好,按照约定的残值将设备转让给承租人,最终完成融资租赁过程。

二、企业权益融资

企业权益融资是指向其他投资者出售公司的所有权,即用所有者的权益来交换资金。

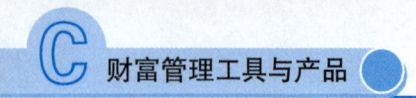

权益融资可以让企业创办人不必用现金回报其他投资者,而是与他们分享企业利润并承担管理责任,投资者以红利形式分得企业利润。权益资本的主要渠道有自有资本、亲友或风险投资公司。为了改善经营或进行扩张,特许人可以利用多种权益融资方式获得所需的资本。

企业进行权益融资的形式按照企业的发展进程来讲,通常分为四种。在企业初创阶段,通常会采取天使投资者或者风险投资的融资方案,在企业发展阶段,可以采用私募股权融资的方式,后期为了更好地扩张规模,在具备相关条件后,通常会选择上市融资。相关内容在前章已有讲述,本处不再赘述。

三、企业融资风险管理

融资风险也称筹资风险,指企业筹融资过程中面临损失的可能性。该风险表现在两个方面,一是预期收益具有不确定性,二是可能发生损失。具体到企业生产经营中,风险则体现为企业筹资失败、融资成本太高以及所筹集资金未能达到预期收益等。

(一)风险来源

1. 政策风险

大多中小企业生产经营的稳定性较差,政府经济金融政策的变化可能对其产生较大影响,如受产业政策限制的行业,企业直接融资和间接融资的风险都较大。又如在货币信贷紧缩时期,市场上资金的供应减少,中小企业一是筹集资金困难,二是融资成本提高、融资数量减少,这都将直接影响企业资金链的连续性,并增加企业的经营风险。

2. 经营亏损风险

企业融资的目的是提高企业自身的素质,增加盈利能力。但融资风险的不确定性决定了融资行为可能致使企业经营性亏损,并由此产生融资风险,如果经营管理不善,产生了亏损,企业只好用自有资金垫支融资的本金和利息,容易导致财务风险,从而陷入资金难以为继的泥潭。

3. 资金风险

企业的经营收益小于负债利息时,就有可能造成企业融资风险,如果这种风险不能被控制,便会使企业失去信誉,影响企业的形象,造成破产。

4. 汇率风险

改革开放以来,特别是中国加入WTO后,外资规模不断增加。外资的大量进入,为中小企业融资打开了国际资本的大门。如果企业采取外币融资,当借入外币贬值时,企业便可得到额外收益,但当企业借入的外币在借款期间升值时,到期偿还本息的实际价值就高于借入时的价值,企业就要蒙受因汇率变化引起的损失。

5. 内部管理风险

如在战略方面,企业内部对市场的潜在需求研究不够,产品研制的技术力量有限,对市场的变化趋势预见性不足;在财务方面,会计信息不真实、核算混乱、财务信息不透明,都会导致企业出现生产经营困难,从而降低资金使用效率,甚至造成财务危机。

(二)企业融资风险管理措施

1. 合理安排资金结构

企业应注意财务变化，正确估计偿债能力，运用偿债保本收益计算方法估算自身的偿债能力，有助于企业合理安排资金结构，进而有效防范融资风险。

2. 合理安排收支

在日常生产经营过程中，企业一方面要支付融资到期的本息，另一方面还要根据正常的生产经营需要随时支付资金，过度的支付将形成财务危机。为避免财务风险，企业应根据自身的特点，选择采取分散融资、分散归还的办法，做到融资、偿还的支出交叉进行，保证企业有充足的偿还和经营支付能力。

3. 合理选择外汇工具

在国际金融市场上，主要有四种办法来控制外汇风险。

（1）货币远期合约。货币远期合约是在未来某个时间实现的外汇交易协议。例如，一家企业三个月后将收到一笔外汇货款，为防止未来外汇价格的不利变动，该企业就按当前市场上形成的外汇远期价格将这笔外汇卖出去，三个月后实际交割。这样，不管三个月后汇率怎样，其本币现金流量已经固定。这种远期交易避免了汇率发生不利变动的影响，当然，也放弃了汇率有利变动中得到额外利益的机会。

（2）货币期货合约。货币期货合约的基本特征与远期合约大致相同，只是在期限、数量和条件上完全标准化，可以在期货交易所中进行集中竞价和撮合交易。货币期货合约在美国芝加哥期货交易所和纽约金融交易所、伦敦金融期货交易所、新加坡国际金融交易所、多伦多期货交易所、悉尼期货交易所以及新西兰期货交易所均有交易。货币期货的期限最长为一年，因而在为长期外汇风险暴露进行套头保护上是有局限性的。

（3）货币期权合约。从卖方来说，期权合约承担了在规定时间内以某种价格进行交易的义务；而对买方来说，获得了进行此种交易的权利，但并没有进行付款义务。这就是说，期权合约的收益、风险是不对称的，为此，期权的买方要向卖方支付一个期权价格补偿购买者付出的代价。

（4）货币互换。双方当事人达成协议，互相交换两种货币的本金并为对方支付利息，到期后再将本金换回。这种交易的实际作用是交易双方能够以自己现有的一种货币，来换得另一种货币一定时间的运用。在此过程中，交易双方不但规避了汇率风险，也不蒙受利率差距可能造成的损失。货币互换也是场外交易，通过银行等中介机构进行，其优势是可以对长期外汇风险进行套头交易，并且更有效率。

习题训练

1. 我国企业对外投资有哪些优势及劣势？
2. 对外投资过程中，企业如何进行投资项目的选择和管理？
3. 如何防范企业融资过程中可能存在的风险？

参 考 文 献

[1] 黄达，张杰. 金融学[M]. 北京：中国人民大学出版社，2020.
[2] 樊丽明. 公共财政概论[M]. 北京：高等教育出版社，2019.
[3] 蒋先玲. 货币金融学[M]. 北京：机械工业出版社，2016.
[4] 庄宗明. 世界经济学[M]. 北京：科学出版社，2015.
[5] 王光栋，张光楹，廉赵峰. 财富管理与资产配置[M]. 北京：经济管理出版社，2013.
[6] 王建红. 房地产投资分析[M]. 北京：电子工业出版社，2011.
[7] 易行键. 财富管理：理论与实践[M]. 北京：机械工业出版社，2022.
[8] 王庆安. 货币市场基金[M]. 北京：人民邮电出版社，2021.
[9] 纪志宏. 中国货币市场基金：创新、发展与监管[M]. 北京：中译出版社，2022.
[10] 大额存单管理暂行办法[Z]. 中国人民银行公告(2015)第13号，2015.
[11] 卜振兴. "固收+"产品与市场发展趋势研究[EB/OL]. 金融时报-中国金融新闻网，2022.
[12] 陈心. 中国证券投资基金业协会. 证券投资基金(第二版)[M]. 北京：高等教育出版社，2017.
[13] 陈青桉. 可转债投资从入门到精通[M]. 北京：中国铁道出版社，2017.
[14] 股震子. 零基础学债券型基金[M]. 北京：中国宇航出版社，2021.
[15] 中国证券业协会. 金融市场基础知识[M]. 北京：中国财政经济出版社，2022.
[16] 中国证券投资基金业协会. 证券投资基金[M]. 北京：高等教育出版社，2017.
[17] 朱孜，王俊龙. 股票投资[M]. 北京：清华大学出版社，2022.
[18] 胡新辉. 基金投资[M]. 南京：东南大学出版社，2020.
[19] 曹华. 另类投资[M]. 厦门：厦门大学出版社，2014.
[20] 陶冬. 另类投资逐渐成为主流[J]. 新财富，2007.
[21] 杨宜. 中小企业投融资管理[M]. 北京：北京大学出版社，2022.
[22] 朱元甲，孙晓筱. 我国商业银行开展另类投资探析[J]. 金融会计，2016.
[23] 沈梦溪，刘杰. 民营企业"一带一路"实用投资指南[M]. 北京：中华工商联合出版社，2020.
[24] 李桂芳. 中国企业对外直接投资分析报告[M]. 北京：中国人民大学出版社：中国人民大学研究报告系列，2018.
[25] 毛振华. 企业扩张与融资[M]. 北京：中国人民大学出版社，2017.
[26] 葛培健. 企业直接债务融资操作实务[M]. 上海：复旦大学出版社，2014.

参 考 答 案

第一章

1.（1）金融监管体制与历史文化传统。

中国的金融监管体制随实践而改变，符合中国历史文化传统中的"实践论"，通过实践获得理性的认识。改革开放以来，随着中国金融业的迅速发展，出现了多元化的金融机构、多种类的金融工具和金融业务，引进了外资金融机构。实践中单一的监管已经不再能够发挥良好的作用，为了适应这种局面，中国金融业监管经历了从集中统一监管到分业监管的变迁，相应的，金融监管部门也经历了从单一监管机构到多个监管机构的变化。最初，由中国人民银行一家机构负责对整个金融业的监管；现在，不只是中国人民银行进行金融监管，已形成了"一委一行两会"的金融监管模式。

（2）金融监管体制与政治体制改革。

从1948年12月1日起，中国人民银行一直行使着国家银行职能，集中力量研究和实施全国金融的宏观决策，加强信贷总量的控制和金融机构间的资金调节，以保持货币稳定为基本职责。随着政治体制改革，对外开放程度深化，经济向市场化推进，中国农业银行、中国银行等机构的建立，中国人民银行开始履行从国家银行向中央银行职能的转变。

（3）金融监管体制与经济发展水平和法治建设。

随着中国经济的发展，金融行业不断发展，监管面临着不同的挑战，与此相关的法制建设对金融行业的监督管理也变得尤为重要。中国工商银行建立后，中国人民银行开始专门行使中央银行职能，从此，中国的中央银行体制开始确立并不断发展。大致来说，中国中央银行与金融监管体制的改革经历了五个阶段。

第一阶段：从1984年开始，中央银行以金融调控为主要目标，围绕稳定货币与经济增长的关系开展工作，存款准备金、再贷款、再贴现成为最主要工具，而此时的经济发展目标就是支持和促进国民经济稳定发展。

第二阶段：从1992年开始，随着中国经济发展势头向好，金融行业发展迅速，金融机构不断增多，证券市场的发育，信托机构的存在，银行和保险业的竞争，尤其是宏观金融失控和金融秩序混乱的状况不断出现，金融监管的重要性逐渐提升，"立法"监管变得重要且有效。1992年8月，国务院决定成立证券委和中国证监会，将证券业的部分监管职能从人行分离出来。1995年《中华人民共和国中国人民银行法》颁布实施，首次以国家立法的形式确立了中国人民银行作为中央银行的地位，明确其基本职责。

第三阶段：从1998年开始，针对亚洲金融危机的严重局势和中国经济金融实际情况，国家决定对中国金融体制进行重大改革。其标志性的改革是建立跨省区的中国人民银行分行，实施中国人民银行与证监会、保监会的分业监管，以应对中国经济发展迅猛带来的金融行业快速分化、监管真空等问题。1998年，在各类银行与所办证券公司、保险公司、信托公司等经济实体彻底脱钩，银行、证券、保险和信托实现分业经营的基础上，中国人民银行的监管职能又做了进一步调整，先是于1998年6月将对证券机构的监管职能移交给证监会，后又于11月将对保险业务、保险机构和保险市场的监管职能分离出去，移交同年成立的中国保险监管管理委员会。至此，银行、证券、保险实现了分业监管。从1998年到2003年，中国人民银行对银行业的监管是按照银行的产权性质分设监管部门，依照国有银行、股份制银行、信用合作社、非银行金融机构和外资银行来分别设立。

第四阶段：2003年开始，十届全国人大一次会议决定，中国人民银行不再承担金融监管职能，批准国务院成立中国银行业监督管理委员会。至此，中国建立了银监会、证监会和保监会分工明确、互相协调的金融分工监管体制。

第五阶段：2018年以来，以整合银监会和保监会为基础，成立中国银行保险监管管理委员会，简称银保监会；同时将原归属于中国银监会和中国保监会的职责——拟定银行业和保险业重要法律法规草案、拟定审慎监管基本制度——划入中国人民银行，形成监管权限高度集中于中央政府的集权多头式监管。

（4）金融监管体制未来方向。

金融监管制度必须建立在市场运行法则的基础上，才能达到效率和稳定性兼顾的目的。金融环境是复杂多变的，经济发展的不同阶段金融活动的特征亦是不同的，因此，监管制度要在发展变化的环境中自我调整、自我适应，既要防止监管松懈带来的风险扩大化，又要避免不计成本的监管带来的负面效应。实施具有弹性的监管策略，就是依据经济、金融发展状况，适时变革金融监管制度，不断提高金融监管的有效性。

2. 由于中央银行在金融体系和国民经济中处于特殊的地位，承担着特殊的职责，要真正发挥中央银行的作用，必须使中央银行具有一定的独立性。

（1）中央银行是特殊的金融机构。中央银行履行其职责必须通过具体的业务活动来进行，中央银行的业务活动必须符合金融运行的客观规律和自身业务的特点，这是由经济与金融的关系和金融行业的特殊性质决定的。

（2）中央银行制定和执行货币政策，对金融业实施监督管理，调控宏观经济运行和保持金融稳定，具有较强的专业性和技术性。中央银行作为宏观经济的调控部门，虽然要按政府确定的目标和意图行事，但中央银行不同于一般行政管理机构，它的调控对象是货币、信用、金融机构与金融市场，调控手段是技术性很强的经济手段，需要中央银行机构与人员具有熟练的业务、技术与经验和一定程度的独立性和稳定性。

（3）中央银行与政府两者所处的地位、行为目标、利益需求及制约因素有所不同。政府工作的侧重点根据情况不时变化，经济工作虽然也是政府贯彻始终的中心工作，但社会问题往往是政府时时关注的。中央银行虽然要对政府的工作重点予以配合，但这种配合不能违反金融活动的基本规律。为了保证经济、社会长期稳定协调发展，中央银行工作的重点是围绕稳定货币币值这一基本原则或目标进行的。稳定货币币值的目标具有很强的持续性和社会性,是中央银行维护国家根本利益的集中体现。中央银行通过稳定货币,为政府各项目标的实现提供条件、环境和保障。虽然稳定货币有时可能与政府的短期工作重点发生矛盾,但符合政府的长期目标。因此,中央银行具有一定的独立性,对于经济、社会的长期持续稳定发展是有益的。

(4)中央银行保持一定的独立性可能使中央银行与政府其他部门之间的政策形成互补和制约关系,增加政策的综合效力和稳定性,避免因某项决策或政策失误而造成经济与社会发展全局性的损失。

(5)中央银行保持一定的独立性还可以使中央银行和分支机构全面、准确、及时地贯彻总行的方针政策,而少受地方政府的干预,保证货币政策决策与实施的统一,增加中央银行宏观调控的时效性和提高中央银行运作的效率。

总之,从中央银行在现代经济体系中所处的重要地位和所担负的重要职责看,中央银行必须保持一定的独立性。现代经济和金融的发展证明,中央银行要真正发挥其作用,就必须是强有力的,也就是必须具有一定的独立性,这是保持经济、金融稳定和维护社会公众信心的一个必要条件。中央银行对政府保持一定的独立性,使其权力与责任相统一,能够在制定和实施货币政策、监管金融业和调控宏观经济方面自主地、及时地形成决策和保证决策的贯彻执行,这对促进经济与社会的健康、稳定发展和保证国家的根本利益具有重要意义。

3. 对于货币政策,主要观察两点:一个看中文文件的用词;一个看每年的变化。2015年要求稳健的货币政策要松紧适度,2016年要求稳健的货币政策要灵活适度,由此可以判断2016年比2015年的货币政策更宽松。2017年要求货币政策要保持稳健中性,可以判断2017年比2016年的货币政策收紧。2018年要求稳健的货币政策要保持中性、松紧适度、管好货币总闸门,可以判断2018年比2017年货币政策更严格,2019年要求稳健的货币政策要松紧适度,满足经济运行保持在合理区间的需求,可以判断2019年比2018年的货币政策趋于宽松,2019年的货币政策属于绿色信号灯。

4.

类别	中国中信集团	光大集团	平安集团
银行牌照	中信银行	光大银行	平安银行
证券牌照	中信证券	光大证券	平安证券
期货牌照	中信期货	光大期货	平安期货
保险牌照	信诚人寿	光大永明人寿	平安人寿
基金牌照	信诚基金	光大保德信基金	平安大华基金
信托牌照	中信信托	光大兴陇信托	平安信托
融资租赁牌照	中信金融租赁	光大金融租赁	平安租赁

5.(1)获得第三方支付牌照的企业:支付宝(中国)网络技术有限公司、银联商务股份有限公司、资和信电子支付有限公司、财付通支付科技有限公司、通联支付网络服务股份有限公司、开联通支付服务有限公司、易宝支付有限公司等。

(2)获得银行牌照的民营银行:微众银行、网商银行、新网银行、苏宁银行、重庆富民银行、众邦银行、湖南三湘银行、天津金城银行、北京中关村银行、亿联银行等。

6. 后凯恩斯学派的代表人物萨缪尔森强调财政政策和货币政策"松紧搭配"的功效，其含义是权衡经济中最需要注意的紧迫问题，并根据财政政策和货币政策各自适用性的特点，或采用松财政政策与紧货币政策的搭配，或采用紧财政政策和松货币政策的搭配。当然，特定的经济形势也会要求"双松"或"双紧"。

(1) 紧的财政政策和紧的货币政策。

紧的财政政策一般是指抑制社会需求的政策，主要通过增加税收、削减政府支出规模等手段来限制支出、抑制社会总需求。紧的货币政策是指以紧缩需求、抑制通货膨胀为目的的货币政策，主要通过提高法定存款准备率等市场经济手段以及紧缩信贷等行政手段减少货币供给，进而达到紧缩货币供应的目的。这种政策组合通常可以有效地制止和压缩需求膨胀和通货膨胀，但同时会对经济增长产生抑制作用。

(2) 紧的财政政策和松的货币政策。

松的货币政策是以扩大社会需求刺激经济增长为目标的政策。由于紧的财政政策具有抑制社会需求的作用，所以它和松的货币政策相配合，一般可以起到既可控制需求，又可保持适度经济增长的作用。但两者有松紧搭配适度的问题，过松的货币政策可能会在总量上抵消紧的财政政策对需求的抑制作用，进而产生通货膨胀；而过紧的财政政策则可能会进一步放慢经济增长速度，甚至造成经济停滞。

(3) 松的财政政策和紧的货币政策。

松的财政政策具有刺激需求、加大对经济结构调整力度的作用；而紧的货币政策则可以防止过高的通货膨胀。因此，这种政策组合既可以使经济保持适度增长，同时实现对经济的结构性调整，又可以尽可能避免通货膨胀。但若松紧搭配不当，可能会产生其他不良后果。例如，过松的财政政策可能造成赤字积累，并且同时造成社会总需求过于旺盛，进而在总量上抵消紧的货币政策的抑制需求作用。反之，如果货币政策过紧，也会对经济增长产生不良的阻碍作用。

(4) 松的财政政策和松的货币政策。

松的财政政策主要通过减少税收和增加政府财政开支来扩大社会总需求，同时，由于政府支出和税收一般都带有明显的方向性，会对经济结构和资源配置产生重要影响。松的货币政策会扩大货币供给总量，进而扩大社会需求总量，因而在方向上同财政政策是一致的。在社会总需求不足的情况下，采取这种政策组合可以起到扩大需求、刺激经济、增加就业的作用；但这种政策组合往往会造成严重的通货膨胀。

通过对以上四种政策组合的介绍，我们可以看出，所谓"松""紧"搭配，主要是利用财政政策和货币政策各自的特殊功能，达到平衡需求、调整市场资源配置的目的。

第二章

一、计算题

(1) 王先生投资组合的期望收益率和标准差分别是多少？

投资组合的预期收益率 $E(RP) = w_1 E(R_1) + w_2 E(R_2) = 60\% \times 15\% + 40\% \times 20\% = 17\%$

投资组合的方差 $\sigma_P^2 = D(w_1\sigma_1 + w_2\sigma_2) = w_1^2\sigma_1^2 + w_2^2\sigma_2^2 + 2\rho_{12}w_1w_2\sigma_1\sigma_2$

标准差 $= \sqrt{60\%^2 \times 20\%^2 + 40\%^2 \times 22\%^2 + 2 \times 60\% \times 40\% \times 0.6 \times 20\% \times 22\%}$
$= 18.66\%$

即王先生的投资组合期望收益率为 17%，标准差为 18.66%。

(2) 如果相关系数是 0 或者 -0.6，那么王先生投资组合的期望收益率和标准差又分别是多少？

投资组合的预期收益率与相关系数无关，故相关系数变化后，投资组合的预期收益率保持不变，仍为 17%。

① 当相关系数为 0 时，投资组合的标准差 $= 60\%^2 \times 20\%^2 + 40\%^2 \times 22\%^2 = 14.88\%$

② 当相关系数为 -0.6 时，投资组合的标准差 $= 60\%^2 \times 20\%^2 + 40\%^2 \times 22\%^2 + 2 \times 60\% \times 40\% \times (-0.6) \times 20\% \times 22\% = 9.7\%$

答：王先生投资组合的期望收益率均为 17%。当相关系数为 0 时，标准差为 14.88%。当相关系数为 -0.6 时，标准差为 9.7%。

(3) 王先生的资产组合比单独投资股票 1 更好还是更差？

王先生投资资产组合比单独投资股票 1 更好，因为投资组合可以更好地分散风险。

二、论述题

1. 正确。方差与标准差只是衡量风险的常用方式。

2. 青年单身期主要指投资者参加工作至结婚这一时期，一般为 1 至 5 年。该阶段投资者的收入比较低，消费支出大，个人储蓄少，但没有太大的家庭负担，精力旺盛，需要充分体验社会，是提高自身、投资自己的大好阶段。此阶段应尽力寻找收入机会，广开财源，节约消费，不寻求高风险投资，做好妥善的投资理财计划，为将来打好基础。这段时期的重点是提升自己的专业知识，培养未来的获得能力。财富状况是资产较少，可能还有负债（贷款购车、信用卡贷款消费等），甚至净资产为负。

在该阶段，投资者的节财计划>资产增值计划>应急基金>购置住房，主要目标是储蓄，有效控制消费，采用"收入－储蓄＝支出预算"的方式，先储蓄，后消费。建议消费支出控制在月收入的 50%以内；同时选择比较熟悉和有信心的领域进行投资，如安全性较高的货币基金、银行理财产品、固定化收益类产品等。

3. 不同的投资者因为其需求不同，所选的财富管理工具与产品也不同。

(1) 短期流动性需求高的投资者，其需要资金保持流动性和安全性，如货币基金等高流动性、低风险的资产种类可以满足。

(2) 高安全性需求的投资者，一般保险类产品较为合适。保险产品的收益性、流动性虽然并不是最好，但是对于家庭整体财富配置的抗风险能力有积极的作用。

(3) 追求长期稳定的投资者需要具有长期稳定投资价值的金融工具，其不追求高收益，重在长期的稳定。人一般在年轻的时候风险承受能力更强，接近退休的时候希望持有更加安全的资产种类，这些资产是需要长期使用的，短期并不会大进大出，可以配置在相对期限更长、流动性更低的资产，如债券产品、信托产品、分红型保险等。

(4) 高收益需求的投资者，私募股权产品等由于牺牲了部分的流动性，在 3 年、5 年甚至更长的锁定期后，会带来更高的回报。

三、案例分析题

(1) 目前张先生夫妻处于家庭形成期，结婚至子女出生时期。一般为 1 至 5 年。这一时期收入以双方工资为主。收入增加且生活稳定，家庭已经具有一定的经济基础，但为提高生活质量往往需要较大的家庭支出，如房贷。此阶段投资者在注重保持资产流动性的同时，还应配置高收益的金融资产，如股票基金等。

（2）张先生家庭整体理财以稳健型为主，建议在预留平时的日常生活费的预备金后，再进行投资理财。

第一，对于储蓄方面，可用60%左右的资金进行储蓄，如进行定期或活期储蓄存款等。

第二，对于投资方面，可以将10%的资金用来购买风险适中的正规大型银行理财产品，如银行基金。或者考虑用这部分资金购买国债、股票或期货衍生品。

第三，如对剩余资金的流动性要求不高，可考虑复利产品，使用复利加快财富增值。

第三章

1.

名称	活期/%	七天通知/%	一天通知/%	整存整取/%	零存整取/%	存本取息/%	整存零取/%
工商银行	0.25	0.45	1	1.65（一年）	1.25（一年）	1.25（一年）	1.25（一年）
农业银行	0.25	0.45	1	1.65（一年）	1.25（一年）	1.25（一年）	1.25（一年）
中国银行	0.25	0.45	1	1.65（一年）	1.25（一年）	1.25（一年）	1.25（一年）
建设银行	0.25	0.45	1	1.65（一年）	1.25（一年）	1.25（一年）	1.25（一年）

注：各银行存款利率参考中国人民银行基准利率进行调整。

张三手里的1万元现金可以参考定期存款储蓄的四分法进行规划，将1万元分成金额不同的4份，金额分别是1 000元、2 000元、3 000元、4 000元，这4份现金分别存成4份一年期的定期存款。

2. 综合考虑国债逆回购的计息天数和资金的流动性，参考如下：

产品	时间
1天期	周四
2天期	周三
4天期	周一
7天期	周四之前
14天期	周四之前

3. 现金规划要综合考虑其流动性和收益性，且要预留出适当的紧急预备金。

案例中的王老太首先需要预留出一定量的紧急预备金，如果王老太每月固定支出为1 500元，那么需预留4 500至9 000元的紧急预备金；剩下的存款可以投资国债、大额存单、国债逆回购等收益相对较高的产品。

考虑到王老太的年龄比较大，可能偏好传统的生息工具存款，可以考虑按照四分储蓄法、十二单法、阶梯储蓄法以及组合储蓄法配置剩余存款。

4. 货币市场基金的品种很多，如天弘余额宝，可通过天天基金网或者官方 APP 查询市场上的所有货币市场基金，并且根据产品的流动性、收益性、风险性进行综合评估和选择。

5. 中国商业银行的大额可转让定期存单业务 1986 年由交通银行率先发行，有"大额可转让定期存单"，最终于 1997 年被暂停。

直至 2015 年中国人民银行发布《大额存单管理暂行办法》，我国大额存单正式启动发行。

从 2018 年第三季度开始，大额存单的发行量开始明显增加，2018 年四季度和 2019 年一季度的发行量分别同比增长了 95.68% 和 97.33%，创造了历史最高增长率。

6. 货币市场基金的优势：风险小、安全系数高，投资对象是短期信用等级高的有价证券，如票据、存单、汇票等；流动性好，交易时间可以赎回；成本低，货币基金相对于其他基金，手续费最少，一般没有申购和赎回费用；收益比活期存款高，虽然货币基金没有股票基金收益那么高，但比银行活期存款高很多；份额确认后周末和节假日都有收益。

货币市场基金的劣势：收益只比活期存款利息高，相比其他理财产品，收益还是偏低；在周末和节假日前一天赎回，到账时间会有所延迟。

第四章

1. 按发行主体来分，债券可分为政府债券、金融债券和公司债券。

政府债券是指中央政府、政府机构和地方政府发行的债券，以政府的信用为背书，通常无须抵押，其风险在各投资工具中是最小的。其中，中央政府债券，也称国债，由财政部发行，一般不存在违约风险，又称为"金边债券"，其利息免收所得税。地方政府债券，由地方政府发行，其信用风险仅次于国债及政府机构债券，

金融债券是银行和非银行金融机构为筹集资金而发行的债权债务凭证，包括金融债、同业存单、政府机构支持债券等。政策性银行金融债券是由我国政策性银行（国家开发银行、中国农业发展银行和中国进出口银行）为筹集信贷资金，经国务院批准向银行金融机构及其他机构发行的金融债券。

公司债券是公司为筹集运营资本而发行的债权债务凭证。

2. 债券所面临的风险主要有信用风险、利率风险、通胀风险、流动性风险、再投资风险以及提前赎回风险。

3. 中国债券市场主要分为银行间债券市场、交易所债券市场以及商业银行柜台债券市场三部分，目前以银行间债券市场规模最大。

4. 中国国债主要分为储蓄式国债和记账式国债，其中储蓄式国债又分为凭证式国债和电子式国债。

5. 可转换债券的特征是什么？

可转换债券兼有债券和股票的特征，具有债权性、股权性、可转换性。

6.

基金类型		投资特点
纯债基金	短期纯债基金	久期在1年内的债券
	中长期纯债基金	久期在1年以上的债券
混合债券型基金	一级债基	普通债券+可转债
	二级债基	债券+在股市二级市场投资
债券指数基金	被动指数债券型基金	
	增强指数债券型基金	
可转换债券型基金		可转债+股票+普通债券

7. 开放式题目，言之有理、清晰即可。

第五章

一、单项选择题答案

1. C　　2. C　　3. B　　4. C　　5. B　　6. C　　7. C　　8. A
9. C　　10. C　　11. A　　12. C　　13. D　　14. A　　15. C　　16. C
17. B　　18. D　　19. D　　20. C　　21. D　　22. D　　23. B　　24. D
25. C　　26. A　　27. B　　28. D　　29. A　　30. B

二、多项选择题答案

1. ACD　　2. ACD　　3. BC　　4. ABCD　　5. ABC　　6. AD　　7. ACD
8. ACD　　9. ABC　　10. ABCD　　11. ACD　　12. ABCD　　13. ABC　　14. AB
15. ABC　　16. ABC　　17. BCD

三、判断题答案

1. √　　2. ×　　3. √　　4. ×　　5. ×　　6. ×　　7. ×　　8. √
9. ×　　10. ×　　11. ×　　12. √　　13. √　　14. ×

四、实践练习

1. 白马股有中国平安、招商银行、兴业银行、招商蛇口、中国建筑、海天味业等；垃圾股有ST板块个股。

2. 股票分红好处：（1）为股东提供客观的收益；（2）稳定投资收益；（3）表示公司运营健康。坏处：（1）对公司财务造成压力；（2）根据投资者持股时间的长短，可能需要缴纳一定分红税。

3. 拆股的公司：朗鸿科技、吉冈精密、恒进感应、金三江、怡达股份、宁德时代等。

4. 全国性交易所：上海证券交易所、深圳证券交易所、北京证券交易所、全国中小企业股份转让系统、大连商品交易所、郑州商品交易所、中国金融期货交易所、上海期货交易所、上海黄金交易所。

5. 原股东需要参与配股，如果不参与配股会导致总资产的减少。

6. 略。

7. 不一定，国泰环保、科源制药、涛涛车业、卡莱特等股票上市第一天都发生了亏损，打破了"新股不败"神话。

8. 同时发行 A 股和 H 股的公司有：兖州煤业、江西铜业、弘业期货、中信证券、华泰证券、中国银行、中国银河等。

9. 参考市场平均市盈率或估值高低来决定是否参与定投与终止定投。

10. 优秀私募基金有：东方港湾、迎水投资、明毅基金、林园投资等。

第六章

一、单项选择题

1. C 2. D 3. C 4. B 5. D 6. A 7. B 8. A
9. B 10. A 11. A 12. B 13. B

二、论述题

1. 传统投资：指投资于股票、债券和现金等方式的投资。除非市场行情很好，前期需要做大量的调查辅助，相对风险较小。假如处于经济特别不景气的时期，传统投资收益相对比较低。

另类投资：该投资是指相对于传统投资类型(股票、债券和现金)之外的投资，如房地产、证券化资产、对冲基金、私人股本基金、大宗商品、艺术品等，其中证券化资产就包括了次级房贷为基础的债券以及这些债券的衍生金融产品。另类投资相比较传统投资具有"高风险、高回报"的特点。

2. 风险投资的运作包括融资、投资、管理、退出 4 个阶段。

(1)融资阶段解决"钱从哪里来"的问题。通常，风险投资机构的资本来源包括商业银行、投资银行与基金、大公司、保险公司、富有的个人等。出资者和管理人(风险投资商)之间通过协议约定彼此权利义务及利益分配关系。

(2)投资阶段解决"钱往哪儿去"的问题。风险投资机构通过项目初步筛选、调查、估值、谈判、条款、投资结构安排等一系列程序，把资本投向那些有巨大增长潜力的创业企业。

(3)管理阶段解决"钱如何增值"的问题。风险投资机构主要通过对企业的监管和服务实现价值增值，"监管"主要包括参与被投资企业董事会、在企业业绩达不到预期目标时更换管理团队成员等手段，"服务"主要包括帮助被投资企业完善商业计划、公司治理结构以及帮助企业获得后续融资、专业服务等。监管和服务是风险投资区别于其他投资的重要方面。

(4)退出阶段解决"收益如何实现"的问题。风险投资机构主要通过首次公开上市(IPO)、股权转让和破产清算三种方式退出所投资的创业企业，退出完成后将投资收益分配给风险资本的提供者，从而实现投资收益。

三、案例分析题

(1)商铺的价格风险。从基础数据中可知，该商铺的实际购买价格为 10 823 元/m²，而如果要在 7 年中获得 12% 的内部收益率(按基准收益率计算)，通过计算可知，在 2014 年，该商铺价格须涨到 20 426 元/m²，上涨率应在 88.7% 左右，平均每年的上涨率应维

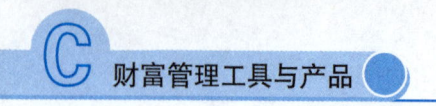

持在 9.5% 左右。如果达不到这个数值，则投资者将得不到预期的收益率。

（2）后期经营管理风险。商铺投资除了可以获得商铺的增值收益外，还可以获得一定的租金收益。而租金收益的大小，很大程度上取决于整个专业市场的经营业绩，这里涉及商铺的前期招商与其后的租户管理问题。如果招商不得力，以及管理不善，则租金收益将很难保证，同时会对商铺的价值产生负面影响。

第七章

一、我国企业对外投资有哪些优势及劣势？

1. 决策优势。

我国企业在投资决策过程中受到的行政干预较少，对市场反应迅速，决策灵活，其决策行为更接近于市场决策。对于企业来说，反应迅速就是优势，在面临激烈的市场竞争中，敏锐把握市场变化，较快作出反应和决策，较快适应和开拓国际市场。

2. 管理优势。

中国企业组织紧密，沟通的障碍少，灵活性高，创新的环境更为宽松和自由。企业的经营管理者更具有企业家精神，更倾向于开拓新的投资市场。海外直接投资的经营状况在很大程度上取决于企业管理者的投资态度和经营态度，企业的经营者在对外投资中，大多经营积极，决策谨慎，敬业精神较突出，因为中国企业绝大部分是以自身积累投资，经营者更关心本企业的经济效益。

3. 成本优势。

我国许多企业抓住世界产业结构调整中劳动密集型产业向发展中国家转移的契机，在纺织、服装、玩具等行业形成并不断扩大低成本的竞争优势，取得了较大的国际市场份额，创造大量的经济剩余。这种经济剩余有利于提高生产要素（如资本与技术）的生成能力，为产业结构的提升奠定物质基础。

4. 企业集群优势。

企业集群是指基于专业化分工和协作的众多企业集合起来的组织，这种组织结构介于纯市场组织和科层组织之间，比市场组织稳定，比科层组织灵活，既具有大公司规模经济的优势，又具有企业柔性生产的特点，其具有的技术扩散效应以及核心能力的传播与共享等优势，可以最终形成分散状态下的单个企业所不能达到的高效率。在实践中，这种集群优势已经大大提升了我国东南沿海地区企业的整体国际竞争力。

二、在对外投资过程中，企业如何进行投资项目的选择和管理？

在分析某个投资项目是否可行时，要依次分析考察四个因素：人、市场、技术和风险。

第一，分析考察人。要考察被投资项目和企业的创业者（项目提供者）的素质，这是投资分析考察的主要因素。分析考察包括创业素质、奋斗精神、经营能力、管理能力、敬业精神和诚信度等多个角度，考察他在其从事的领域里是否掌握市场全貌并懂得如何去开拓市场，是否懂得利用各种手段去筹措资金，是否有将技术变为现实的能力，是否有较强的综合管理能力，是否能组建一个由具有各方面专长的人才组成的相辅相成的管理层。

第二，分析考察市场。任何一项技术和产品如果没有广阔的市场潜力，就不能达到投资所追求的将项目企业由无到有、由小到大、由弱到强孵化哺育成长的目标。因此中小企业在进行投资时，必须根据自己的经验和对市场的认识，分析判断其投资项目和技术的市场前景，如产品是否能被市场接受和喜欢？其市场渗透力有多大？市场前景有多广阔？市场寿命有多长？市场是否有同类但技术不同的产品？

第三，分析考察技术。分析判断项目技术是否有超前性和突破性？使技术设想成为实用产品的生产工艺是否复杂？生产投资多少？需要什么设备？生产成本高不高？原材料供应有无问题？与同类但技术不同的其他产品比，本技术产品的技术优势何在？等等。

第四，分析考察风险。必须考虑其所投资的产品和技术在成长发展过程中各个阶段存在的风险，综合判断哪些风险是可以控制的，哪些是难以控制的，哪些是可以回避的，哪些是不可以回避的。如果是进行风险投资，风险投资种子期风险最大，除十分看好并有足够把握将项目或风险企业推动培育而使其顺利发展，一般很少在这一阶段投资。

三、如何防范企业融资过程中可能存在的风险？

1. 转变观念，重视风险。

融资风险是客观存在的，实现"零风险"是不现实的。企业可以做到的是通过主观努力，掌握控制风险的技能，把风险降到最低。为此，企业首先必须切实转变观念，强化融资风险意识，处理好融资风险和收益的关系。

2. 分析预测，科学评价。

面对不确定因素和风险时，关键是要对这些不确定因素和风险进行科学的分析和预测，这是风险防范和控制的前提，是风险管理过程的关键和基础。风险分析和预测是在正确的理论指导下，根据客观事物发展变化的规律，对其未来发展趋势做出的科学推断。科学的预测要具备三个方面的条件：一是掌握大量的信息，这是预测的依据；二是要具有正确的理论指导和科学的预测方法和手段，如损益平衡分析法、概率分析法、比率分析法、综合融资成本分析法、决策树法、偿债时间分散法等；三是要具有丰富的经验和推理判断能力。

3. 统筹兼顾，预防为主。

风险管理的过程必须要注重以预防为主，提前预测风险可能出现的趋势，对症下药，降低直至消除融资风险。为此，企业必须建立严格的、制度化的融资风险管理体系，完善风险规划、风险管理财务管理制度，选择高素质人员参与融资项目的领导和管理，切实把握融资风险的来源和征兆，未雨绸缪，防患于未然。

4. 合理组合，分散风险。

企业在融资工具的具体选择方面，既要注意到不同融资工具的配比，又要充分考虑各种融资工具的风险性，如果能将各种融资工具合理搭配并利用其转换能力，将会大大降低融资风险，提高融资成功率。分散风险的方法很多，如保险、合资、合作以及承包等均是有效的方法。此外，通过组建股份制公司的方法融资，可以将企业经营的高风险分散到众多的投资者身上。对一些资金需求较多、建设周期较长的融资项目，寻找较为熟悉且实力强、信誉好的企业进行合作也能分散和化解风险。